Ernst Julius (DE-601)136147666 Kiehl

Anfangsgründe der Volkswirthschaft

Ernst Julius (DE-601)136147666 Kiehl

Anfangsgründe der Volkswirthschaft

ISBN/EAN: 9783741158155

Hergestellt in Europa, USA, Kanada, Australien, Japan

Cover: Foto ©Andreas Hilbeck / pixelio.de

Manufactured and distributed by brebook publishing software
(www.brebook.com)

Ernst Julius (DE-601)136147666 Kiehl

Anfangsgründe der Volkswirthschaft

ANFANGSGRÜNDE

DER

VOLKSWIRTHSCHAFT

VON

E. J. KIEHL,

der Philologie und der Rechte Dr., Lehrer der Volkswirthschaft an der Landes hohern Bürgerschule zu Middelburg in den Niederlanden.

ANFANGSGRÜNDE

DER

VOLKSWIRTHSCHAFT

VON

E. J. KIEHL,

der Philologie und der Rechte Dr., Lehrer der Volkswirthschaft an der Landes höheren Bürgerschule zu Middelburg in den Niederlanden.

Vorwort.

Dieses Buch entstand ursprünglich aus dem Bedürfniss meines Unterrichts. Seit fünf bis sechs Jahren sind in Holland den preussischen Realschulen sehr ähnliche höhere Bürgerschulen eingeführt, wo in den höheren Classen auch Volkswirthschaft gelehrt wird. Die existirenden Werke in holländischer Sprache hatten, ungeachtet vieler Vorzüge, natürlich den Nachtheil bei dem genannten Unterricht, dass sie ihm, der noch nicht gegeben wurde als sie entstanden, keine Rechnung hatten tragen können. Weder Vortrag ohne Handbuch noch Dictiren ist anzuempfehlen, und so entstand allmählig das Folgende; die oft übliche Theilung durch grössern und kleinern Druck giebt Gelegenheit, über diejenigen Stellen leichter hinzugehen, welche der jedesmalige Lehrer für weniger wichtig oder für zu schwierig halten mag, denn in dieser Hinsicht giebt es von einander sehr abweichende Meinungen.

Vorliegende deutsche Bearbeitung unterscheidet sich sehr wenig von der holländischen und war schon ziemlich weit fortgeführt ehe in diesem Frühling die zweite Abtheilung Jener erschien, das Stück von No. 184 an. Nur was speciell holländisch war ist weggelassen oder durch Andres ersetzt, einige neueste Notizen hinzugefügt, Einzelnes verbessert. Bei dem Münzwesen sind die holländischen Beispiele beibehalten, nicht weil sie holländisch sind sondern weil sie die Besten zu sein schienen. Dies aber, und manche andre Einzelheit, wird der Leser mit ein wenig Nachdenken sich selbst sagen.

Auch dass ein Lehrbuch, nicht eben ein Lesebuch beabsichtigt ist, zeigt sich sogleich. Ein Handbuch zum Unterricht, ja in mancher Hinsicht zum Elementarunterricht, darf wohl nicht überall das Neueste, Tiefsinnigste der Wissenschaft mittheilen wollen oder sogar Entdeckungen anstreben, selbst wenn das erreichbar wäre. Meine Sorge war darauf gerichtet, das Mitgetheilte wo möglich einerseits scharf zu fassen, zu redigiren, andrerseits mir selbst und dem Leser die Gewissheit zu verschaffen, dass es stärkere Stützen besässe als bloss das Urtheil und die Argumentation des Verfassers, dass es, so weit man das sagen kann, wissenschaftlich feststände.

Daher, sei's denn auch mehr für den Lehrer und den Selbstunterricht als für den Schüler, das regelmässige Anführen von Gewährsmännern. Soweit sie reichten, sind dies hauptsächlich zwei:

J. Stuart Mill, *Principles of Political Economy*, with some of their applications to social philosophy. Ich brauchte die *people's edition*, Abdruck der 6en Ausgabe, London, Longman, 1865, klein 8.

W. Roscher, *die Grundlagen der Nationalökonomie* (1er Theil seines auf vier Theile berechneten *Systems der Volkswirthschaft*). Ich brauchte die 5e vermehrte und verbesserte Auflage, Stuttgart, Cotta, 1864.

In der Anordnung folgte ich Mill soweit dieser reicht. Er setzt nämlich bei seinen Lesern viel weniger voraus als Roscher: jeder Gebildete kann sofort an die Lectüre seines Werkes gehen und wird jedes Bedenken ausführlich erörtert, jeder Satz durch eine vollständige Argumentation eingeleitet und erklärt finden. Für Schüler und jeden Anfänger schien also diese Methode vorzuziehen. Die Vorzüge von Roscher's Werk anzugeben, zumal in Deutschland, ist wohl überflüssig. Jeder kennt sie.

Mill giebt so zu sagen eine zeitgemässe Umgestaltung von Adam Smith's *Wealth of Nations*. Sowohl er als Roscher folgen der Eintheilung, welche Say aus Smith systematisirt hat, in die vier oder wohl besser drei Theile Erzeugung der Güter, ihre Vertheilung und Umlauf (Tausch), und ihren Verbrauch. Allmählig haben sich allerlei andre Gegenstände an diese gehängt, und auch die genannten Autoritäten haben sie nicht alle unter die Vorigen zurückgebracht, die Eintheilung nicht ganz durchgeführt. Logisch, meine ich, muss sie durchgeführt werden. Dass hier dennoch u. a. Steuern, Anleihen, Bevölkerungslehre, Internationaler Handel angehängt und nicht einverleibt sind, liegt an verschiednen, meistens pädagogischen Gründen: man wird z. B. leicht einsehen, wesshalb die beiden letztgenannten Gegenstände dem letzten Lehrjahre zufallen. Für ein Lehrbuch schienen mir diese Gründe überwiegend.

Manchmal stehen die Zeichen „ " nicht gerade bei einer angeführten Stelle. Es wird dann ein mehr oder weniger üblicher, oft nicht ganz genauer, Ausdruck gemeint.

So möge denn dieses Werkchen seiner Bestimmung entgegengehn. Möge das deutsche Publicum es in demselben Sinne empfangen in welchem es ihm geboten wird, nämlich in dem dass die Wissenschaft, auch in so bescheidner Erscheinung als hier, Gemeingut und keines gebildeten Volkes Alleingut ist, dass ein wichtiger Theil unsrer Entwicklung darin besteht aufzufassen und zu dem unsern zu machen was unsre Nachbarvölker Werthvolles besitzen. Grosse Nationalitäten wie die deutsche und englische werden immer in sich selbst einen grossen und reichen Fond haben der für kleinere nicht erreichbar ist; dafür können diese leichter mehr kosmopolitisch sein und die Resultate ausländischer Forschung sich eher und freudiger aneignen. Auch wir verdanken sehr Vieles der deutschen Forschung; dem Verfasser wäre es ein wohlthuendes Gefühl wenn sich fände, dass er gegenseitig im Nachbarlande, wäre es auch noch so wenig, einigen Nutzen gestiftet hätte.

Middelburg, 2 Oct. 1869.

E. J. Kiehl.

Anfangsgründe der Volkswirthschaft.

I. Einleitende Sätze.

1. **Volkswirthschaft** ist die Lehre von den gesellschaftlichen Gütern[1].

[1] Genauer: Die Lehre von den Werthen.

Hierunter auch das Rechtsverhältniss des Menschen zu den Gütern zu verstehen, das Sachenrecht, würde zu weit führen. Das hierzu Gehörige steht im Abschnitt Vertheilung No. 83 ff.

Gesellschaftliche Güter: Die Volkswirthschaft behandelt also gewissermassen auch das Wesen der Gesellschaft und manche bedeutende gesellschaftliche Erscheinungen. Hier sind indess ihre Gränzen noch sehr unbestimmt. — Deshalb wähle man lieber diesen übrigens minder gebräuchlichen Namen, als das auch ziemlich pleonastische Wirthschaftliche Güter.

Die Namen Oekonomie, Nationalökonomie, Staatswirthschaft, économie politique sind gleichbedeutend. S. Roscher I § 16 und Anm. 1, S. 27 und 29.

2. Sie lehrt von den gesellschaftlichen Gütern selbst, wie diese

I. entstehen (erzeugt, producirt werden),
II. von der menschlichen Gesellschaft beeinflusst, also:
   1. vertheilt (zwischen Arbeitern — [Unternehmern] — Capitalisten und Grundbesitzern),
   2. ausgetauscht (in Umlauf gesetzt), und
III. verbraucht (verzehrt) werden, wie sie untergehn.

Andere wirthschaftliche Gegenstände, z. B. die Lehre von der Bevölkerung (Populationistik), dem Regierungs- oder Staatseinflusse und Wirkungskreise u. s. w., finden später Berücksichtigung, s. No. 80, 209 ff., 164 ff. Die 4 (3) genannten Capitel und die Bevölkerungslehre bilden den Inhalt von Roschers *Grundlagen der Nationalökonomie*.

3. Gesellschaftliches Gut heisst dasjenige, was unsere Wünsche befriedigt, falls es Werth hat, wovon unten (s. No. 19 und folgende, 116, 120 folgg., 128). Wir wünschen dasjenige zu befriedigen, was wir für unsere Bedürfnisse halten, Bedürfnisse aber hat Jeder. Was sie befriedigt, nennt man nützlich: es hat Nutzen, sagt man (s. No. 22).

Das französische *richesse* statt Gut ist falsch. Man wollte das englische *wealth* damit übersetzen, vergass aber, dass *richesse*, englisch *riches*, nicht Güter, sondern Reichthum bedeutet, viele Güter.

4. Manches hat schon so Nutzen wie es von der **Natur** (allein) gegeben wird. Solche Güter haben ihren Nutzen nicht von Menschen, sondern (so gut wie) ausschliesslich von der Natur selbst erhalten.

Z. B. Gold (Silber nicht), Steinkohlen, Salz, Wild, Fische, Korallen, fliessendes Wasser, fruchtbarer Boden in noch unangebauten Ländern.

5. Will man aber seine Wünsche befriedigen, so muss man selbst oder sonst irgend Jemand sich Mühe dafür geben, m. a. W. sich dafür anstrengen. Diese Anstrengung oder Menschen**arbeit** pflegt dann den Gegenständen nützliche Eigenschaften zu ertheilen.

Anstrengung. Nicht blos körperliche, sondern bestimmt auch geistige.

6. Die Gegenstände erhalten also ihren Nutzen theils von der Natur und theils von der menschlichen Anstrengung, d. h. von der Arbeit. Dazu kommt ausserdem das Capital[1], wie wir bald sehen werden. Man nennt dann Natur, Arbeit und Capital die drei Productionsfactoren (s. No. 7).

Roscher I § 30ff., S. 50ff., schärfer als bei Mill I. i § 1, S. 15, iv. § 1, S. 34. — Engl. agents of production, so auch franz. Die Benennung Factoren ist der Arithmetik entlehnt, z. B. die Zahl 60 besteht aus den Factoren 3 × 4 × 5.

[1] Abstract logisch liesse sich entgegnen: Capital ist nur Resultat der Arbeit, es ist nur (nach Ricardo's Schule, Roscher § 47 S. 87f) „accumulirte, aufgehäufte Arbeit" — doch wohl Arbeitsproduct — „travail accumulé, accumulated labour)". Lassalle, *Bastiat-Schulze* S. 61, 69, 109. Dann wäre aber auch die Arbeit zuletzt nur Naturproduct, das Resultat der in dem Körper des Arbeiters und den übrigen Naturproducten enthaltnen Naturkräfte. Die Natur producirt u. a. Arbeit, und beide gemeinschaftlich produciren u. a. Capital; demungeachtet hat aber jedes seinen eignen Charakter und können sie gemeinschaftlich wirken. Vergl. auch No. 9 und folgende Figur:

Sind sie gleich aus einander entstanden, im jetzigen Zustande der menschlichen Gesellschaft haben sie eine selbständige Existenz und können vereint und gleichberechtigt schaffen.

7. **Production.** Die Natur bietet Gegenstände und sogenannte Kräfte[1]. Wir Menschen können freilich keinen Gegenstand aus dem Nichts erschaffen, wir können aber durch den Beistand der Naturkräfte die Naturgegenstände so versetzen[2], dass sie nützliche Eigenschaften bekommen. Dieses Nutzenschaffen wird in der Volkswirthschaft erzeugen, produciren[3] genannt. Eigentlich meint man Nutzen,

Tauschwerth, Nutzeigenschaften u. s. w. erzeugen. Gewöhnlich aber sagt man nur produciren, als ob immer die Production von Gegenständen gemeint wäre (s. No. 34, 41 ff.).

[1]Jeder kennt die Naturobjecte Thiere, Pflanzen, Gase u. s. w., auch die Naturkräfte Electricität, Galvanismus u. s. w. Man beachte aber, dass z. B. Wärme, Schwerkraft, Muskelstärke, Zähigkeit bei Pflanzenfasern u. s. w. eben so wohl Naturkräfte sind als z. B. Elasticität (Spannkraft) und Magnetismus.

[2]S. No. 87. Schon wer ein Feuer erzeugen will, muss z. B. Holz, Torf, Steinkohlen, seinen Feuerbrand, Späne oder dergleichen so zusammenstellen, dass sie Feuer fangen können. Wer Eisen schmiedet, verändert das Ortsverhältniss der Theilchen gegen einander u. s. w. Mill I § 2 S. 16 ff.

[3]Wirthschaftlich kann man sagen: eine Dampfmaschine, ein Kauffahrteischiff werden erzeugt (producirt).

8. **Capital.** Wäre Jemand allein auf der Welt, oder in solch einem Erdenwinkel, dass er dort keine fremde Hülfe erlangen könnte, so müsste er beinahe alle seine Zeit der Sorge für die allereinfachste Nahrung und Bekleidung hingeben. Schwerlich würde er sonst etwas anfangen können, denn er müsste es jedesmal liegen lassen um sich wieder Nahrung zu schaffen, es sei denn er hätte, auf welche Art dann auch, Nahrung in Vorrath. Arbeit mit Werkzeugen ist weit zweckmässiger als ohne sie, er wird also zu zweckmässiger Arbeit auch Geräth in Vorrath haben müssen. Solcher Vorrath heisst Capital, nicht blos an Geld, sondern auch Nahrung, Kleidung, Wohnung, Geräth, Korn zur Aussaat, kurz alles, was Tauschwerth hat (und gebraucht wird um wieder etwas Andres zu produciren, s. No. 60, 63, 65).

Man denke an Robinson auf seiner Insel. — In unserem Klima würde man ohne Capital (in diesem Sinne) nicht lange das Leben fristen. Für die Hinterwäldler im westlichen Nordamerika ist z. B. Beil, Gewehr, Pulver und Blei Capital.

9. Auch Capital entsteht theils aus der Natur, theils aus menschlicher Anstrengung. Sobald es aber Capital giebt, geht die Production viel schneller vor sich. Schon seit Jahrhunderten giebt es Capital; wir könnten uns kaum vorstellen, wie unglückselig eine Gesellschaft ohne jedes Capital sein würde. Und desshalb sagt man mit Recht, dass Gütererzeugung durch Natur, Arbeit und Capital stattfindet.

Holz, Eisen, Korn schafft die Natur; wir machen aus Holz und Eisen ein Beil, wir haben soviel Korn gesäet und geerntet als nicht bloss für den Augenblick, sondern auch für die Dauer unsrer ferneren Arbeit hinreichend ist. Oder es hat sonst Jemand das Beil gemacht und das Korn gesammelt, und wir geniessen die Frucht seiner Anstrengung.

10. **Tausch.** Hätte nun Jeder sonst nichts als was er selbst sich gemacht hat, so hätte man noch wenig Genuss. Oft aber hat Jemand sich etwas gewünscht was ein Andrer besass. Falls nun dieser Andre seinerseits etwas wünscht, was der Erste hat oder bekommen kann

um ihm das gegen das seinige zu geben, so entsteht der Tausch, wodurch Beiden geholfen ist, denn Beide erhalten etwas Gewünschtes, was sie sonst nicht erlangt hätten, Beide haben ein Gut, wofür man sich Mühe gegeben hat, wenn auch freilich Jeder diese Mühe nicht selbst für sein eignes Gut angewandt hat.

Um Reis zu essen, der in Deutschland nicht wachsen kann, müssen wir z. B. Leute in Nordcarolina darum angehen. Unsererseits schicken wir ihnen Manufacturwaaren, welche dort nicht verfertigt werden, und Beiden ist geholfen.

11. Man kann einen Gegenstand gegen den andern tauschen. Man kann aber auch sagen: gieb mir dein Gut, oder so viel Geld, dann werde ich so lange für dich arbeiten. Auch das ist Tausch, freilich nicht eines Gegenstandes gegen einen andern. Man kann es aber Tausch eines Gegenstandes gegen Arbeit oder Anstrengung nennen. Solche Arbeit heisst Dienst. Tauschen also kann man Gegenstände gegen Gegenstände, oder gegen Dienste, oder Dienste gegen Dienste.

12. Kauf ist Tausch von etwas Anderm gegen Geld (s. No. 18). Nun kann man auf diese Weise folgern: Jemand will tauschen; dazu giebt er seine Waare für Geld, d. h. er verkauft sie. Für das erlöste Geld kauft er die gewünschte Waare. Jener Verkauf und Einkauf zusammen sind einem Tausche der verkauften gegen die eingekaufte Waare gleich. Also kann man den Kauf die eine Hälfte des Tausches nennen. Diese Tauschart durch Kauf ist die bequemste und zweckmässigste, daher ist sie bei allen Culturvölkern die verbreitetste.

13. Durch Tausch (oder Kauf) werden viel mehr Arten von Gegenständen zugänglich, als wenn man sie alle selbst erzeugen müsste; man kann dadurch weit mehr Bedürfnisse und Wünsche befriedigen. Nun wünscht man aber auch Allerlei, man wird mit stets mehrerem Neuen bekannt, dadurch entstehen neue Wünsche und Bedürfnisse, und somit stets mehr Tausch und Handel.

Die jetzige Gesellschaft könnte kaum existiren ohne Schuhe, Bäcker, Uhren, Baumwolle, Schiffe, Eisenbahnen, Dachziegel und unzählige Andre was die ersten Menschen nicht hatten. Die ersten Menschen (und wie viele nach ihnen!) waren schon als Kinder gegen Croup und Fieber wehrlos, weil sie weder Blutegel noch Chinine zu brauchen wussten; auch gegen wilde Thiere konnten sie wenig ausrichten. Die Mexicanischen Azteken, wiewohl Hunderte gegen Einen, konnten mit ihren Obsidianschwertern Cortez' kleiner Schaar nicht widerstehen, obgleich sie übrigens eben so tapfer und cultivirt waren, Cortez aber besass Stahl, Schiesspulver, Pferde, Bluthunde und Disciplin.

14. **Wer gewinnt beim Tausch, m. a. W. was tauscht man eigentlich?** Betrachten wir den Tausch im Allgemeinen. Gesetzt, Jemand, den man A nennen kann, wollte mit einem Andern, B, so tauschen, dass dieser Andre immer verlöre und merkte, dass er verliert, so würde Niemand sich als B finden lassen und A könnte nicht

tauschen. Hätte keiner von Beiden Vortheil dabei, so ginge es auch nicht. Ja selbst dann, wenn B sein Verlieren nicht merkte, dauerte solcher Tausch nicht lange, indem B's Vermögen bald dahin sein würde. Wir sehen aber die Menschen fortwährend mehr tauschen und kaufen, weil nämlich beide Theile beim Tausch gewinnen.

Das ist nun auf folgende Weise möglich. Im Augenblicke selber, wo A seine Waare gegen B's Waare austauscht, sind beide Güter gleich viel werth, das ändert sich aber. A hat ja das von B erhaltene (*b*) lieber, als was er selbst hatte (wir können dies mit *a* bezeichnen), denn er giebt *a* für *b* hin. Z. B. er bedarf B's Waare mehr als die eigne, wie z. B. der Bäcker genug Brot hat, aber auch Fleisch begehrt, der Fleischer dagegen Brot.

Vielleicht kann A von B's Waare etwas verfertigen was Jener nicht versteht, und umgekehrt. Z. B. der Wallfischfänger selbst hat kaum einigen Nutzen von den Barten. Er verkauft sie an Jemanden der sie zu Regenschirmen verarbeitet, und dieser giebt dem Schiffer, freilich nicht Regenschirme, die Jener schwerlich brauchen könnte, aber gewöhnlich Geld, wofür Jener kauft, was er wünscht. So liefert der Bauer dem Spinner und Färber Flachs und Krapp, wofür er (durch Vermittlung des Kaufes) Kleider bekommt, die ja gesponnen, gewebt und gefärbt sind.

Jeder erhält durch Tausch dasjenige, was er dringender wünscht als das Ausgetauschte, und darin liegt sein Vortheil.

15. Also erhält Jeder, was er für sich nöthig erachtet, wofür er dem Andern das ablässt, was Jener für sich nöthig glaubt. Also, sagen die Engländer, tauscht man necessaries gegen necessaries (des Eintauschers), nicht Ueberflüssiges (superfluities) gegen Ueberflüssiges, oder Ueberflüssiges gegen necessaries.

Gähe es kein Geld, und tauschte man nur mittelst *troc* oder *barter* (Gegenstand um Gegenstand [oder Dienst um Dienst] ohne Vermittelung des Geldes, — Tausch im engern Sinne), so würde Jeder unmittelbar sehen, dass man necessaries um necessaries tauscht und dass dies Vortheil giebt. Nun macht der Gebrauch des Geldes, dass man dies nicht sogleich sieht. Allein der Gebrauch des Geldes macht namentlich, dass man viel bequemer tauschen kann, und dies ist die Hauptsache.

Einer hat Brot und keine Kleidung, ein Andrer Kleider und kein Brot. Einer hat zwei Kähne und keine Hütte, ein Andrer auf derselben Insel zwei Hütten und keinen Kahn. Einer hat zwei Klingen und der Andre zwei Hefte. In diesen Fällen ist Tausch beiden Theilen vortheilhaft. — So entsteht Handel zwischen Ländern, die Eisen oder Eisenwaaren erzeugen (England, zumal Birmingham, Sheffield u. s. w.) und Ländern, die Holz, Knochen u. s. w. liefern (die Ostseeländer).

16. Es giebt einen engen Zusammenhang zwischen Tausch und einer seiner Folgen, der sogenannten Arbeitstheilung. Erst hat z. B. Jemand, der Nahrungsmittel übrig hatte aber zu wenig Kleider besass, einfach mit einem Andern getauscht, bei dem das Umgekehrte der Fall war. Nachher hat man (erst vielleicht nach ausdrücklicher Abrede, aber schon seit vielen Jahrhunderten stillschweigend) es darauf ankommen lassen, dass z. B. Zwei künftig nicht länger Jeder Nahrungs-

mittel für Einen und Kleider für Einen, sondern der Eine Nahrungsmittel für Zwei und keine Kleider, der Andere Kleider für Zwei und keine Nahrungsmittel schaffen würden (Arbeitstheilung): das geschieht und dann tauscht man.

Durch diese Arbeitstheilung können wir weit mehr zu Stande bringen als ohne sie. Hundert Menschen, worunter z. B. ein Bäcker, ein Fleischer, ein Schmied, ein Arzt u. s. w., sind in weit besserem Zustande, als wenn Jeder sein eigener Bäcker, Fleischer, Schmied, Arzt u. s. w. sein müsste. S. auch Nr. 75 f.

17. Je mehr Naturgegenstände wir zur Verfügung haben, um so besser geht es uns. Die Gegenstände und Kräfte der Natur sind aber ungleich über die Erde vertheilt. Also schon um diese Naturproducte zu bekommen, bedürfen wir des Tausches.

Handel in Zucker, Eis,[1] Eisen, Steinkohlen, Reis, Caoutchouc und Getah Pertschah, Baumwolle, Petroleum. — Ein Fischer will seinen Kahn aus dem Holz und Theer des Berges bauen auf dem es keine Nahrungsmittel giebt. Wie machen es nun Fischer und Holzbauer? Wer gewinnt dabei?

[1] S. z. B. Roscher § 60 S. 110, (holländ.) *Economist* 1863 S. 71ff.: Im Winter 1857 hatten 5 Nord-Amerikanische Gesellschaften 340 Millionen Kilogramm Eis in eigens dazu eingerichteten Eishäusern (über der Erde) aufgespeichert. Die Stadt Boston verschifft jährlich mehr als 200,000 Tonnen (zu 1000 Kilogramm jede), eine einzige Firma daselbst mehr als 100 Schiffsladungen: „es hat Beispiele gegeben, dass solche Ladungen in Englisch-Ostindien, Pfund um Pfund, gegen Baumwolle getauscht sind.“ Vgl. schon Dr. Karl Andree, *Nord-Amerika*, S. 656 f. Sehr geschätzt wird das Eis vom Wenham-See.

18. Tausch in engerem Sinne (franz. *troc*, engl. *barter*) ist Gegenstand um Gegenstand.[1]

Z. B. ein Stück Brot oder andere Speise um ein Glas Milch oder anderes Getränk.

Das wird oft schwierig.

Wer ein Schaf begehrt, aber nichts anderes zum Tausche hat als eine Milchkuh, wird sie nicht leicht dafür hingeben. — Wer irgend einen Gegenstand zu vertauschen hat, z. B. ein Pferd, ein Paar Stiefel, eine Badewanne, wird lange suchen müssen, ehe er Jemand findet, der gerade diesen Gegenstand nöthig hat. Wer ein Haus hingeben will, um während eines oder mehrerer Jahre Nahrungsmittel und ferneren Bedarf zu haben, wird das schwerlich auf dem Wege des Tausches erreichen. Man stelle sich Jemanden vor, der Nägel verlangt, aber dafür nichts als eine Kuh zum Vertauschen hat. Welche Schwierigkeiten, wenn man ausrufen muss, wie regelmässig noch 1815 zu Corrientes (am Paraná und Paraguay): Salz für Lichte, Taback für Brot u. s. w. (Robertson, *Letters on S. America* 1843 I. p. 52 bei Roscher § 116 Anm. 1 S. 217), oder wie Baker 1864 in der Nähe der Nilquellen jedesmal hörte: Milch für Salz, Cauries für Lichte u. s. w. Diese *Cauries*, kleine Muscheln, werden auch als wirkliches Geld gebraucht, s. No. 130.

Man nahm also ein Mittelding, am liebsten Geld. Tauschen um Geld heisst kaufen und verkaufen.

In Neufundland hat Jeder Stockfisch. Also sagt der Tauscher: ich gebe meine Waare, meinen Ueberrock, mein Brot für soviel Stück Fisch. Der den Fisch eingetauscht hat, sagt: ich gebe soviel Stück Fisch für einen Tisch. — Die alten Griechen und Römer waren Ackerbauer, sie hatten Rinder und Schafe. Bei ihnen ward es Gewohnheit zu sagen: diese Rüstung ist 9 Rinder werth, dieser metallne Kessel 12 Rinder, jene Sclavin 4 Rinder (*Ilias* 6, 235 f., 23, 702 ff.). Gewöhnlich rechnete man ein Rind gleich 10 Schafen, 2 Maass Gerste gleich einem Maass Weizen, 10 Pfund Silber gleich einem Pfund Gold u. s. w.

Fisch wird theurer oder wohlfeiler; Fisch, selbst getrockneter, verdirbt allmählig. Drei oder vier Rinder können im Preise beträchtlich verschieden sein, je nachdem sie fett sind oder nicht. Wir sind gewohnt gegen Geld (gemünztes Geld) zu tauschen, denn alle Thaler sind gleich viel werth, alle Gulden auch.

Man kann auch Dienste tauschen, und zwar gegen andre Dienste (Leistungen), oder um Geld, oder um einen andren Gegenstand. Thue das für mich, für einen Gulden, für eine Flasche Wein, oder thue dies für mich, dann thue ich Jenes.

19. Man wird seine Kuh **nicht hingeben z. B. für ein Schaf, nicht** für 12 Thl., aber z. B. wohl für 60, **für 200 Thl. Weshalb? Weil** man sie nur hingiebt für soviel als sie **werth ist, für ihren Werth,** oder für mehr. Was ist Werth?

20. Oberflächlich scheint der Werth einer Sache ihr Preis. Die Sache hat soviel Werth, als man Geld oder Gut dafür geben oder vertauschen will, als man sich dafür Mühe geben will u. s. w. Preis ist der Werth (Tauschwerth) einer Sache in Geld. Wenn man nun aber die Sache gegen andere Sachen (kein Geld) **oder gegen Dienste** vertauschen will, wie dann?

Man sagt oft: Die Sache ist über ihren Werth bezahlt, ihr Preis überstieg ihren Werth. Dieser Ausdruck ist nicht wissenschaftlich und wir haben hier nichts damit zu schaffen. Man meint: der Preis, dieses eine Mal bezahlt, übertraf den Preis (nicht den Werth), den man für den rechtmässigen Preis (Aequivalent) der Sache hält.

Hier wird nicht gemeint: wie gross ist der Werth einer Sache? nicht einmal: was ist Werth einer Sache? sondern ganz im Allgemeinen: was ist **Werth?**

Preise steigen und fallen; auch giebt nicht Jeder gleich viel. Hier wird gemeint, was in jedem gegebenen Augenblick der „wahre Preis“ ist, wie wir das vorläufig nennen können.

21. **Was ist Werth? Etwas Relatives, eben so wie gross, klein,** hoch, tief u. s. w.

Der Werth einer Sache stimmt mit der Quantität andrer Sachen überein die man für die erste eintauscht, die ein Andrer für sie feil hat (hingiebt, aufopfert). In diesem Sinne nennt man ihn Tauschwerth (engl. *value in exchange*, franz. ***valeur*, ohne** Beifügung, so wenigstens braucht das Wort der bekannte **Oekonom** Bastiat[1] (S. Mill III. 1 § 2, S. 265, Roscher § 5 S. 8 No. 5).

[1] Fréd. B., 1801—24 Dec. 1850. — *Cobden et la ligue*, 1845, *Sophismes écon.*, 47, *Harmonies écon.*, 50, *Gratuité du crédit* (gegen Proudhon), 50, *Ce que l'on voit et ce que l'on ne voit pas*, 50. S. Molinari, *Journ. d. Econ.* 28, févr. 1851, p. 180 ff., Vissering, Holl. Zeits. *Gids* Sept. 1851, S. 269 ff.

22. **Es** giebt bei diesem Gegenstande **einige** Benennungen, **die man** gut verstehen muss, ehe **man** weiter **geht.**

Nutzen. Damit meint man in der Oekonomie Folgendes. Etwas hat die Eigenschaft unser Begehren[1] zu erfüllen, und darum sagen wir, dass es Nutzen hat.

Luft z. B. hat die nützliche Eigenschaft, dass sie das Athmen möglich macht, Wasser, dass es den Durst stillt u. s. w. Andre Sachen, mit oder ohne Tauschwerth, können auch Nutzen haben. Z. B. die Härte des Eisens ist eine nützliche Eigenschaft; scharfes Eisen hat eben den Nutzen, dass wir vielleicht diese Schärfe zu brauchen begehren.

Hier wird nicht untersucht ob wir vom scharfen Eisen guten oder schlechten Gebrauch machen, hier fragen wir nicht, ob es vernünftig ist, sich mit dem glänzenden Rubin zu schmücken. Allein Jemand kann begehren, mit Eisen zu schneiden oder sich mit dem Edelstein zu schmücken; Eisen und Edelstein dienen dazu, und das heisst in der Oekonomie Nutzen.

[1]Begehren. Wir begehren dasjenige zu befriedigen, was wir für unser Bedürfniss halten, m. a. W. unsere Bedürfnisse, soweit wir sie kennen. S. No. 8.

23. **Gebrauchswerth.** Korn z. B. kann selbst zur Nahrung gebraucht werden, Geld oder Holz aber nicht: diese Gegenstände kann man zur Nahrung nur indirect brauchen, wenn man sie nämlich gegen Nahrungsmittel vertauscht. Geld, Holz u. s. w. haben Nutzen, auch Tauschwerth, ja Gebrauchswerth für andern Gebrauch, aber nicht Gebrauchswerth als Nahrung.

Zwei Hektoliter Weizen haben auch mehr Gebrauchswerth, als z. B. zwei Hektoliter Gerste oder ein Hektoliter Weizen: das erste enthält mehr Nahrung.

Fliessendes Wasser hat Bewegungskraft. Ein gewisser Bach hat soviel von diesem Nutzen, dass er das Rad einer Wassermühle von bestimmter Grösse in Bewegung setzt: das ist sein Gebrauchswerth.

24. **Tauschwerth.** Ein Mühlbach wird verkauft z. B. für 500 Thl., oder der Gebrauch des Mühlbachs wird gegen eine kleine eben so viel werthe Dampfmaschine hingegeben; dies betrifft den Tauschwerth des Baches.

Der „wirkliche" Tauschwerth kann nie höher als der Gebrauchswerth sein (s. Mill III. 1 § 2 S. 265). Wenn z. B. der Gebrauch des Baches eben so viel einbringt als der von 400 Thlrn., so wird man, diesen Gebrauch um 500 Thlr. kaufend oder eintauschend, ihn 100 Thlr. zu theuer bezahlen. Wenn Jemand so viel Brot, als ihn 3 Tage lang ernähren kann (Gebrauchswerth), gegen so viel Fleisch oder Kartoffeln eintauscht, als ihn 4 Tage lang ernähren kann, so kauft er zu theuer: der Gebrauchswerth des Fleisches umfasst 4 Tage. Nun kann er aber für dieses Fleisch nicht auf 5 Tage Brot bekommen (der Tauschwerth kann den Gebrauchswerth, 4 Tage, nicht übersteigen), so wenig als er selbst mit Brot auf 5 Tage zufrieden sein würde, wenn er in seinem Tauschen völlig frei ist.

25. Der Tauschwerth einer Sache ist derjenigen Quantität anderer Sachen gleich, welche man für die erstgenannte feil hat.

Aber für z. B. 50 Gramme feines Silber kann man eine ganze Menge Brot eintauschen (12½ Kilogramme und mehr), aber sehr wenig Kleider und nur einen ganz kleinen Diamanten. Ja im Herbst 1866 konnte man für die 50 Gramme einen halben Hektoliter ausgezeichneten Weizen be-

kommen und im Jahre zuvor noch mehr, im Spätsommer 1867 aber nicht. Für eben so viel Eisen bekam man 1866 mehr Gas und weit weniger Baumwolle als vor 1861, u. s. w., u. s. w.

Man kann also nicht sagen: der Tauschwerth z. B. von Eisen ist so und so gross, sondern nur: der Tauschwerth von Eisen, in z. B. Gas ausgedrückt, ist so gross, in Baumwolle so gross u. s. w.

D. h. ein Kilogramm Eisen kann vertauscht werden gegen soviel Kubikmeter Gas, gegen soviel Hektogramm Baumwolle u. s. w. So viel Eisen ist heute einen Kubikmeter Gas werth; voriges Jahr war das z. B. $^{3}/_{4}$, vor 10 Jahren $^{1}/_{2}$ Kubikmeter. Eben so viel Eisen ist hier einen Kubikmeter Gas werth, an diesem andern Ort $^{5}/_{8}$, an jenem $1^{1}/_{2}$ Kubikmeter. Und so mit allen Handelsartikeln.

26. Das würde lästig werden. Also benennt man alle Tauschwerthe nach dem einen Handelsartikel **Geld**, und der in Geld ausgedrückte Tauschwerth jeder Waare heisst ihr **Preis**.

Freilich ändert sich das noch jedesmal nach Zeit und Ort, allein so braucht man z. B. Baumwolle nur mit Geld zu vergleichen, nicht länger auch mit Holz, Eisen, Gas, Steinkohlen, Oel u. s. w. Auf diese Art ist es genug, dass man z. B. Eisen mit Geld vergleicht, Gas mit Geld, Steinkohlen mit Geld u. s. w., jede Waare nur mit der einen Waare Geld und nicht mit allen andern Handelsartikeln.

27. Tauschwerth ist relativ.

Ein Schaf z. B. hat weniger Tauschwerth als ein Rind, aber mehr als ein gewöhnliches Taschenmesser. Drei Certificate Niederl. $2^{1}/_{2}$ pCt. haben jetzt den Tauschwerth von etwas unter einem Kilogramm Gold, aber von ungefähr 16 Kilogramm Silber, von weit mehr als einem Arbeitspferde, aber weit weniger als einem Ostindienfahrer.

28. Tauschwerth ist veränderlich.

Ein Eisschlitten ist in Grönland unentbehrlich, bei uns dient er hauptsächlich zum Vergnügen, zwischen den Wendekreisen kann man ihn nicht brauchen. Freilich ist das der Gebrauchswerth: man wird nun aber auch in Java nichts für einen Eisschlitten hingeben wollen, in Grönland aber wohl (Tauschwerth). Gewöhnliches Obst ist im Winter kostbar. Häuser, Landbesitz, Heu, Korn u. s. w. sind zuweilen theuer, zuweilen wohlfeil. Wir sehen das zwar an den Preisen (nicht unmittelbar an den Tauschwerthen selbst), es bliebe aber auch wahr selbst wenn es kein Geld gäbe.

29. Völlig nutzlose Sachen nimmt Niemand im Tausch an. Niemand giebt etwas hin für eine Sache, die ihm nichts nützt. M. a. W. Nichts kann Tauschwerth besitzen, ohne Nutzen zu haben.

30. Aber eine höchst nützliche Sache, die man umsonst bekommen kann (z. B. Wasser in den meisten Fällen), hat auch keinen Tauschwerth. Niemand giebt etwas hin für etwas was er umsonst erhalten kann. M. a. W. Nichts kann Tauschwerth haben, wenn nicht eine gewisse Schwierigkeit es zu erlangen besteht.

31. Diese **Schwierigkeit des Erlangens** kann gross oder klein, m. a. W. quantitativ verschieden sein. Sie kann aber auch verschiedener Art sein. Dabei sind drei Fälle möglich:

1. Das Angebot (die Quantität der Waare, welche man be-

kommen kann), kann gar nicht zunehmen, oder so gut als nicht (Mill III. II § 2 S. 269f.)[1].

2. Das Angebot kann (innerhalb gewisser später zu betrachtender Gränzen) unbestimmt zunehmen, unter der Bedingung, dass auch die Kosten verhältnissmässig oder so gut als verhältnissmässig zunehmen. M. a. W. für verhältnissmässig mehr Aufopferung auch verhältnissmässig mehr Angebot[2].

3. Das Angebot kann zunehmen unter der Bedingung, dass die Kosten es in noch stärkerem Maassstabe thun. M. a. W. für Zunahme der erreichbaren Menge nicht bloss verhältnissmässig mehr Aufopferung, sondern noch mehr[3].

Das Angebot, jetzt z. B. von 200 Stück für 2 Thlr., kann ein Angebot von z. B. 400 Stück werden: dann wird man aber nicht nur 4 Thlr., sondern z. B. 5 oder 6 zahlen müssen.

Die Erklärung dieser Sätze kann erst später gegeben werden (s. No. 82. 122ff.).

[1] Gemälde und Bildhauerwerke alter Meister, gewisse Sorten feiner Weine, seltne Bücher, Münzen u. s. w.

[2] Die meisten Waaren in gewöhnlichen Fällen: Kaffee, Bausteine, Leinwand, Tischmesser, Stühle u. s. w.

[3] Grundstücke, Bergbauproducte, landwirthschaftliche Producte in manchen Fällen u. s. w.

32. In diesen drei Fällen ist auch der Tauschwerth der Sachen verschieden. Der 2. und 3. sind die häufigsten. In diesen beiden hängt der Tauschwerth, unter gewissen Bedingungen, von den Productionskosten ab, d. h. von allen Kosten, die nothwendig sind um die Waare fertig zum Verkauf („an den Markt", engl. *for sale*) zu haben. M. a. W. der Betrag der zum Eintausch nöthigen Aufopferung hängt vom Betrage derjenigen Aufopferung ab, welche zur Production desselben Gegenstandes nöthig ist.

Was ist nun Production, und wie geschieht sie?

II. Die gesellschaftlichen Güter selbst von ihrem Ursprung bis zu ihrem Untergang.

I. Production.

Vgl. fortdauernd Mill, Book I, Production, S. 15 und folgende.

1. Allgemeine Bemerkungen.

33. Gesellschaftliche Güter haben Nutzen, d. h. nützliche Eigenschaften.

Man kann dies auch so sagen: was Nutzen hat, nennen wir gesellschaftliches Gut.

Wie können nun Güter entstehen? Doch wohl dadurch, dass etwas Nutzen erhält, d. h. dass ihm nützliche Eigenschaften ertheilt werden die es früher nicht hatte.

34. Produciren ist also nützliche Eigenschaften geben. S. No. 7, 42.

Es ist Werth schaffen. „Wir verstehen unter Production nur Werthbildung". Roscher § 30 S. 60. So ist's genau wahr.

Dies geschieht durch die Natur[1], die menschliche Anstrengung (Arbeit)[2] und das Capital[3].

[1] Z. B. der Baum oder überhaupt die Pflanze, Goldstoff, Diamant, Steinkohle, essbare Thiere.

[2] Z. B. das Bearbeiten der Pflanzenfasern, Spinnen und Flechten (Weben) der Leinwand, des Hanfes u. s. w., vom Flachsroden an bis zur Papierbereitung.

[3] Z. B. das im Grossen Bearbeiten der Metalle, wie die Eisenbereitung mit Hoch- und Puddelöfen in Seraing u. s. w., Krupp's Gussstahl-, Borsig's Locomotivenfabrik, die neuere Bearbeitung der goldhaltigen Felsen in Californien (*Rev. des 2 Mondes* 1863, 15 janv., S. 465) u. s. w. So Laird's Schiffswerfte, die Timesdruckerei, und so manches andre grosse Fabrikunternehmen.

Diese sind also die drei agents of production. Die Franzosen haben den Namen entlehnt. Wir sagen Productionsfactoren. S. No. 6.

35. Zu den Naturproducten gehören wir auch selbst und die (geistige und körperliche) Arbeitskraft der Menschen und der übrigen Naturproducte.

Ohne Arbeit gäbe es auch kein Capital und kaum einigen Verbrauch.

Z. B. keine Wohnungen: der Stein dazu muss gebrochen oder gebacken, das Holz gehauen und gesägt werden u. s. w. Selbst das wilde (unveredelte) Obst muss man sammeln ehe man es brauchen kann.

Ohne Capital wäre die Production äusserst unvollkommen und gering.

Selbst Pflügen z. B. wäre nicht möglich, denn z. B. schon der Pflug, den man doch zuvor haben muss, ist ja Capital. Man könnte aber selbst den Pflug nicht einmal machen: Werkstatt, Roheisen, Hammer, Amboss, Blasebalg, das alles ist Capital. — Noch weit mehr trifft dies zu bei Eisenbahnen, Musikinstrumenten u. s. w.

36. Die Natur ist im Stoffe überall anwesend. Man lernt sie durch die Naturwissenschaften kennen. Die eigenthümliche Art, worin sie in der Oekonomie hier und dort Einfluss ausübt, z. B. bei der Grundrente, kann erst später betrachtet werden.

2. Arbeit.

37. Die körperliche Anstrengung des Menschen kann nichts mehr als Stoffe vom Ort bewegen (s. No. 7), d. h. Bewegung verursachen

(oder hemmen). Ein grosser Theil derartiger Arbeit wird durch dasjenige verrichtet was man Naturkräfte nennt.

Zähigkeit der Fäden die man webt. Das Keimen des gepflanzten Samenkorns. Grössere Härte der Säge als des Holzes. Das Zünden des Brandstoffes, das Schmelzen, z. B. im Wasser, und andre chemische Verbindungen, aber auch die Muskelkraft selbst bei Zugthieren und ebenso bei dem Menschen u. s. w.

38. Oft theilt man die gesellschaftliche Arbeit in **Landwirthschaft**, **Industrie** und **Handel** ein. Diese Benennungen sind aus der Sprache des täglichen Lebens allbekannt.

Mit dem Worte **Industrie** meint man dann **Fabrikindustrie**, vorzüglich so wie sie jetzt im Grossen betrieben wird, z. B. mit Dampfkraft.

Man kann dann sagen: Landwirthschaft producirt hauptsächlich Bodenerzeugnisse. Handwerks- und Fabrikindustrie giebt den Stoffen andre Formen. Der Handel endlich bringt die Gegenstände aus den Händen der Producirenden in die der Verbraucher.

39. Diese Eintheilung ist nicht genau und nicht vollständig. Es giebt eine Menge Fälle, worin man nicht weiss ob es nun der Landwirthschaft, der Industrie oder dem Handel gilt. Und es giebt eine Menge Fälle, die zu keinem von Dreien gehören (Mill I. π § 9 S. 27).

Z. B. Jäger, Fischer, Grubenarbeiter, Goldsucher gehören zu keinem der genannten Arbeitszweige. Man hat diese Beschäftigungen zuweilen zu einer 4. Art vereinigen wollen und diese **Sammelindustrie** genannt. Aber auch dies ist sehr ungenügend und man verliert schon gleich den Vortheil von so eben (No. 38), d. h. im täglichen Leben Jedem sogleich verständlich zu sein.

Bei genannter Eintheilung ist man genöthigt z. B. die Viehzucht zur **Landwirthschaft** zu rechnen und die blosse Seefahrt (Matrosen u. s. w.) zum Handel.

Die Anlage von Strassen, Deichen, Kanälen, muss man diese wirklich zur Fabrikindustrie bringen? Das Ziehen von Baumwolle, Krapp u. s. w. gehört das mehr zur Landwirthschaft oder zur Fabrikindustrie? Die Zuckerbereitung aus dem Ahornbaume müsste nach obiger Eintheilung der Sammelindustrie, die aus Rohr hauptsächlich der Landwirthschaft, die aus Runkelrüben grösstentheils der Fabrikindustrie angewiesen werden. In jedem Weinlande kommt es gar oft vor, dass man auf eignem Boden seinen Wein baut, bereitet und verkauft. Sind das nun Landwirthe, Fabrikanten oder Kaufleute?

Noch mehr. Alle Fabrikanten und sehr viele Landwirthe treiben ihr Gewerbe eben um ihre Erzeugnisse zu verkaufen. Sind alle diese nun Kaufleute?

Alle, die für Lohn ihre Dienste leisten, vom Minister an bis zum Laufburschen und zum gewöhnlichen Handarbeiter, sind von dieser Eintheilung ausgeschlossen, ebenso Gastwirthe, Unternehmer von Frachtwagen- oder Dampfschiffdiensten u. s. w. Der Schreiber eines grossen Landwirthes, wie des Herzogs von Sutherland oder des Holländers Hrn. Amersfoordt in dem trockengelegten Haarlemermeer, verrichtet ganz gleiche Arbeit wie der eines Fabrikanten, eines Kaufherrn oder eines Ministers: sie Alle machen Abschriften. Nun wäre es doch ungereimt, den erstgenannten dieser Schreiber einen Landwirth zu nennen, den zweiten und dritten Fabrikant und Kaufmann, und des letztgenannten Arbeit gar überhaupt nicht als Arbeit anzuerkennen. Und doch, lässt sich das bei obiger Eintheilung vermeiden?

Alle sogenannten freien Künste oder Gewerbe gelehrter Bildung bleiben ausserhalb der genannten Eintheilung: dies gilt z. B. für Aerzte, Geistliche, Notare, Anwälte, ferner für Musikanten, Schauspieler u. s. w. Man antworte nicht (wie Quesnay's[1] Schüler die „Physiokraten" am Ende des vorigen Jahrhunderts), dass die genannten Gewerbe deshalb in diese Eintheilung nicht inbegriffen sind, weil sie Nichts „erzeugen" (genauer: keine Gegenstände erzeugen). Das thut der Handel auch nicht, und der ist wohl mit inbegriffen. Handel ist sehr nützlich, und Medicin auch, Gegenstände aber erzeugt keins von Beiden.

[1] Franç. Q., 1694 — 10 Dec. 1774, *Tableau écon.* 1758. Seine bedeutendsten Schüler sind Mirabeau der Vater (*L'ami des hommes* 1756 — es ward sein Beiname), Dupont von Nemours (*Physiocratie* 1768, daher der Name), und theilweise der grosse Turgot (Minister 24. Aug. 1774 — 12. Mai 76).

Wenn man also diese Eintheilung braucht, bedenke man, dass sie
- zwar einen oberflächlichen Unterschied zwischen den verschiedenen Gewerben anzeigt und zum gewöhnlichen Sprachgebrauch des täglichen Lebens gut stimmt,
- dass aber der Begriff Arbeit dadurch keineswegs genau in seine Bestandtheile zerlegt wird.

Die drei sogenannten Theile der Arbeit, nämlich Landbau, Fabrikindustrie und Handel haben gegenseitig keine festen Gränzen, sie laufen in einander, und Arbeit hat noch mehrere Arten.

40. Wer eine beliebige Arbeit beginnt, wird beinahe immer Capital haben müssen. Das kann er aber nur dann, wenn schon früher gearbeitet ist um dieses Capital zu erzeugen.

Es giebt also Arbeit, die man unmittelbar und direct auf das heutige Tagewerk richtet, unterschieden von der Arbeit, welche zuvor vollendet sein muss ehe man jene beginnen kann.

Hieraus folgt diese Eintheilung des Begriffes Arbeit:

I. Arbeit, welche direct (unmittelbar) an das Arbeitsobject selbst[1] gewendet wird.

II. Arbeit, die zuvor vollendet sein muss (frühere Arbeit) ehe man den jedesmaligen Gegenstand selbst bearbeiten kann.

Die zwar nur indirect (mittelbar) an der Bearbeitung dieses Gegenstandes Theil nimmt, aber ihr doch ebenso förderlich oder selbst unentbehrlich ist (sogen. „indirecte Arbeit". Mill § 8 ff. S. 21 ff.).

Diese letztere wird wieder eingetheilt in:

1. Arbeit, die Grundstoffe erzeugt[2].
2. » » Geräthe oder Werkzeuge erzeugt[3].
3. » » beschützt[4].
4. » » zugänglich, verfügbar macht[5].
5. » » an Menschen verrichtet wird[6] [7].

[1] Sogenannte „directe Arbeit", Mill § 1 S. 19. Man fängt an ein Haus zu bauen, ein Feld zu bearbeiten, Güter oder Personen per Schiff oder Eisenbahn zu transportiren, Bestellungen zu machen, einen Kranken zu pflegen, ein Gesetz zu verfassen, mit einem Worte man beginnt das heutige Tagewerk.

[2]Sammelindustrie, Occupation bei Roscher (§. 38 S. 55 f., vgl. Anm. 5), industries extractives bei Dunoyer, dem Mill folgt, jedoch mehr in Hinsicht auf Grunderzeugnisse als auf die davon ganz verschiednen Grundstoffe. vgl. diese Anm. am Schluss.

Grundstoffe, dasjenige woraus man etwas erzeugt, z. B. Brot aus Mehl, Papier aus Leinwand, Leingewebe aus Garn, Garn aus Flachs, Stecknadeln aus Metalldraht, Stahl aus Eisen.

Diese Grundstoffe können sowohl zu sofortiger Verzehrung (Schlussverbrauch), als zu neuer Production gebraucht werden.

Zu dieser Art Arbeit gehört z. B. diejenige der Grubenarbeiter (Steinkohle, Metallerz); der Bauholzfäller; wer Flachs, Hanf, Baumwolle baut, wer Seide zieht; Fischer, Jager u. s. w., aber auch Spinner, Weber u. s. w. Grundstoffe sind ja nicht immer Erzeugnisse des Bodens, sondern Materialien, die Gegenstände welche der Bearbeitung zu Grunde liegen, Rohstoffe, z. B. bei Häusern Bausteine, Dachschiefer, Tapeten.

[3]Werkzeuge, dasjenige womit man etwas erzeugt, Kleider mit Nadel und Scheere, Brot mit Oefen, Gräben mit Spaten, Eisenbahndämme mit Schubkarren u. s. w.

Die Worte Geräth und Werkzeug haben hier den allerweitesten Sinn, z. B. vom Feuerzeug an bis einschliesslich der Dampfschiffe und Fabrikmaschinen.

Oft scheint es schwierig zu unterscheiden, ob Etwas Grundstoff oder Werkzeug ist. Grundstoffe aber dienen, als solche, nur einmal, und zwar zur Bildung eines solchen Erzeugnisses, das hauptsächlich aus dem Grundstoffe besteht, sie „gehn in das Product über“. Vgl. das umlaufende Capital, No. 72.

Werkzeuge dagegen können öfter (Producte) erzeugen, das Product besteht keineswegs aus dem Werkzeug, dieses existirt fort und geht nicht in das Product über, Mill § 4 S. 22 f. Vgl. das stehende Capital, No. 72.

Z. B. ein Haus, Gewebe, Brot nehmen den Stein, Draht, das Mehl ganz in sich auf: ihre Grundstoffe bestehn dann nur im Erzeugnisse weiter. Zuweilen kann man das Product wieder in seine Grundstoffe zerlegen: hat man aber z. B. das Haus in seine Steine und das Tuch in seine Fäden zerlegt, so hört gerade dadurch die Existenz dieser Producte auf. — Beil, Säge, Maurerkelle, Schubkarre u. s. w., Hochofen, Dampfmaschine u. s. w. gehn nicht in das Product über.

Es giebt auch Hülfsgrundstoffe, wie man sie nennen kann (minder vollständig Hülfsstoffe genannt bei Roscher § 42 S. 75, welchen s.), z. B. Holz für den Bäcker neben dem Grundstoffe Mehl, Steinkohle beim Hochofen neben Eisenerz u. s. w. Diese Stoffe gehn bei der Bearbeitung gleich den andern Grundstoffen unter, aber völlig, sie gehn nicht in das Product über. S. No. 67, 6.

[4]Das Anlegen von Häfen, Waarenlagern, Scheunen, Wagenremisen, Werkstätten, Deichen u. s. w.; der Hirt, die Justiz. Alles dieses beschützt sowohl die Arbeiter, als ihre Arbeit, deren Erzeugnisse u. s. w.

[5]„Zugänglich machen“ nehme man sowohl im eigentlichen als im figürlichen Sinne. Es kommt darauf an, dass wir die Sache erreichen, darüber verfügen können. — Zutheilung bei Roscher, der natürlich Pacht, Miethe u. s. w. hierbei eintheilt; distribution bei Mill (§ 6 S. 24) als eine der Arten wodurch man *accessible* machen kann.

Miethe u. s. w. stellt Grundbesitz den kleinen Capitalien zur Verfügung.

Jeder Transport, also Fuhrleute, Schiffsvolk u. s. w. Schiffbauer; Locomotivfabrikanten; Kanäle; der Kaufmann als Zwischenglied zwischen Erzeuger und Verbraucher, statt dass Beide nach dem Markt müssen, um einander zu treffen.

Vielleicht gehören hierher die industries extractives. S. Note 2.

[6] Erziehung und Lebensunterhalt von Kindern, Unterricht, nicht bloss in einem gewinngebenden Gewerbe, die Arbeit des Chirurgen u. s. w. — Menschen, die gar nichts gelernt haben, würden z. B. kein Haus bauen können.

[7] Ueber *intellectual speculation* und namentlich *labour of the inventors of industrial processes* s. Mill, §. 6 S. 26f.

41. Ohne Arbeit keine nennenswerthe Production. Das Resultat der Arbeit ist aber nicht immer Production selbst, wenigstens nicht (unmittelbare) Production von Stoffen. So in den Klassen 3, 4, 5 von vorhin (beschützen, verfügbar machen, Arbeit an Menschen selbst).

Arbeit, auch höchst nützliche, kann das sein, was die Physiokraten[1] und einzelne Andre „improductiv" nennen, nicht (einen Stoff) erzeugen, z. B. die des Frachtschiffers, der Eisenbahngesellschaft, des Arztes oder Kaufmanns. „Improductiv" ist also kein Wort des Vorwurfes, und ganz unterschieden von unnütz.

Nicht Arbeit, sondern Verbrauch kann (zur Noth) in productiven und improductiven eingetheilt werden (s. No. 47, 161 mit Anm. 1).

[1] Die Irrthümer der sogenannten Physiokraten (s. No. 39), übrigens sehr verdienstlicher Männer, können für veraltet gelten. Sie meinten z. B. dass nur Landwirthschaft oder wenigstens nur das Erzeugen von Stoffen productiv wäre, und dass productiv und nützlich dasselbe sei. So (vgl. Roscher § 61, aber auch §. 60) müsste man also annehmen, dass z. B. der Violinfabrikant productiv wäre, der Violinspieler aber nicht, während doch die Violine keine andre Bestimmung hat, als gespielt zu werden. Der geringste Apotheker, der eine flüchtig lindernde Salbe (Roscher S. 110) bereitet, dieser dann productiv, der grösste Arzt nicht, selbst indem seine Kenntniss den nützlichsten Menschen von der gefährlichsten Krankheit rettete u. s. w. — Themistokles, Cäsar, Columbus, Luther, Oldenbarnevelt, Newton, Napoleon I., Cavour haben nichts producirt: ihre Arbeit war „improductiv". War sie unnütz?

42. Nicht der Stoff ist Resultat oder Product der Arbeit, sondern der erzeugte Nutzen, die „Nützlichkeiten", wie Einzelne sie genannt haben (s. schon No. 7, ferner 34). Diese sind von dreierlei Art: man findet sie als

1. Eigenschaften von Sachen[1];
2. „ „ Menschen;
3. einfache Dienste (Leistungen, z. B. die des Gesetzgebers), oft sehr vergänglicher Natur[2]. Das Begehrte (der gewünschte Nutzen) wird selbständig erzeugt, nicht als mit etwas Anderm verbunden, m. a. W. nicht als Eigenschaft irgend eines andren Gegenstandes (Mill III § 2 S. 29ff.).

[1] So zu sagen an irgend eine Sache (oder, 2, an irgend einen Menschen) verbunden, hineingelegt, zu einer ihrer Qualitäten gemacht. Ein Möbel wird geglättet: der erzeugte Nutzen, Glätte existirt hier nicht selbständig, sondern kommt als Eigenschaft des Möbels vor. So mit dem Firniss von Karten u. dgl. — Wenn dagegen eine Musikausführung uns Freude macht, wenn die richterliche oder bewaffnete Gewalt uns beschützt, dann sind Freude und Schutz ganz losgelöst und keines Gegenstandes Qualitäten.

[2] Z. B. die des Schauspielers, s. Schillers Prolog zu Wallenst. Lager, 6. Strophe.

43. Nur das 42. 1 genannte gilt Vielen noch jetzt und galt hauptsächlich früher als Reichthum, denn wer „productiv“ sagt, meint ja „Reichthum erzeugend“ (genauer: Tauschwerth oder Güter erzeugend). Nichts desto weniger haben auch die No. 2 und 3 Nutzen, ja Tauschwerth, und können auf diesem Umwege selbst Reichthum erzeugen.

Z. B. Eigenschaften von Menschen können Tauschwerth erhalten. Man tauscht dann natürlich nicht die Eigenschaft selber, sondern die Arbeit ihres Besitzers.

44. Es lässt sich ganz gut vertheidigen, jede solche Arbeit als productiv zu betrachten, deren schliessliches Resultat productiv ist, die Arbeit selber sei es denn unmittelbar oder nicht (Mill § 3, vorzüglich S. 31).

45. Sogenannte improductive Arbeit kann möglicherweise eben so viel Nutzen stiften, als sogenannte productive, oder selbst mehr.

S. 41 Anm. 1. — Selbst das Retten eines Menschen aus Lebensgefahr, mit eigner sehr grosser Gefahr und Mühe, kann nicht „productiv“ genannt werden. Wer wird es deshalb tadeln oder für unnütz ausgeben?

46. Nicht bloss sogenannt improductiver, sondern auch „productiver“ Arbeit Erzeugniss ist der Verschwendung ausgesetzt.

Jede Gütererzeugung nach veralteter Art. Unvortheilhafte Heizung u. s. w.

47. Es giebt productiven und improductiven[1] Verbrauch. — Manche Gegenstände können kaum anders als improductiv verbraucht werden, d. h. ohne dass ihr Verbrauch neue Güter erzeugt[2] (Mill § 5 S. 32f.).

[1] S. No. 41 N. — Besser „umbildender“ und schliesslicher Verbrauch. S. unten IV. Consumtion, vorzügl. No. 151.

[2] Luxusgegenstände: feines Obst, Weine, Kleider, ferner Taback, Spazierstöcke u. s. w.

48. Streng genommen ist jeder Genuss improductiv, ausser vielleicht dem zur nothwendigen Erhaltung des Lebens und des Maximums productiver Arbeitskraft.

Wer wird deshalb jeden andern Verbrauch tadeln? Aber so wahr als dieser Satz: Genuss muss sein, ist auch dieser: Genuss, als solcher, ist kein Gegenstand der Volkswirthschaft.

49. Ehe wir von der Arbeit zu ihren Resultaten übergehen, merke man sich noch Folgendes:

1. Mit derselben Kraft oder Fähigkeit kann derselbe Arbeiter um so mehr ausrichten, je mehr er Lust[1] oder stärkern Willen dazu hat.

2. Mit gleich gutem Willen kann er mehr ausrichten, je nachdem seine (körperlichen und geistigen[2]) Fähigkeiten stärker sind.

[1] Also je nachdem er mehr Bedürfnisse hat. Denn je mehr Bedürfnisse, um so unangenehmer, wenn man sie nicht befriedigen kann; das kann der Arbeiter aber nur durch seine Arbeit (auch wenn er das sonstwie kann, kann er das nicht als Arbeiter).

Wenig Bedürfnisse. — Z. B. der Mexicaner auf seinem Stückchen Bananenfeld, Roscher § 36 S. 62f., § 914 S. 439ff. Die Kleidung eines Neapolitanischen Lazzarone. Mässigkeit in warmen Ländern.

Viele Bedürfnisse. — Heizen der Hausflur in Moskau, Petersburg u. s. w.; dicke Kleidung daselbst. Theure der Fundamente für Häuser u. s. w., wo man oft Pfähle einrammen muss, Nothwendigkeit der Deiche u. s. w. in Holland.

Der gute Wille des Arbeiters nimmt aber noch weit stärker zu, wenn seine Arbeit ihm selbst fruchtet.

Sklaven sind unlustig und widerspenstig. Ihr Loos bleibt unverändert, die Arbeit erzeuge viel oder wenig: in beiden Fällen bekommen sie so viel als der Herr ihnen giebt.

Tagelöhner u. s. w. (Alle, die nach der Dauer ihrer Arbeitszeit bezahlt wurden: Zeitlohn) sind um so besser daran, je nachdem die Arbeit länger dauert. Zwei Tage Arbeit sind besser für sie als einer; die Arbeit aber von z. B. 6 Tagen auch in der Zeit zu vollenden haben sie kein Interesse; zuweilen ist's ihnen selbst vortheilhafter 6 Tage zu brauchen. Deshalb hat man in manchen Gewerben den Stücklohn eingeführt, Bezahlung für jedes Stück oder jedes Pensum, d. h. nach gewisser Arbeitsmenge, so oft sie geliefert wird. Dies geschieht z. B. beim Graben, Mähen, Handweben u. s. w. und bei manchen Maurerarbeiten.

[2]Körperliche Fähigkeiten. Durchschnittlich z. B. richtet ein Engländer mehr als ein Irländer aus, ein Neger mehr als einer der Westindischen Eingebornen, die jetzt wohl ausgerottet sind (Las Casas), ein Europäer mehr als ein eingeborner Australier.

Aber auch Kenntnisse und überhaupt geistige Fähigkeiten. Und zwar Kenntniss sowohl des jedesmaligen Faches als allgemeine Bildung, d. h. Bekanntschaft mit Allerlei, was nicht eben direct zu diesem Fache gehört aber doch jedesmal vorkommt. S. No. 73 Anm. 3.

3. Capital.

50. Productive Arbeit bildet Vorrath (engl. *stock*), Ueberschuss, Capital.

D. h. soweit der Verbrauch das nicht hindert. Und zwar nicht bloss Verschwendung, sondern nützlicher, ja unentbehrlicher Verbrauch, z. B. zum blossen Lebensunterhalt.

51. Gütererzeugung im grossen Massstabe ist unmöglich, ehe sich allmählig (z. B. erst nach Jahrhunderten) Capital gebildet hat.

Güter werden dadurch erzeugt, dass Arbeit (auf Naturproducte verwendet) Capital bildet, und beide gemeinschaftlich neue Güter (also auch neues Capital).

52. Capital ist von Geld gänzlich unterschieden.

Geld ist nicht einmal dasselbe wie Reichthum. Es ist nur eine der bequemsten Formen welche Reichthum annehmen kann. — Häuser, Grundstücke, Schiffe u. s. w. sind eben so wohl Reichthum, als Geld dies ist.

Capital im täglichen Sprachgebrauch. 1. Statt Vermögen. — 2. Den Zinsen entgegengesetzt. — Z. B. das „Capital“, welches Jemand besitzt, das Capital, welches man auf Zinsen ausleiht, der Ausdruck „von seinem Capitale zehren“. In beiden Fällen ist dieser Gebrauch unwissenschaftlich: man nimmt dabei die allgemeine Bezeichnung Capital, nicht einmal genau, für zwei ihrer besondren Fälle. — Selbst der bekannte ökonomische Ausdruck **Capitalbildung**, und noch mehr **Capitalzerstörung**, ist also logisch ungenau: denn Zerstörung ist ja improductiver Verbrauch des Capitals, also nicht erzeugender Verbrauch ... desjenigen, was erzeugt! Also braucht selbst die Volkswirthschaftslehre das Wort Capital zuweilen in dem loseren Sinne vorhandner Güter im Allgemeinen. Adam Smith z. B. spricht von einem „stock for immediate consumption", und etwas der Art ist der stock englischer Schriftsteller. Es giebt aber kein Mittelding zwischen Vermögen (oder Vermögenstheil) und Capital, man kann das Vermögen mit Roscher (§ 43 S. 78ff.) nur in Gebrauchskapitalien und Productionskapitalien eintheilen. Letztere nennen wir hier Capital.

53. Was Tauschwerth hat ist fähig Capital zu sein.

54. Capital macht das Stattfinden gewisser Arbeit möglich. Man kann es als Erzeugniss früherer Arbeit betrachten. Es giebt nämlich den Arbeitern die Rohstoffe, Werkzeuge, den Schutz (Wohnung, Werkstätten, Deiche, Sicherheitslampen, Polizei), deren sie bedürfen, ja die Hauptsache, den Lebensunterhalt, so lange die Arbeit dauert ohne noch Früchte zu schaffen. Dies ist aber genau dasjenige, was die frühere (sogenannte indirecte) Arbeit der jetzigen zutheilt, m. a. W. dem Arbeiter, so lange die jetzige Arbeit ihn beschäftigt.

55. Vorrath, den man productiv anwendet, ist Capital.

D. h. den man zu neuer Production anwendet.

Jeder reproductive Reichthum (besser Vermögen, wenigstens Vermögenstheil), d. h. Alles, was Tauschwerth hat und zur Gütererzeugung dient, ist Capital.

Also ist **Capital** der verfügbare Ueberschuss von Erzeugnissen (früherer) Arbeit, so weit dieser zu neuer Production angewendet wird (dient).

„Capital ist Resultat der Vergangenheit, um der Zukunft willen dem gegenwärtigen Genusse des Besitzers entzogen." Roscher § 45 S. 82.

56. Z. B. das Capital des Fabrikanten besteht aus:

1. Gebäuden (nicht dem Wohnhause u. s. w.).
2. Maschinen oder überhaupt Werkzeugen.
3. Rohstoffen, z. B. rohe Wolle oder Baumwolle für den Spinner, gesponnene Garne für den Weber, Stücke Zeug für den Schneider u. s. w.
4. Geld, z. B. für den Wochenlohn.
5. Verarbeitete Güter, die er feil bietet.

Mill IV § 1 S. 84f. — Bei Geld und verarbeiteten Gütern muss man dasjenige nicht mit einrechnen, was der Fabrikant und die Seinigen brauchen, nicht bloss zum nothwendigen Lebensunterhalt, sondern überhaupt zu allen Ausgaben ausser denen des Gewerbes.

57. So kann man sich das Capital (genauer das Vermögen) eines Volkes oder einer menschlichen Gesellschaft denken, z. B. das von Schottland, Java, Norddeutschland, Westeuropa, der ganzen Welt. Dessen Bestandtheile sind hauptsächlich:

1. Der nutzbare Boden (wenn man ihm auch den Namen Capital nicht geben kann; Vermögensbestandtheil ist er gewiss)[1].

2. Verbesserungen an Grund und Boden[2] („Bodenmeliorationen").

3. Gebäude jeder Art, darunter auch Deiche, Kunststrassen u. s. w.

4. Werkzeuge, Maschinen, Geräth.

5. Thiere die man benutzt.

6. Rohstoffe in engerm Sinne.

7. Hülfsrohstoffe[3].

8. Unterhaltsmittel der Arbeiter. Diese müssen während der Production im Vorschuss sein.

9. Handelsvorrath zum Verkauf.

10. Geld.

11. Sogenannte Quasicapitalien oder unkörperliche Capitalien, z. B. die Kundschaft einer Handlung (*magasin bien achalandé; the* good-will *of the business)* — Credit aber nicht —, Tüchtigkeit der Arbeiter u. s. w., und für ein Volk zuerst der Staat selbst.

[1] „Die Grundstücke sind in ihren vornehmsten wirthschaftlichen Verhältnissen von den übrigen Capitalien so verschieden, zum Theil sogar diesen letztern so diametral entgegengesetzt, dass ihre Zusammenwerfung in dieselbe Rubrik doch nur eine scheinbare sein würde." Roscher § 42 Anm. 1 S. 77. Sehr möglich, deshalb sind aber die Grundstücke doch gewiss Vermögen, wenigstens der gesammten Menschheit oder eines ihrer grösseren Theile, ja (Productions-Capitalien, denn nur darum liesse sich hier streiten — und das wäre müssig — ob der Werth der Grundstücke als Product zu betrachten sei. — Vgl. übrigens No. 127.

[2] Diese sind oft eng mit dem Boden verbunden und schwierig davon zu unterscheiden, z. B. Urbarmachung, Düngung, Bewässerung, Eindeichung. — Deiche kann man zu 1 oder zu 2 bringen. So kann auch z. B. Geld zuweilen und zum Theil statt der No. 4 bis 7 dienen.

[3] Z. B. Brennstoffe, Schiesspulver in Minen, Bergstrassen u. s. w., thierische Kohle in den Rohzuckerfabriken: d. h. solche Stoffe, welche bei der Production untergehen ohne in das Erzeugniss überzugehen. — Roscher § 42 S. 75 ff. — Vgl. No. 72 und 40, Anm. 2 und 3.

58. Capital ohne Gelegenheit zur Gütererzeugung ist todtes Capital.

Besser schlafendes Capital. Z. B. der unverkaufte Ladenvorrath. — Todtes Capital ist eigentlich keines: so lange es „schläft" oder „todt ist", dient es keiner neuen Production. — S. No. 55, 66, 139.

59. Der Ackerbauer oder kleine Meister ohne Gesellen lebt auch von (Gebrauchs-)Capital, d. h. von dem, was er früher erworben hat, vom Vorrath früherer Arbeit. Dadurch eben geht aber dieser Vorrath unter, natürlich auch als Capital.

60. Ist des Rentners Eigenthum (Vermögen) auch Capital? Im gewöhnlichen Leben nennt man das so, selbst mit Vorliebe. Es ist

Capital für ihn. Für den Staat aber, für die menschliche Gesellschaft, z. B. für Deutschland oder Europa, ist es nur dann Capital, wenn die Güter selbst, worauf Geld vorgestreckt ist, productiv verwandt werden (Mill IV § 3 S. 37 ff., vgl. auch No. 52 Anm.)

Also ein Staatspapier, eine Hypothek u. s. w. nicht immer, ja sehr oft nicht.

Das Vermögen eines Privatmanns ist der Summe seiner Tauschwerthe gleich.

Das Vermögen eines Volkes, eines Theiles der Gesellschaft, wie z. B. Ceylon oder Java, eines Staates, der ganzen Welt, ist der Summe ihrer Gebrauchswerthe gleich. Roscher § 8 S. 11 ff.

61. Industrie ist durch Capital beschränkt, oder genauer: die Gränzen des Umfanges der Betriebsamkeit hängen von denen des Capitals ab (S. No. 72 Anm. 1). Es kann nicht mehr Betriebsamkeit geben als dazu Grundstoffe, Werkzeuge, Lebensmittel u. s. w. vorhanden sind. Es giebt nicht mehr Industrie als das Capital zulässt (und zwar das *aggregate capital*, Mill v § 1 S. 39 ff.)

Man sagt: sein Capital fixiren, in irgend einer Handlung u. s. w. anlegen, in Grundstücken, Fabriken; man kann nicht mehr Grundstücke, Fabriken u. s. w. an sich ziehen als es Capital dazu giebt.

Industrie hier und für's erste im allgemeinsten Sinne: Betriebsamkeit überhaupt.

Selbst Wegnehmen, z. B. durch Eroberung, von Grundstücken, Gebäuden, Kaufschiffen ist ja das Wegnehmen des betreffenden Capitals. Dies nimmt ausserdem dadurch nicht zu, es ändert nur den Herrn.

62. Neue Betriebsamkeit kann also nur aus dem Erzeugen neuen Capitals entstehen.

63. Also nicht durch Gesetze und Regierungen.

Früher hielt man letzteres für möglich. Man verhinderte die Einfuhr einer gewissen Waare in die Staatsgränzen (Prohibitivsystem, Verbotsystem). Dann bildet sich oft (künstlich) innerhalb des Staates ein neuer Industriezweig zur Erzeugung jener Waare. Allein aus welchem Capital? Doch wohl aus solchem, was, schon vorher existirend, zu andrer Gütererzeugniss diente von der man es jetzt abwendet. Im günstigsten Falle wären also Vor- und Nachtheil sich gleich, weit entfernt davon, dass alles Neue, wie man meinte, auch Vortheil wäre. Beinahe immer jedoch wird der Nachtheil grösser sein (s. hier unten). Früher pflegte nämlich das freie Capital jene Einfuhrwaare zu kaufen, unter günstigern Bedingungen als man sie selbst verfertigen konnte — sonst hätte man sie ja, auch vor dem Verbote, selbst gemacht und nicht gekauft. Jenes Capital machte aber vorher eine andre Waare, und zwar unter günstigern Bedingungen als jetzt das früher importirte, sonst hätte man ja den Importartikel nicht importirt, sondern im Lande verfertigt. — Diese Argumentation gilt für Culturländer.

Wer Algebra versteht, wird dies in Folgendem verdeutlicht finden:

Rechnung der Prohibitionisten

a früheres Landescapital	$+ b$ neue Industrie	$= a + b$
Wahre Rechnung, günstigster Fall:	$aC + bI - b$ alte Industrie	$= a$
Gewöhnlich aber ist's selbst:	$aC + bI - (b + c)$ alte Industrie	$= a - c.$

[1] S. Rotteck und Welcker's *Staats-Lexikon*, 3. Aufl. (1862) VII 397, Art. *Handelspolitik*, unten No. 166.

64. Nie also mehr Industrie als Capital dazu. Beinahe immer existirt aber gar nicht einmal so viel Industrie als das Capital zur Noth ermöglichen würde (Mill § 2 S. 41).

Eine Gleichung a Capital $= a$ Industrie lässt sich nicht aufstellen, kaum denken. In dem Sinne, worin von einer Capitalmenge die Rede sein kann, giebt es keine „Industriemenge". Der Satz bedeutet aber dies: a Capital macht b Industrie möglich. Also nie mehr als b Industrie, es gäbe denn $> a$ Capital. Und beinahe immer nur $< b$ Industrie, selbst wenn es a Capital giebt.

Sonst könnte ja kein Theilchen des Capitals a auch nur einen Augenblick nicht verwendet oder schlecht verwendet gewesen sein. Nur in dem Falle kann nämlich a Capital sein volles Resultat, sein mögliches oder grösstmögliches Erzeugniss b Industrie bilden.

Z. B. unverkauften Vorrath kann man zur Noth als Capital betrachten. Gewiss aber begründet er keine Industrie.

Auch an Arbeitern kann's fehlen. Dann entsteht Immigration, Einwanderung.

Arbeiterbedarf, d. h. Gelegenheit zur Gütererzeugung, wenn man nur Hände zur Stelle hätte. — Z. B. Nordamerika, und ärger Westaustralien.

Dagegen kann die Menschenzahl nie so gross sein, dass die Gelegenheit der Production aufhörte. Wo es Arbeiter mit versichertem Lebensunterhalt giebt, da ist immer Gelegenheit zur Gütererzeugung. Mill § 3 S. 41 ff.

Jede Capitalvermehrung ermöglicht Vermehrung der Betriebsamkeit.

65. Capital wird (aus dem Arbeitsproducte) durch Sparen[1] gebildet (Mill § 4 S. 43 f.).

Selbst das, von dem der einzelne Arbeiter lebt, um so mehr das, wovon Jemand Andre bezahlt die für ihn arbeiten, muss durch Ersparniss erworben sein.

Dies gilt selbst dann, wenn der Erzeuger selbst nicht eigentlich spart, sondern man ihm der Ersparniss wegen einen Theil des Erzeugten abnimmt, entweder direct, oder z. B. dadurch, dass man ihn als Sclaven arbeiten lässt und ihn verhindert, aus dem Producte mehr als den allernöthigsten Unterhalt zu beziehen.

[1] Lassalle's laute Kritik (*Bastiat-Schulze* 79—112) ist ganz unhaltbar: man lese nur die wenigen Worte, welche Mill (a. a. O. S. 44) schon 14 Jahre zuvor herausgegeben hatte. Vgl. zum Ueberflusse Mill II II § 1 S. 184, Roscher § 45 S. 82 ff.

66. Auch „gespartes" Capital wird verbraucht (aber productiv: es wird verwendet, umgesetzt).

Wo nicht, dann ist es ja sogenannt todtes (schlafendes) Capital, d. h. genau genommen nicht einmal Capital. Denn Capital ist nur was productiv verwendet wird. Vgl. No. 65, 68, 139.

Consumtion im engern, eigentlichen Sinne (untergehn lassen) findet z. B. bei Werkzeugen (durch Abnutzung), bei Rohstoffen (als solchen), z. B. beim Samenkorn, beim Gelde (oder Naturproducten), womit Lohn bezahlt wird, statt, u. s. w.

67. Der kennzeichnende Unterschied zwischen Sparen (im weitesten

Sinne) und (improductivem) Verzehren liegt in Folgendem. Auch das Sparen kann möglicherweise mit Auszahlen (Ausgeben) anfangen. Um aber zahlend zu „sparen“, muss man productiv ausgeben, d. h. (mindestens) ein Aequivalent des Ausgegebenen zurückerhalten. Beim Verschwender geschieht dieses letztere nicht (Mill I v § 5, S. 44 f.).

Wer zahlend spart, „bildet Capital“ (er erhält Werth). Im gewöhnlichen Leben nennt man das selten sparen, nur z. B. bei Sparbanken und Sparkassen, wo es wahr ist, und beim Ankauf von Werthpapieren, wo es sehr wahr und sehr falsch sein kann. In beiden genannten Fällen verwendet man seine Ersparnisse. In beiden bekommt man etwas hinzu, die Zinsen. Seines Capitals aber ist man nur im ersten Falle so gut als gewiss. Das Zweite ist oft nur eine unwissentlich waghalsige Speculation, z. B. die Anlegung von Geldern in Oesterreichischen, Türkischen, manchen privatgesellschaftlichen Papieren, in Nordamericanischen während des Krieges u. s. w.

68. Missverständniss kann daraus entstehen, dass man hauptsächlich an Capital in Geldesform denkt. Wer aber sein Geld nur verschliesst, ist am Ende ein schlechter Geschäftsführer: er verschleudert die Zinsen[1]. Wer sein Geld in der Sparkasse anlegt, giebt freilich das Geld für einen Zettel (oder Notizbuch) hin, bekommt es aber später mit den Zinsen zurück.

Gesetzt, ein Zimmermann hätte so eben 100 Thl. in einer Sparbank angelegt, welche 3 pCt. giebt. Spart (gewinnt) oder verliert er, wenn er (1.) gleich darauf, oder (2.) z. B. 2 Monate nachher seinen Empfangschein für 100 Thl. wirklichen Werth an preussischen (oder andern soliden) Staatspapieren und 3 Thl. wirklichen Werth solches Geräthes (oder Holzes) hingiebt, als er dann wirklich braucht?

[1] Das Gleichniss des Knechts, der sein Silbertalent vergraben hatte, Matth. 25. 16, 17 und zumal 26, 27.

69. Verschwenden, d. h. sein „Geld“ durchbringen, scheint unschädlich. Das Geld, sagt man, kommt ja zwar in andre Hände, existirt aber fort. Das Geld, freilich. Das Capital, das Vermögen aber nicht (Mill a. a. O.).

Der Ananasverkäufer z. B. bekommt Geld für seine Waare und verliert also nicht. Wer aber für Geld Ananasse bekommen hat, besitzt diesen seinen Vermögenstheil nicht länger, sobald die Früchte verzehrt sind. — Wer von seinem Steinkohlenvorrath Gas verfertigt, oder sie für Geld absetzt, oder Eisenerz damit zu Stahl verarbeitet, verwendet sie (productiv); wenn Jemand aber ein Freudenfeuer damit angerichtet hat sind sie fort. Dann verschwendet er ja aber eben so sehr, falls er anfangs keinen Vorrath besass, sondern sich die Kohlen zum Freudenfeuer besonders gekauft hat.

70. Capitalverbrauch, sowohl productiver als improductiver, pflegt sehr schnell vor sich zu gehen, und in sehr grossem Maasstabe. Capital wird mehr umgesetzt, als in unveränderter Form aufbewahrt (Mill § 6 S. 46 f.).

Selbst Häuser, Schiffe, Wälder, Möbel sind ja vergänglich.

71. Die Belohnung (Vergütung) des Producenten findet sich aus

dem Erzeugungsvermögen seiner Arbeit und seines Capitals (und Grundbesitzes).

Tausch ist keine Quelle dieser Belohnung. Sowohl im engsten Sinne (**troc, barter**), als mittelbar durch Geld, bewirkt er nur die Umformung von Jedermanns Belohnung, ihr Annehmen derjenigen Form welche jedesmal gewünscht wird (Mill § 9 S. 55). Dadurch kann Tausch, **in seinen Folgen**, sehr grosse Productionszunahme veranlassen, aber Tausch **selbst** erzeugt nichts.

72. Man unterscheidet **umlaufendes** (Betriebscapital, engl. *circulating capital*) und **stehendes** Capital (Anlagecapital, *fixed capital*)[1]. — Mill vi S. 57 ff.

Umlaufend nennt man dasjenige Capital, welches nach einmaligem Gebrauch völlig in den Werth des Productes übergeht.

Genauer: dessen Werth jedesmal von der einen Form in die andre übergeht.

Zum **umlaufenden** Capital gehören die **Rohstoffe** (s. No. 40, Anm. 3), das Geld für die Löhne (denn ohne Arbeitslohn — ohne Arbeit — kann das Product nicht entstehen, nicht erzeugt werden). Das **umlaufende** Capital (d. h. sein **Werth**) wechselt unaufhörlich die Form, vom Grundstoff z. B. wird es der Reihe nach „Halbfabricat", fertiges Product, Verkaufspreis, neuer Rohstoff, Halbfabricat u. s. w. („umformende" Consumtion s. No. 161).

[1] „A division not essential", sagt Ricardo, *Principles* I. iv. S. 21 Anm. **So gesagt** ist dies falsch. Da auch stehendes Capital vergänglich ist, erkennt Ricardo nur einen Unterschied der Zeitdauer an (einen **quantitativen**) zwischen stehendem und umlaufendem Capitale („*capital of slow consumption*" und „*rapidly perishable capital*"). Es giebt aber auch einen **qualitativen** Unterschied, der wenigstens in der Praxis sehr wichtig ist. S. 3 Alinea weiter.

Stehendes Capital heisst dasjenige — die Vergänglichkeit seiner stofflichen Bestandtheile vorbehalten — welches in des Producenten Besitz verbleibt, und zwar in derselben Form, m. a. W. dasjenige, welches nach einmaliger und mehrmaliger Benutzung doch (ausser der Abnutzung) unverändert vorhanden bleibt.

So **Gebäude, Maschinen, Geräth** (s. No. 40 Anm. 8), dauerhafte Bodenmeliorationen, die Schiffe des Rheders (die des Schiffsbauers sind umlaufendes Capital), ferner jener bestimmte Theil stehender Capitalien, das erste Anlagecapital, z. B. zur Anlage einer Mine, dem Aufbau einer Fabrik, dem Bau von Strassen, Canälen u. s. w.

Oft (eigentlich immer) fordert dieses stehende Capital **Erhaltungskosten**. Was hiervon untergeht, thut das durch improductive (besser letzte) Consumtion, nicht durch productive („umformende").

Umlaufendes Capital wird durch jede (productive) Consumtion ganz verbraucht: es geht in das Product über und dieses tritt an seine Stelle (eigentlich: jede **Werthform** des umlaufenden Capitals verschwindet und wird von **der folgenden Form** verdrängt). Der Ertrag des Erzeugnisses muss also mindestens den (anfänglichen) Werth des umlaufenden Capitals reproduciren, dieses erneuern, sonst giebt es Verlust. Mill § 2 S. 58 f.

Beim **stehenden** Capital ist das anders. Jede Production braucht nur so viel abzuwerfen, dass die Unterhaltungskosten, die Zinsen vom Capital und Kosten, und der landesübliche Gewinn vom Ertrage gedeckt werden: wenn das stehende Capital ohne Unkosten auf gleicher Höhe erhalten wird, genügt das vollkommen.

4. Zusammenwirken der drei Productionsfactoren.

73. Die drei Factoren der Gütererzeugung wirken verschieden, hier mehr, dort weniger. Was bestimmt das Mass ihres Einflusses? M. a. W. weshalb wird an einem Orte so viel mehr (besser, schneller) producirt als an einem andern?

Diess kann liegen an:

1. natürlichen Vorzügen [1] (Factor Natur),
2. (angebornen) menschlichen Eigenschaften [2] (Arbeitskraft),
3. (erworbner) Kenntniss der Arbeiter und ihrer Leiter [3] (vergl. Capital).

[1] Z. B. Fruchtbarkeit [1], günstiges Klima [2], Mineralreichthum [3], günstige Lage an Wasserstrassen [4]. — [1] Sicilien, Valencia; [2] die Mittelmeerstaaten überhaupt, Westeuropa; [3] England, mehr bestimmt Cornwall, Newcastle, die preussische Saargegend, die Gegend von Lüttich, Charleroi u. s. w. in Belgien; [4] Griechenland und in geringerem Masstab Italien, Phönicien, Niederland, England, Panama, Singhapura u. s. w.

In mancher andern Hinsicht ist Niederland von der Natur nicht bevorzugt, und eben das hat in *seinen besten Zeiten* die Energie der Einwohner stark gefordert. „In der neuern Geschichte hat wohl kein Land „von so geringem Flächenraume einen solchen Reichthum erlangt, so viel „grosse Feldherren (?), Staatsmänner, Gelehrte und Künstler hervorge„bracht, wie Holland: dessen sichere Gegenden ebenso unfruchtbar sind, „wie die fruchtbaren vom Meere" (und den Flüssen) „gefährdet". Roscher § 36. S. 62; mit Recht vergleicht er dazu Athen in Themistokles und Perikles Zeiten.

[2] M. a. W. an der relativen (aber mittelbaren oder dauerhaften) Energie der Arbeit und des Arbeiters. S. oben No. 49.

[3] Darunter auch das Erfinden und Brauchen von Geräth, in des Wortes weitestem Umfange. Ferner z. B. Wechselbau [1] (Fruchtwechsel [2]), Drainiren [3] (Entwässern) u. s. w. in der Landwirthschaft, das allerwichtigste Zeitsparen in jedem Gewerbe und jeder Hinsicht, schnellerer Capitalumlauf u. s. w.

Zu diesem dritten Punkte gehören, wie Jeder weiss, Eisenbahnen, Dampfschiffe u. s. w. Allein ebenso gehört das Verbreiten von Kenntnissen unter dem Publicum dazu. Die meisten gewöhnlichen Bauern mit ihrer übergrossen Sparsamkeit und vielgerühmten Schlauheit berechnen zuletzt verkehrt, weil ihr Denken ungeübt ist.

Der von Mill angeführte Herr Escher ist sehr interessant über die Fähigkeiten von Arbeitern verschiedener Nationen. Nach ihm begreifen die Italiener am leichtesten, im Ganzen sind aber die Sachsen die besten Arbeiter, weil sie die sorgfältigste Erziehung und dadurch die meiste allgemeine Bildung erhalten haben. Die Arbeiter aber mit den meisten Kenntnissen und der besten Erziehung sind auch moralisch in jeder Hinsicht die Besten (Escher's *evidence, annexed to the Report of the Poor Law Commissioners*, 1840, bei Mill VII § 5 S. 67 ff.). S. auch No. 76, Anm.

[1] Regelmässig, wobei ein Theil des Ackerlandes mit Gras besäet wird und einige Jahre als Weide liegen bleibt.

[2] „Vier-" bis „achtfeldrige Fruchtwechselwirthschaft", im Seeländischen Wilhelmina-polder (S. Anm. 3) selbst 21jährig. „Der Wechselwirth ist wenigstens bemüht, die reine Brache gänzlich abzuschaffen." Doch wird selbst bei jenem 21jährigen Wechsel unter dem 8. Jahre: „braak of

„halfbraak" angeführt. „Da die verschiedenen Pflanzenarten sehr verschiedene Bodenbestandtheile verbrauchen und zur Ausbeutung der Luft wie des Untergrundes in sehr verschiedenem Grade befähigt sind, so kann eine wohlgewählte Abwechselung, namentlich zwischen Halm- und Blattfrüchten, denselben Zweck erreichen, und dann natürlich mit grosser Bodenersparniss. Auch die anderen Zwecke, die man sonst durch reine Brache verfolgt, können durch Fruchtwechsel erreicht werden. Einige Pflanzen (Klee und Gras) machen durch ihre Wurzelung den zu losen Boden fester. Andere (Buchweizen) vertilgen durch ihre starke Beschattung das Unkraut. Noch andere pulverisiren den Boden und machen ihn dadurch zugänglich für atmosphärische Einflüsse (Kartoffeln, Hülsenfrüchte und tiefgehende Futterkräuter)." Roscher II § 27 S. 77f.

[2] „Nous fûmes très étonnés de voir qu'on drainait à 1 mètre 50 une „terre" (den trockengelegten „Wilhelmina-polder" auf der Seeländischen Insel Süd-Beveland) „que les hautes marées inonderaient, mais on profite „de la marée basse pour évacuer les eaux, et le drainage donne les „meilleurs résultats." E. de Laveleye, *l'Économie rurale en Nèerlande, Rev. d. 2 Mondes* 1 nov. 63, S. 110.

Zu den entferntern Ursachen grösserer Production gehört **Sicherheit**, auch **Rechtssicherheit** (Mill § 6 S. 70ff.).

D. h. sowohl die Sicherheit gegen in- und ausländische Gewaltthätigkeiten, welche die Regierung schafft, als Sicherheit gegen die vielen Missbräuche, ja Fälle von Raub, welche Regierungen, und nicht bloss orientalische, selber verüben.

Z. B. Schwächung des Münzfusses, Staatsbankerott, Steuer auf die Zinsen der eignen Staatspapiere, unmässige Steuerhöhe u. s. w. — Solcher Raub der Regierungen ist vorzüglich deshalb so gefährlich, weil Widerstand gegen die (wenn auch veränderte) Regierung als solche gewöhnlich aussichtslos ist. — Beispiele: Frankreich unter dem **ancien régime**. Der Islam verbreitete sich sehr schnell wegen der relativen Reinheit dieser Religion, des Muthes seiner Verfechter u. s. w., aber auch, weil die arabischen Eroberer vom persischen Bauer z. B. nur den **Zehnten** forderten: seiner eigenen Landesregierung hatte er bis dahin **ein Drittel** seiner Ernte abtreten müssen.

Mangel an Rechtssicherheit ist eine der Hauptursachen, weshalb z. B. mancher fruchtbare Theil Asiens jetzt arm ist. — Blüthe Alt-Griechenlands wegen dieser inländischen (cantonalen) Rechtssicherheit, selbst bei grosser auswärtiger Gefahr; man denke z. B. an die Zerstörungen von Plataeae, Thespiae, Mykenae, an die schrecklichen Verwüstungen Philipps von Macedonien, welche Grote mit Recht hervorgehoben hat (XI. 88 S. 824, 851; 89 S. 304, 424ff. ed. N.-York 1855): Olynthos' und Theben's Zerstörung (letztere bekanntlich durch Alexander) sind nur die bekanntesten Beispiele eines weit verbreitetern Uebels. — Aus entgegengesetztem Grunde war die kurze Herrschaft der Dreissig den Athenern so verderblich. Aehnlich die römische Kaiserherrschaft: gegen jeden auswärtigen Feind war man freilich völlig geschützt, es fehlte aber an inländischer Rechtssicherheit.

Alle Privilegien (Vorrechte) stehn einem Mangel an Rechtssicherheit gleich. **Vorrecht** ist **Unrecht**, sagt Seume.

Unlust bei Sclaven, und relativ bei Frohnen dem Tagelohn, bei diesem dem Stücklohn gegenüber. S. No. 49, Anm. 1. — Verschwendung zur See, beim Militär, in Pestzeiten u. s. w. Roscher § 39 S. 67ff., § 45 Anm. 1, S. 83.

74. **Zusammenwirkung** ist eine der stärksten Förderungsarten der Gütererzeugung. Die bekannte sogenannte **Arbeitstheilung**, wie wichtig sie auch sei, ist nur eine Art der Zusammenwirkung.

1. Directe Zusammenwirkung (einfache bei Mill — VIII § 1 S. 71 ff.), d. h. Zusammenwirken Mehrerer derart, dass Jeder dieselbe Arbeitsart zu vollbringen hat, zur selben Zeit, Ort, Weise u. s. w., kommt vor z. B. bei dem gemeinschaftlichen Heben von Lasten, dem Hereinschaffen der Ernte, dem Aufmauern eines Hauses u. s. w.

75. 2. Die eigentliche „Arbeitstheilung" (zusammengesetzte Zusammenwirkung) findet statt, wenn Einer z. B. Brot für Zwei und der Andre Kleidung für Zwei schafft: man wirkt zu demselben Zweck zusammen, allein eines Jeden Stück Arbeit ist qualitativ unterschieden (ungleichartig).

Durch Tausch bekommt Jeder von Beiden dann Brot und Kleidung; ausserdem lehrt die Erfahrung, dass so Jeder besser bedient wird, als wenn Jeder sein eignes Brot, Kleider, Wohnung u. s. w. selbst machen müsste. S. No. 16.

Es ist auch Arbeitstheilung und also selbstverständlich Zusammenwirkung, welche zwischen den Schafhaltern, den Spinnern, Wollenwebern, Schneidern, und ausserdem zwischen allen Transporteurs, Gross- und Kleinhändlern und andern nöthigen Zwischenpersonen stattfindet. Sie wirken ja zusammen, um jedem Bezahlenden Kleidung zu verschaffen, oder wenn man lieber so sagt, zur Production jedes Rockes.

Diese Zusammenwirkung erstreckt sich aber noch weiter. Alle Genannten z. B., welche vereinigt einen Rock producirt haben, müssen inzwischen ihrer Ernährung sicher gewesen sein. Also nahmen die Erzeuger der Nahrung für die Erstern diesen Theil der gemeinschaftlichen Arbeit, die Nahrungserzeugung, auf sich, wodurch sie zugleich indirect zu jenem andern Arbeitstheile, der Kleidungsproduction, mitwirkten.

In der jetzigen Gesellschaft geschieht dies beinahe immer ohne directe oder eigentliche Verabredung. Auch ohne diese ist man gewiss, dass es geschehen wird. S. No. 16.

Bei weitem die meisten Waaren könnten ohne diese Arbeitstheilung überhaupt nicht erzeugt werden. Eine Familie z. B. im Westen Nord-Americas kann alleinstehend nicht viel Andres, als die rohesten Sorten Nahrung, Wohnung und Kleidung erzeugen. — Prätorius der Vater, der tüchtige Führer der aus dem Caplande emigrirten „Bauern", hob sich seine Staatspapiere zwischen Wand und Dachdecke auf.

Eine solche Familie würde Mehr und Besseres erzeugen, falls eine zweite sich in der Nähe niederliesse und sich auf gewisse Erzeugnisse beschränkte. Dann wäre die erste im Stande, die Erzeugung dieser Producte fahren zu lassen, und ihren Bedarf daran (indirect) durch mehrere Production der übrigen Erzeugnisse und den Tausch ihres Ueberschusses gegen ihr Zuwenig der erstern zu befriedigen.

Bei Nationen geht es ebenso. Keine blühende Landwirthschaft ohne die Nähe z. B. einer grossen consumirenden Stadtbevölkerung, oder eines Hafens als Exporteur.

Die Arbeitstheilung wird stets mehr angewandt, vorzüglich im Fabrikwesen (wenigstens dem mit Handarbeit): die Beispiele der Stecknadeln und Spielkarten sind allbekannt. Das Verfertigen der Erstern hat etwa 18 Theile, das der Zweiten ungefähr 70; beim Uhrmachen giebt's in England über 100: so erzeugt man täglich z. B. bis weit über 4800 Stecknadeln per Kopf. — Das bekannte Beispiel einer (sehr unvollkommenen) Stecknadelfabrik wird noch immer nach Adam Smith angeführt, den Mill VIII § 4 S. 76 abdruckt, s. auch Mills folgende Seiten. Der „*Indicateur*" für 1868 führt für Locle 55, für la Chaux de Fonds 62 verschiedne Arten von Betheiligten an der Uhrenfabrikation auf. — Vgl. Say, *Cours complet* (1829) I. 340, Roscher § 49 S. 89 ff.

Diese Arbeitstheilung kann in Fabriken (vorbehaltlich andrer Ursachen) so lange weiter durchgeführt werden als die Arbeit direct von Menschen verrichtet wird. Jetzt strebt die Mechanik grade derartige Maschinen einzuführen, welche soviel Bearbeitung als möglich zugleich bewerkstelligen („Arbeitsvereinigung"). Dadurch werden die Resultate der Arbeitstheilung in den Fabriken weniger sichtbar, und erreicht man auch (wiewohl qualitativ andre) sehr grosse Vortheile. Die Dampfmaschine mit ihren tausendfältigen Anwendungen und die Spinnmaschine *(mule-jenny, self-acting mule)* gehören zu den wichtigsten Beispielen. S. No. 106 am Ende. Von der Theorie ist dies noch zu wenig berücksichtigt.

76. Arbeitstheilung erzeugt ein besseres Product. Gründe dafür sind:

1. Jeder Arbeiter bekommt das Verständniss seines Arbeitstheiles. „Uebung macht den Meister".

2. In mancher Hinsicht erspart man Zeit und Mühe, auch Geld. Man braucht z. B. nicht jedesmal von der einen zur andern Arbeit überzugehen, nicht Werkzeuge für mehr als seine eigne Specialität zu haben u. s. w.

3. Man hat (freilich nur bei grossem Spielraum überhaupt) mehr Gelegenheit einen Jeden je nach seinen Fähigkeiten anzustellen.

Diese drei Gründe bei Adam Smith (*Wealth of Nations* [1776] I. ch. I., II., III.).

4. Internationale Arbeitstheilung ist oft die einzige Möglichkeit manche Güter mancher menschlichen Gemeinschaft[1] zu verschaffen.

[1] Z. B. Thee, Kaffee, Apfelsinen u. s. w. an Nordeuropa.

Uebertriebne Arbeitstheilung giebt übrigens zwar bessere Erzeugnisse, aber oft zum Schaden der producirenden Arbeiter. Wenn Jeder sich ausschliesslich mit dem Verfertigen von Achtzehntein einer Stecknadel beschäftigt, bekommt man gewiss mehr Stecknadeln, aber welche Menschen! — S. S. 24 unten, Mill § 5 S. 78 f., Roscher § 54 ff. S. 98 ff.

Je engerer Markt d. h. je weniger Gelegenheit zum Absatz der Producte, desto geringer ist gewöhnlich die Arbeitstheilung.

Bei manchen Arbeitszweigen (z. B. Landwirthschaft) ist sie auch geringer als bei andern (z. B. Fabrikarbeit). — Mill § 5 f. S. 77 ff., Roscher § 50 ff., S. 94 ff.

77. Gütererzeugung im Grossen oder Kleinen. Wo Zusammenwirkung und vorzüglich Arbeitstheilung vortheilhaft ist, da pflegt auch Production im Grossen vortheilhaft zu sein.

Manches Handelshaus u. s. w. würde den Umfang seiner Geschäfte bedeutend ausbreiten können, ohne verhältnissmässige Kostenzunahme.

Eine Gasfabrik, welche einmal ihre Röhren durch die Stadt gelegt hat, kann fortan doppelt so viel Flammen mit weit minder als doppeltem Kostenaufwand liefern. Die Errichtung der Fabrik selbst, die Hauptröhren und die Kosten zur Legung dieser Letztern bleiben unverändert.

Bei Kleinwirthschaften dagegen **wird natürlich jeder, selbst der kleinste** Bestandtheil sorgsamer beachtet.

Bei freiem Handel und auf offnem Markte zeigen die Verkaufspreise bald, welche Erzeugungsart dieselbe Waare (also von gleicher Güte) am wohlfeilsten, also am vortheilhaftesten, producirt.

Grosswirthschaft vortheilhafter. Bäckereien („Brotfabriken"), überhaupt sogenannte Fabriken (in engerm Sinne, d. h. die mit Dampfkraft für den Weltmarkt arbeiten) u. s. w.

Kleinwirthschaft. Schuster, Ackerbauer u. s. w.

Was vortheilhaft mit grossen theuren Maschinen bearbeitet wird, fordert selbstverständlich viel Capital und Production im Grossen.

Z. B. Baumwolle, Eisen (also auch Stahl), Eisenbahnen u. s. w.

Beim Uebergang von der Klein- zu der Grosswirthschaft wird am meisten Unternehmerarbeit erspart: Einer übersieht fortan das Werk vieler Untergebnen. Doch sind sehr viele, meistens mit Unrecht, **lieber** kleine Meister, als **Gesellen in einer** Grosswirthschaft. S. No. 114, 215 Schluss.

Grosswirthschaft wird durch **Association** (auch „Genossenschaften") sehr gefördert. Manche **Unternehmungen könnten sonst** überhaupt nicht zu Stande kommen.

Z. B. Eisenbahnen. Selbst Regierungen müssen hier den Gesellschaften verglichen werden, wirken auch durchschnittlich schlechter als Privatgesellschaften. — Andre Unternehmungen, z. B. überoceanische (sogenannte transatlantische) Dampffahrten, können freilich durch Privatleute errichtet und erhalten werden, durch Gesellschaften aber weit besser. Andre wieder bedürfen die Bürgschaft eines grossen Capitals, z. B. Feuerversicherungen (stärkste Bürgschaft bei den mutuellen: als 1862 der holländische Fabrikort Enschede abbrannte, zahlte die Amsterdamer Versicherungs-Gesellschaft de Jong & Comp. ohne Schwierigkeit 1½ Million Gulden).

Association hat ferner den grossen Vortheil **der Oeffentlichkeit** (wobei freilich oft nicht viel Nutzen heraus kommt), **und** grosse Gesellschaften den, sich die tüchtigsten Leiter verschaffen zu können.

Dem stehen Nachtheile gegenüber. Einer Association Geschäfte **führt nicht** der Eigenthümer, sondern ein Lohnbeamter, also mit **weit geringerer** Verantwortlichkeit **und** weit geringerem **Interesse.**

Der Association fehlt, was man im Volksmunde „des Herrn Auge, das den Acker düngt" nennt.

78. Dasselbe bei der Landwirthschaft (sogenannte **grande und petite culture). Hier passt Arbeitstheilung am wenigsten.**

Derselbe Arbeiter muss pflügen, säen, ernten, dreschen. Es gäbe wahrlich keinen Vortheil, wollte man jede dieser Arbeiten verschiedenen Personen auftragen.

Welche ist die zweckmässigste Grösse eines Bauernhofes? Mindestens die, welche die Bauernfamilie mit Vieh und Gesinde fortwährend beschäftigt.

Solcher Hof gilt in England für klein. Auch Prof. Roscher nimmt ihn zum Typus eines „kleinen" Gutes, II § 47 S. 135 C. In Nordirland wählt man Güter von 2 bis 4 Hektaren (5 bis 10 *acres*, etwa 8 bis 16 Morgen); in Flandern befindet man sich bei Höfen von 4 bis 5 Hektaren (leichten Bodens) recht wohl. Dagegen giebt es in England Höfe (nicht bloss ganze Landgüter) von 300 und mehr Hektaren (7 bis 800 *acres*, etwa 1200 Morgen).

Einzelne Grössen zur Vergleichung: Europa 181,400 geogr. Quadratmeilen, die Nordamericanische Union (ohne Russisch-America) 132,600, Frankreich 9850, Preussen (seit 1866) 6400, Grossbritannien 4230 (überdies Irland 1530), der *state of* New-York 2400, Niederlande 600 (= 3 Mill. Hektaren), Java > 2300 geogr. Quadratmeilen.

80 Hektaren = etwa 200 engl. *acres* = 318 preuss. Morgen, also 5 *acres* = 2 Hekt = beinahe 8 Morgen.

1 preuss. Morgen : 1 *acre* : 1 Hektare = 5 : 8 : 20.

Oder, was dasselbe ist: 40 preussische Morgen = 25 *acres* = 10 Hektaren.

Ueberhaupt kann man annehmen, dass die petite culture nur dann nachtheilig wird, wenn man die Zertheilung weiter fortsetzt als so, dass die vorhin genannte Bedingung erfüllt bleibt.

Das geschieht aber in Frankreich und hauptsächlich in vielen Theilen Irlands. S. unten No. 105. — Solche Landbauer nennt man dann cottiers (engl.), dasselbe Wort, was im Deutschen „Kathenstelle" für sehr kleine Bauernstellen geblieben ist (auch = Käthner).

„Soviel kann für ausgemacht gelten, dass eine Mischung von grossen, mittleren und kleinen Gütern, wobei die mittleren vorherrschen, das national und wirthschaftlich heilsamste Verhältniss ist." Roscher II § 53 S. 152.

5. Mögliche Zunahme der Gütererzeugung. — Wie kann Production zunehmen?

79. D. h. nach welchen Gesetzen, unter welchen Bedingungen, und innerhalb welcher Gränzen?

Production, sahen wir, ist von den drei Grundbedingungen Natur, Arbeit, Capital abhängig.

Unter Capital verstehn wir hier jedes noch vorhandne Arbeitserzeugniss (also eigentlich den verfügbaren Ueberschuss, der Capital sein kann), und unter Naturerzeugnissen (engl. besser *natural agents*) alles was

1. ohne Arbeit erzeugt,
2. erschöpflich ist,

hauptsächlich also Grundstücke. Alles, was die Natur fortwährend schenkt, was man sich nicht aneignen kann und was unerschöpflich ist (also z. B. Luft, Seewasser, ein gewisses Wärmemass u. s. w.) bleibe hier ausser Betrachtung. Vgl. No. 82 S. 33.

Also kann Production durch Zunahme von Arbeit, Capital und Werth der Grundstücke selbst zunehmen.

80. 1. **Arbeit** kann durch Zunahme der Arbeiter, der **Bevölkerung** zunehmen.

Im Durchschnitt werden 1000 Menschen mehr arbeiten als 100.

Für Menschen, ebenso wie für Thiere und Pflanzen, giebt es allerdings die blosse Möglichkeit einer sehr starken Vermehrung (selbst so, hat man bemerkt, dass jede Art bald für sich allein einen Flächenraum wie den unsrer ganzen Erde brauchen würde).

Setze 10,000 Thiere einer beliebigen Art, die in 50 Jahren sich vervierfältigen: diese Zahl würde also in 50 Jahren 40, in 100 160, in 150 640 und in 200 Jahren 2560 Tausend betragen.

Alle Thiere und Pflanzen werden zur Zunahme nach einer **geometrischen** Progression getrieben (Malthus I. ch. 1., z. B. S. 6, 10; sie „streben" darnach).

Geometrische Progression. — Nicht nur z. B. 1, 10, 100, 1000 u. s. w. oder selbst 1, 2, 4, 8, 16 u. s. w., sondern auch z. B. 1, 1 1/2, 2 1/4, 3 3/8, 5 1/16 (= 1, 3/2, 9/4, 27/8, 81/16) u. s. w., kurz a, an, an^2, an^3, an^4, an^5 u. s. w. Der Satz ist ein Axiom: Wer da sagt „eine beliebige Grösse vermehrt sich nach bestimmter Zeit", hat damit schon nothwendig gesagt, dass es in geometrischer Progression geschieht, sonst fällt seine Voraussetzung. Ueberdies kommt es gar nicht darauf an, was ohne Hindernisse, Malthus' *checks*, geschehen **könne**, sondern was bei ihrem Bestehen, aber ohne bestimmt darauf gerichtete Massregeln, wirklich **geschieht**. Sodann zeigen M.'s Gründe a posteriori aus der Länder- und Völkerkunde, gerade für den, der „weiter als S. 21 seines Buches" (das hat man gefordert!) liest, dass seine Kenntniss hier bei weitem unzureichend ist. — Das Hauptwerk ist das genannte Werk des Geistlichen T. R. Malthus (1766—1834), *An Essay on the Principle of Population*, z. B. 1826, 2 Th., 8, zuerst erschienen 1798, S. Roscher I § 242, Anm. 15 S. 497 ff.

Ebenso die Menschen.

Die Bevölkerung der Vereinigten Staaten verdoppelt sich in höchstens 30 Jahren, **die Einwanderer nicht mitgerechnet** (Carey bei Mill x § 2 S. 97, die **längste** angegebne Dauer); möglich ist es also, dass die Menschenzahl auf der Erde sich in dieser Zeit verdopple. Nun rechne man nur: in 30, 60, 90, 120, 150, 180 Jahren stiege die jetzige Bevölkerung der U. S. auf 60, 120, 240, 480, 960, 1920 Millionen, also innerhalb zweier Jahrhunderte auf zweimal so viel als jetzt die Gesammtzahl der Menschheit.

Die Volkszählungen von 1850 und 60 (die beiden letzten) geben folgende Zahlen:

	U. S.	*State of* New-York.	Pennsylv.	Ohio.	Virg.	Nordcar.	Louisiana.
1850	23^{2}	3^{1}	2^{3}	2	1^{1} Mill.	900	500 Tausend.
1860	31^{4}	3^{9}	2^{9}	2^{3}	1^{6} „	1000	700 „

Die Zunahme war von jedem 100 auf 400^{4} in den Jahren 1790—1840, und zwar in den ersten 10 Jahren 33^{8} pCt., ferner 33^{1}, 32^{1}, 30^{6}, 29^{4} und in den Jahren 1850—60 (**nach Abzug** der Einwanderer) 25^{7} pCt. — *Gothaischer Hofk.* und Roscher § 278 *a* S. 484 ff.

Doch nehmen Pflanzen und Thiere nicht so schnell zu, denn Eins verzehrt das Andre.

Auch bei Pflanzen verdrängt z. B. nicht bloss das Unkraut den Weizen u. s. w., sondern Epheu, Lianen, Parasiten u. s. w. tödten die Bäume, auf und um welche sie leben. Unter Hochwald würden Gartenpflanzen verkommen u. s. w.

Auch die Menschen nicht: sie selbst und andre Ursachen vermindern ihre Anzahl.

Z. B. in Asien, im mittelalterlichen Europa u. s. w. verursachen Misswachs und andre Theuerungsgründe Hungersnoth, so dass zuweilen Tausende geradezu von Hunger und Mangel und Hunderttausende von Krankheiten und fernern schädlichen Folgen solcher Unheilsfälle umkommen. Das jetzige Europa galt, mit Ausnahme der grossen Kartoffelhungersnoth (Anfang 1846 — Sommer 47), für ziemlich frei von solcher Gefahr. Das lässt sich jedoch seit der Noth in Ostpreussen, einem grossen Theile von Russland und Algerien (1867) kaum mehr behaupten.

Also die Bevölkerung wird nicht zunehmen, sowohl wenn andre Hindernisse dem entgegenstehn, als — und dann gewiss nicht — wenn sie keine Existenzmittel findet. Was aber innerliche Kraft betrifft, würde *Arbeit* (also Arbeiter, Bevölkerung) *unbeschränkt zunehmen können.*

81. 2. **Capital.** Production hängt u. A. von der vorhandnen Capitalmenge ab. Es können nicht mehr Menschen leben oder am Leben bleiben (also auch keine Production, keine Betriebsamkeit existiren), als für die es *Vorrath* giebt, aufbewahrter Ueberschuss von Producten früherer Arbeit, Vorrath an Nahrungs- und den übrigen unentbehrlichen Lebensmitteln.

Wie vermehrt sich Capital? Capital ist aus aufbewahrten Producten zusammengesetzt. Man vermehrt es also 1. durch grössere Production, 2. durch Aufbewahren eines grösseren Theils, und 3. natürlich durch Beides zugleich.

Durch grössere Production. Nicht so sehr eines grösseren Totals, einer grösseren Bruttomenge, sondern eines grösseren *verfügbaren Ueberschusses.* Mill XI § 1 S. 101a.

Gesetzt 1000 Arbeiter erzeugen Nahrung für 1200 — verfügbarer Ueberschuss: Nahrung für 200. Nun hilft es nichts, dass man mit 1300 Arbeitern Nahrung für 1400 erzeugt, obgleich dadurch die Bruttomenge mit 200 zugenommen hat, denn der verfügbare Ueberschuss ist von 200 auf 100 gefallen.

Mehr erzeugen heisst hier: diesen verfügbaren Ueberschuss vermehren, z. B. wenn man mit 1000 Arbeitern Nahrung für 1250, mit 1300 für 1550, mit 950 für 1200, mit 750 für 1000 erzeugt. In jedem dieser Fälle ist der verfügbare Ueberschuss Nahrung für 250, statt wie vorhin für 200.

Dieser Ueberschuss ist *verfügbar* zur Ersparniss: darüber kann man zur Ersparniss verfügen, davon *kann* man sparen. Es kommt darauf an, wieviel man spart.

Wer spart oder anfhäuft, schiebt seinen Genuss oder seinen Verbrauch auf. Das thut man also in Erwartung freieren Gebrauches, grösseren Genusses, oder als Vorsorge gegen spätern Mangel.

Je sicherer man seiner Zukunft ist, um so eher wird man einen

Genuss aufschieben. Sonst eilt man heute zu geniessen, aus Furcht, dass es morgen nicht länger möglich sein würde. Je grössere Sicherheit, um so mehr Ersparniss.

Bei weitem die meisten Menschen aber haben für ihr Thun und Lassen ganz andre Gründe als Vernunftschlüsse. — Viel hängt auch hier von der Gewohnheit ab.

Mill nennt interessante Beispiele von Sorglosigkeit, selbst für das nächste Jahr und den nächsten Tag, bei ziemlich civilisirten Gesellschaften, bei ackerbauenden Indianern am Sct. Lorenzstrom, bei den Eingebornen in Paraguay unter der cultivirenden Regierung der dortigen Jesuiten, selbst bei den Chinesen. Für unmittelbaren Gewinn scheuen sie keine Mühe, an die Zukunft aber wird nicht gedacht. S. Mill xi § 3 S. 108 ff.

In andern Gegenden giebt's viel Ersparniss, z. B. in Holland (früher stärker), bei dem englischen Mittelstande, wiewohl nicht so stark. S. Mill § 4 S. 107 ff.

Geschichtlich kennen wir die folgenden 5 grossen Zunahmen des Weltvermögens (Capitals):

1. Uebergang von den ersten rohen Zuständen zu dem Hirtenleben (Capital an gezähmten oder Hausthieren).

2. Entstehen der grossen Städte (Landbau und Handel, z. B. Aegypten, Ninive, Babylon, Sidon, Tyrus, die Hellenischen Staaten). Vgl. Mill, *Prelim. Remarks*, S. 6 ff.

3. Die Entdeckung von America u. s. w. (bequeme Wege nach für den Handel vortheilhaft liegenden ausser-europäischen Ländern).

4. Die Erfindung der Dampf- und Spinnmaschine u. s. w. und dadurch die grosse allgemeine Entwickelung der heutigen Industrie.

5. Die Entwicklung der Verkehrsmittel (Handelsfreiheit, Telegraphie, Dampfwagen und -schiffe im Grossen).

Gewiss giebt es also keinen Grund zu erwarten, dass die Capitalzunahme aufhören werde, vorzüglich nicht in den Culturländern America's und Westeuropa's. Im Gegentheil scheint sie in jetzigen gewöhnlichen Zeiten dauernd und stark an Schnelligkeit zuzunehmen.

Leone Levi schätzt Gross-Britanniens Nationalvermögen in den Jahren c. 1800 auf 1800 Mill. Pfd. Sterl. 1841 auf 4000, jetzt auf 6000.

G. Kolb *Handb. d. vergl. Stat.* 1868 (5. Aufl.) S. 249 f. Freilich sind solche Schätzungen immer höchst unsicher. Vgl. aber No. 210 Anm. 2.

82. 3. In der Zunahme aber der Grundstücke liegt die Schwierigkeit.

Boden, im Allgemeinen, kann nicht unbeschränkt oder selbst merkbar zunehmen. Culturfähiger Boden, z. B. in Europa, auch nur in geringem Massstab.

Man hat mit Recht den Landgewinn der Holländer durch Trockenlegung als das gewöhnliche Maass weit übertreffend hervorgehoben, sowohl den voriger Jahrhunderte als den kaum beendigten von Theilen des Dollard, vom Haarlemermeer, und den jetzt angefangenen des Y im Westen Amsterdams. Und doch ist der Haarlemer See nur 1/100 des kleinen Landes, ja selbst die südliche Hälfte der Südersee, deren Trockenlegung vor Kurzem entworfen ist, nur 1/18.

Auf einer gegebnen Bodenfläche, einer Hektare, 1 Quadratmeile, 100 Quadratmeilen kann eine gewisse Productenmenge erzeugt werden. Sie kann vielleicht zunehmen. Gewiss aber nicht unbeschränkt. S. Roscher § 84 S. 58 f.

Hier also findet die Gütererzeugung ihre Grönze: an Menge kann der Boden nicht unbeschränkt zunehmen, und an Fruchtbarkeit auch nicht.

Ist diese Gränze schon erreicht? Wird schon jetzt die Production dadurch erschwert?

Gemeiniglich glaubt man das nicht. Das Hinderniss ist jedoch schon jetzt ausserordentlich gross.

Vgl. Mills treffenden Vergleich mit einem elastischen Bande (im Gegensatze zu einer Mauer) I xii § 2 S. 109.

Landwirthschaft erreicht bald diesen Zustand: mehr Arbeit erzeugt nicht verhältnissmässig mehr Producte: das zweite Hundert erzeugter Producte kostet nicht eben soviel als das erste, sondern z. B. $1\frac{1}{3}$ Mal so viel.

S. No. 81, 3. Dritter Fall der Schwierigkeit des Erlangens: Das Angebot kann zunehmen, aber nur, wenn die Kosten in noch stärkerm Maasstab zunehmen. Die Kosten, d. h. was man gegen das Product vertauscht, dafür aufopfert = der dazu verwandten Arbeit (und Capital).

Algebraisch würde es heissen:

n Arbeit[1] erzeugt q Product,
aber bn „ erzeugt nicht bq „ sondern nur bq/c P.

z. B. 2 Mal soviel Arbeit (und Capital) nicht 2 Mal soviel Product, sondern nur $2/1\frac{1}{3} = 2/\frac{4}{3} = \frac{6}{4} = 1\frac{1}{2}$ P.

Oder so: zum ersten Mal erzeugt	n' A		q' P,
aber „ zweiten „ „	n' A nur		$\frac{1}{2}$ q' P,
	Summa	$2n'$ A erzeugen	$1\frac{1}{2}$ q' P,
und „ dritten „ vielleicht nur	n' A		$\frac{1}{3}$ q' P,
	Summa	$3n'$ A erzeugen	$1\frac{5}{6}$ q' P.

Schlagend zeigt sich das, wenn man erst vom besten Boden gewissen Ertrag (z. B. von 5 Hektaren 150 Hektoliter Weizen) bezogen hat, und dann einen zweiten gleich grossen Ertrag von weniger fruchtbarem Boden verlangt. Zu dieser zweiten Menge braucht man natürlich ein grösseres Stück Landes.

So bei geringerer Güte oder Fruchtbarkeit. Es gilt aber auch von gleich gutem, aber ferner liegendem Boden; die vermehrte Mühe (Arbeit) liegt dann in dem jedesmaligen Hin- und Wiederziehen, und in dem Transport des Productes auf einem längern (schwierigern) Weg, als bei der ersten Menge.

Was von verdoppeltem Ertrage aus grösserer Bodenfläche, gilt auch vom verdoppelten (wo das noch möglich) aus gleich grossem, ja aus demselben Grundstücke, aber zum Preise einer sorgfältigeren („intensivern“) Cultur, z. B. durch Draine, Dünger, tieferes Umpflügen, Gebrauch des Spatens statt des Pfluges u. s. w. — Der Ackerbau ist in England z. B. weit intensiver als in Nordamerica, s. Mill xii § 3 S. 110, hier No. 127 Mitte Anm. 2.

Es mangelt an Bodenmenge. Sonst würde Niemand die geringern Bodenarten cultiviren. Sonst brauchte Niemand intensive Cultur: das Säen zu ermöglichen und Bodenerschöpfung zu verhüten würde genügen.

[1] Hier und bei den fernern Positionen bn A, n' A u. s. w. ist zu beachten, dass genau gesprochen auch n Capital, bn C, n' C u. s. w. hinzuzufügen wären.

Diese Sätze gelten kaum für Manufacturen oder Fabriken, obgleich diese ihre Rohstoffe von der Landwirthschaft beziehen. Bei Fabrikindustrie ist ja der Preis der Rohstoffe meistens nur ein kleiner Bestandtheil der Productionskosten.

Sie gelten aber wohl von jeder Minenarbeit und überhaupt von Allem, was dem Boden Rohstoffe entnimmt.

Kurz: alle Naturproducte beschränkter Menge können zwar in grösserer Menge erzeugt werden, aber zu dem Preise einer weit grössern Arbeitsvermehrung. S. unten.

Selbst die englischen Steinkohlenminen werden wahrscheinlich nicht länger als etwa noch ein Jahrhundert ihr Product wohlfeil (also reichlich) genug erzeugen. Seit Jevons' Werk[1] scheinen die besten Autoritäten hierin einig.

Obiges ist kein Grund, genannte Erzeugungsarten zu verlassen (nicht länger so zu produciren), was freilich auch unmöglich wäre.

[1] W. Stanley Jevons, *On the Coal question*; ferner *the Econ.*, 19. Juni 1869, S. 717, Capitain Vivians Mittheilungen an das Unterhaus.

Die Preise der Nahrungsmittel und andrer Naturerzeugnisse der so eben angedeuteten Art haben dadurch im Allgemeinen eine Neigung zum Steigen bei zunehmender Bevölkerung.

Verbreitung von Cultur und Kenntnissen kann jedoch dieses Steigen oft verzögern, zuweilen verhindern. Nämlich wenn mit mehr Kenntnissen, Geschicklichkeit oder mit wichtigen neuen Erfindungen gearbeitet wird.

Z. B. man muss an ein gewisses Grundstück freilich mehr Kosten wenden als früher, oder mehr daran arbeiten, kurz mehr dafür aufopfern. Dann bekommt man aber auch (durch neue Erfindungen u. s. w., gerade umgekehrt als vorhin S. 33) für z. B. 1½ Mal soviel Kosten als früher einen 3- bis 4maligen Ertrag. So mit dem Einführen des Fruchtwechsels (s. No. 73, Anm. 3), oder mit dem Aufnehmen in diesen Wechsel einer vortheilhaftern Frucht an Stelle einer nicht so zweckmässigen. So gewinnt man denn auch (im Ganzen) mehr an Ertrag, als man durch erhöhte Mühe verliert wenn man zur Zucht eines Gewächses mit mehr Nahrungskraft als des früheren übergeht (natürlich mehr Nahrungskraft bei den auf derselben Bodenfläche erzeugten Mengen, also mehr bei Kartoffeln — etwa 625 gegen 289 — als bei dem weit nahrhaftern Weizen, Roscher § 162 S. 323 ff). Vgl. Buckle I. ch. 2, S. 65 ff.

Dergleichen Vortheil liefert auch das Anwenden besserer Düngstoffe. — Z. B. die Entdeckung des Guano, die Erfindung gewisser Kunstdünger, die Anwendung flüssiger statt fester Dünger u. s. w.

Durch vermehrte Kenntnisse kann man auch, umgekehrt, Mittel finden, um einen gleichen Ertrag für weniger Mühe und somit für mindere Kosten zu bekommen. Dies geschieht, sobald man besseres Geräth, bessere Wege und Kanäle u. s. w. hat. Selbst Verbesserungen in der Regierung können dazu mitwirken, z. B. weniger Steuern oder gerechter und nützlicher vertheilte Steuern, ferner Rechtssicherheit, Verbreitung von Kenntnissen unter den Arbeitern u. s. w. — Die Korn- und Schifffahrtsgesetze in England, die holländischen (in 1850 resp. 1865 abgeschafften) beschränkenden Schifffahrtsgesetze und Gemeindeaccisen u. s. w.

Die Regel oder das „Gesetz" kann also allgemeiner und genauer so formulirt werden (s. oben): Was

1. zur Gütererzeugung mitwirkt,
2. von der Natur erzeugt, und
3. in seiner Menge beschränkt ist,

das ist auch in erzeugender Kraft beschränkt, aber folgendermassen. Schon lange ehe die Productionskraft aufhört wird sie gehemmt, verzögert, und kann vermehrter Nachfrage nur unter stets ungünstigern Bedingungen genügen.

Die Wirkung dieser Regel wird jedoch durch Alles dasjenige bekämpft wodurch des Menschen Herrschaft über die Natur steigt, hauptsächlich durch ein Zunehmen seiner Kenntniss der Eigenschaften alles desjenigen, wodurch die Natur an der Gütererzeugung Theil nimmt (Mill XII § 3 S. 116, s. auch wieder § 2 S. 109).

Populär gesagt: je mehr Leute, um so theurer eines Jeden Brot und Feuerung;
aber: je geschicktere Leute, um so wohlfeiler eines Jeden Brot und Feuerung.

II. Die Güter in der menschlichen Gesellschaft.

A. Gütervertheilung.

Vgl. fortdauernd Mill, *Book II*, Distribution, S. 123 ff.

1. Herrschaft des Menschen über die gesellschaftlichen Güter.

83. Die Vertheilung der gesellschaftlichen Güter folgt Gesetzen deren Grundlagen theilweise vom menschlichen Willen unabhängig sind: die Regeln der Production dagegen sind in jeder Hinsicht so unveränderlich wie Naturgesetze (Mill, *preliminary remarks* S. 13 f., II. I S. 123 f.).

Eine der hauptsächlichsten menschlichen Einrichtungen von denen die Gütervertheilung abhängt ist Eigenthum (Thiers, *de la Propriété*, z. B. éd. populaire, Paris, Lheureux, 1848).

„Privat"-Eigenthum wäre hier ziemlich überflüssig beigefügt. Das hat Sinn z. B. im Gegensatze zu Staatseigenthum u. s. w. Allein das Wort Eigenthum (Eigen), in streng juridischem Sinne, sagt genug: es ist das Recht gänzlicher, ausschliesslicher Verfügung über die Sache.

84. Eigenthum ist nicht auf einmal eingeführt, z. B. weil man das für nützlich hielt. Der Begriff hat sich, in einer Weise die wir hier nicht zu untersuchen brauchen, allmählig entwickelt (Mill § 2 S. 124).

Allein der jetzige Zustand der Culturländer ist keine reine Folge des Begriffes Eigenthum, noch ist dieser ihm zu Grunde gelegt. Im Gegentheil hat der Begriff Eigenthum sich nur allmählig aus Zuständen entwickelt und befreit, die grösstentheils aus Ueberwältigung entstanden sind (Mill § 3 S. 128). Ja die Bildung des Begriffs Eigenthum ist noch lange nicht überall vollendet.

Z. B. in Java, noch vor Kurzem in Russland (L. A. Warnkönig in Rott. und W. *Staats-Lex.* 3. Aufl. IV (1860) 749, Art. *Eigenthum*, formell selbst nicht in England.

¹In der Hauptsache, für Westeuropa, noch von der Völkerwanderung her. Und seitdem wie oft!

85. Man kann sich eine völlig neue Gesellschaft vorstellen, d. h. eine ¹Bevölkerung von der höchsten Cultur ihrer Zeit, die ein ganz unbesetztes Gebiet einnimmt.

Annähernde Beispiele aus der Geschichte: Thurii; Nordamerica überhaupt, näher bestimmt Californien; Melbourne u. s. w. in Neuholland (aber nicht Neusüdwales).

Nun kann solche Bevölkerung ihre Einrichtung auf das (Privat-) Eigenthum gründen, und zwar mit völlig gleichen oder mit ungleichen Antheilen eines Jeden an Gut, oder mindestens an Boden.

Ungleichheit z. B. in Sparta, nach der gewöhnlichen Annahme; Gleichheit in Athens Kleruchien und den römischen Colonien. Beides gilt vom Boden, nicht vom übrigen Eigenthum.

86. Eine solche ganz neue Bevölkerung könnte sich jedoch allenfalls einrichten nach den Lehren des sogenannten Communismus oder Socialismus.

Der Communismus will die menschliche Gesellschaft auf die Gemeinschaft aller Güter unter Allen stützen.

Den Namen Socialismus tragen viele Systeme. Darin stimmen sie überein, dass sie 1. Verbesserung der socialen, d. h. gesellschaftlichen Zustände wollen, und zwar 2. diese Verbesserung in derselben Richtung suchen als der Communismus. Sie wollen Gemeinschaft einiger wichtiger Güter oder andre Massregeln, welche zuletzt zu demselben Ziele führen (Mill § 2 S. 125, Roscher § 78 No. 1 S. 142).

87. Man kann zugeben, dass die Nachtheile des Communismus sehr übertrieben worden sind, wegen allerlei Leidenschaften, Furcht, Vorurtheil, Widerwille gegen Neues u. s. w. Seinerseits scheint aber Mill die Grösse dieser irreleitenden Einflüsse zu überschätzen. Und soviel scheint unzweifelhaft: Keine Gesellschaft von nennenswerther Grösse kann auf die Dauer existiren, wenn sie nicht auf Eigenthum als Princip gegründet ist. Freilich reden wir hier nur von der nächsten, einigermassen zu beurtheilenden Zukunft (Mill § 3 S. 125 ff. Roscher § 77 S. 139 ff., § 81 No. 4 S. 150).

88. Unter den socialistischen Systemen sind hauptsächlich zwei welche von den Einwürfen gegen den Communismus wenig oder gar nicht getroffen werden: die von St.-Simon und Fourier.

Graf St.-Simons *Système industriel* 1821—22; seine Lehre von der Julirevolution (Sommer 1830) bis Mitte 1831. Er selbst starb 1825, seine

Haupt-Anhänger verurtheilt 27 August 1832. S. *Dict. de l'Econ. pol.* (1864), art. St.-Simon.

St.-Simon will eine wohlthätige, in Tugend und Kenntnissen hoch über der sonstigen Bevölkerung erhabne regierende Macht, die einem Jedem Art und Menge seiner Arbeit aufzulegen hätte.

Etwas der Art that die Gesellschaft Jesu in Paraguay (allererste Gründung 1611, Vertreibung durch Pombal 1768). S. Mill § 4 S. 131.

Selbst wenn es eine solche Vorsehung auf Erden gäbe, wie könnte man sie finden und einrichten?

89. Fourier's Lehre muss von den dazugefügten Uebertreibungen und Abgeschmacktheiten noch sorgfältiger als St.-Simon's System und die andrer Socialisten unterschieden werden.

Traité de l'association agricole 1822; Charles Fourier † 10. October 1837. — Vielleicht entnahm Thiers bei seiner Bekämpfung (*Propr.* 192ff.) diesem Werke den weit mehr umfassenden Namen „association“, den er irrig diesem Systeme beilegt. S. auch *Dict. de l'Econ. pol.*, Art. Fourier.

Fourier stützt sich hauptsächlich auf das Zusammentreten der Menschen in Vereine: er will jedes Gewerk und vorzüglich die Fabrikindustrie durch Vereine oder grosse Haushaltungen, sogenannte phalanges von je 2000 Mitgliedern etwa, ausüben lassen. Diese würden in grossen Wohnungen, phalanstères, vereinigt sein, und zwar so: nach Abzug von Jedermann's nothwendigsten Lebensbedürfnissen wird der Ertrag zwischen Arbeit, Capital und Talent vertheilt: letzteres schätzt man nach dem Range, welcher jedem Mitgliede durch Abstimmung Aller angewiesen wird (s. auch Mill § 4 S. 131 ff.).

Die stärksten Gründe gegen diese Lehre sind: bis jetzt sind die Errichtungsversuche völlig misslungen; das System widerstreitet der persönlichen Freiheit; die Welt, oder die menschliche Gesellschaft, kann nicht als etwas ganz Neues einfach neu aufgebaut werden: jede Organisation muss von den bestehenden Zuständen ausgehn.

In den ersten Monaten der 2. französischen Republik, hauptsächlich Februar bis Juni 1848, haben Socialisten und selbst Communisten kurze Zeit Einfluss auf die Regierung ausgeübt. Die meisten Systeme wurden damals mindestens als unpraktisch erkannt. Die hauptsächlichsten sind die von:

1. Communisten. E. Cabet, 1788—1856; *Voyage en Icarie* 1840, Colonisation am Red River und zu Nauvoo (Illinois, U. S.), nach der Juniinsurrection 1848; die erste misslang schon im ersten Jahre.

2. Socialisten (in dem gewöhnlichen engern [französischen] Sinne). Victor Considérant, geb. 1808, der bedeutendste Fourierist; *Exposition abrégée du système phalanstérien de Fourier* 1845.

Louis Blanc, geb. 1813; *Organisation du travail* 1839, amtliche Berathungen mit Handwerkern (im Pariser Schloss „Luxembourg“) über das *droit au travail*[1] 1848.

P. J. Proudhon, 1809—65; *Qu'est ce que la Propriété* 1840, *Contradictions écon.* 1846; Plan seiner „Banque du Peuple“[1] misslungen 1849, freilich durch Einmischung der Regierung.

Ueber Cabet, L. Blanc, Proudhon und den Philosophen Pierre Leroux vgl. A. L. v. Rochau, *Geschichte Frankreichs von 1814—52*, II. 187 ff.

Schon früher in England Rob. Owen, 1771—1858; höchst wohlwollendes Streben mit glänzendem Erfolge in der Baumwollspinnerei zu Neu-Lanark (bei Lanark, Clydesdale, Schottland) zwischen 1801 und 1812, spätere misslungene Versuche zur Errichtung von „communities", Fouriers Phalansteren vergleichbar.

Ganz kürzlich in Deutschland Ferd. Lassalle, 1825—29 Aug. 64; *Hr. Bastiat-Schulze von Delitzsch oder Capital und Arbeit* 1864, socialistisch-politische Agitation unter dem Arbeiterstande 1863—64.

[1] Thiers *Propr.* 278 ff., 300 ff. bekämpft diese Systeme als „droit au travail" und (schlecht gewählter Name) „réciprocité".

90. **Eigenthumsrecht.** Die fernere Widerlegung der communistischen und socialistischen Systeme, d. h. derjenigen welche die gesellschaftlichen Güter ganz oder theilweise der Gemeinschaft Aller überlassen wollen, muss eben in denjenigen Vernunftschlüssen gesucht werden welche das Eigenthum selbst begründen. D. h. man soll erfahren und begreifen, was der Mensch ist und was er, in der uns bekannten Zeit, mit den gesellschaftlichen Gütern gethan hat und seiner Natur gemäss künftig thun wird.

Recht auf Eigenthum, Eigenthumsrecht, heisst dies: Jeder darf ausschliesslich über dasjenige verfügen was er selbst producirt oder nach billiger Uebereinkunft von dem Erzeuger erhalten hat.

Das heisst aber nichts anders als: Der Erzeuger hat Recht auf das Erzeugte.

Locke (1632—1704) *On civil Government* II § 25—51, bei Roscher § 77 No. 2 S. 140. — Vgl. Mill II. § 1 S. 133, Warnk. a. a. O. S. 748, Thiers, a. a. O. S. 87.

Und dieses beruht eigentlich wieder auf folgender Wahrheit: Niemand würde sparen, d. h. einiges, selbst das mindeste Capital bilden, wenn er nicht wüsste, dass das so Erzeugte dann auch ihm selber, oder demjenigen dem er es abtreten will, zu Gute kommt (Roscher § 77 S. 139).

So Jeremy Bentham, 1747 — 6 Juni 1832, und seine Schule die Utilitarians. — Vgl. Mill, *Utilitarianism*, und *Dict. de l'Econ. pol.*, Art. Bentham.

91. Man wird also die Rechtmässigkeit der Existenz des Eigenthums erst dann verstehn, wenn man eingesehen hat, dass nicht bloss der Arbeiter Güter erzeugt — z. B. der Handwerker, Mäher oder Fabrikarbeiter, der seine Mühe einbringt —, sondern auch der Eigenthümer der Rohstoffe, Werkstatt, Geräthe, des Bodens, Saatkorns, der Dampfmaschine u. s. w., und dass dieser Letztere die angedeuteten Güter auch nicht von selbst oder umsonst, sondern für frühere Mühe erworben hat, es sei denn seine eigne oder die seines Rechtsvorgängers.

Ausserdem haben der Erzeuger und seine Rechtsnachfolger das Sparen, d. h. das Aufschieben ihres Genusses fortsetzen müssen. Mill S. 134.

92. Wie aber, wenn der Eigenthümer oder sein Rechtsvorgänger etwas auf unrechtem Wege erworben haben?

Es giebt viel Unrecht, welches durch kein Gesetz zu bezwingen ist, und vieles welches den bestehenden Gesetzen entschlüpft. Vernunft und Erfahrung lehren aber, dass man Verjährung gelten lassen soll, d. h. nach Verlauf gewisser Zeit ist es oft weniger schädlich sich in das Geschehene zu ergeben, als Versuche zur Wiederherstellung des ursprünglichen Zustandes zu machen (Mill § 2 S. 234 f., Thiers I. 13 S. 90 ff.).

93. Erbrecht. Also kann der Eigenthümer das Seinige behalten oder einem beliebigen Andern abtreten. Die Meisten behalten das Meiste für sich selbst, so lange sie leben. Deshalb ist die Erblassung eingeführt und als Recht anerkannt. Dies ist das Abtreten des Vermögens an Jemand Anders, aber erst von dem Augenblicke an in welchem Ersterer stirbt. Sonst würde sehr Vieles zu Grunde gehn, verschwendet, geraubt[1] u. s. w. werden. Weil nun Viele sterben ohne dass ihr Wille genau bekannt wird, so ist seit langer Zeit in allen Culturstaaten bestimmt, dass in solchem Falle die nächsten Verwandten (Intestaterben) das Vermögen erhalten. Die Gesetzgebungen sind verschieden: in diesem Princip aber stimmen sie überein (Roscher § 86 S. 158 ff., Mill § 3 f. S. 135 ff.).

[1] „Credit ist ohne Erbrecht kaum möglich, weil sonst mit dem Leben des Schuldners jeder Anhalt für den Gläubiger wegfiele." Roscher § 86 Anm. 1 S. 159.

94. Eigenthum im Allgemeinen ist also nothwendig. Aber Grundeigenthum? Grundstücke haben gar keinen menschlichen Erzeuger, dem sie demnach als Eigenthum angewiesen werden könnten.

Der Schein dieses Einwurfes übertrifft seine Wahrheit. In der Form, worin Grundstücke zur Production benutzt werden, gehören dazu Gebäude, Einhegung, Wasserabfuhr u. s. w. Solche Grundstücke sind demzufolge der menschlichen Arbeit einen sehr grossen Theil ihres Werthes schuldig, jedenfalls ihres Tauschwerthes. In ökonomischem Sinne also, d. h. als gesellschaftliches Gut, sind sie gewiss von Menschen erzeugt, und gehören gerechter Weise diesen Bearbeitern oder deren Rechtsnachfolgern, wiewohl dieselben freilich den Boden selbst nicht erzeugt haben (Mill § 5 S. 140 f.).

Wo der Mensch den Boden noch wenig oder nicht bearbeitet hat, ist der Tauschwerth und Preis solcher Grundstücke auch meistens gleich Null oder sehr gering.

Das Waasland. Der Dollard. Der Haarlemer See und sehr viele andere trockengelegte Gründe in Niederland. Ganze *states* in Nord-America. Neuholland.

Carey's Ausarbeitungen dieses Satzes gehn Mill zu weit. Wenn plötzlich, sagt dieser, zu Englands Grundstücken ein eben so grosses, noch nicht urbar gemachtes Gebiet von gleicher natürlicher Fruchtbarkeit hinzu käme, wäre es ja nach Carey für die Engländer der Mühe nicht werth, dieses Gebiet urbar zu machen. Allein Bodenflächen von weit geringerer als der Durchschnittsfruchtbarkeit der bis jetzt angebauten werden in England fortwährend urbar gemacht, und zwar ohne Schaden. Die „rent" nämlich, Pacht- und Grundrente, welche als Ertrag davon fällt, deckt in wenigen Jahren die Auslage völlig. Wenn also Carey behauptet, der ganze Bodenwerth z. B. in England sei viel geringer, als das dafür verwandte Capital, so ist das irrig. — Bastiat, *Harm. écon.* ch. 9., der Carey oft folgt, behauptet selbst, dass Grundstücke ausser dem auf sie verwandten Capital gar keinen Werth haben. Dabei muss man zweierlei bedenken. Erstens ist B.'s *valeur* ja nur Tauschwerth, s. No. 21. Dann war aber B. im Streite mit den Socialisten, vor denen er das Recht des Grundeigenthums retten wollte, was freilich erreicht wäre, wenn Grundeigenthum nur durch Capital und Arbeit, also zuletzt nur durch Arbeit, erzeugt wäre. Allein dies macht den Satz vielleicht erwünscht, aber noch nicht wahr.

95. Tadelnswerthes Eigenthum. 1. Sclaverei. Eigenthum an Menschen, Sclaverei, wird von vielen der Edelsten unbedingt verurtheilt.[1]

Gewiss ist ihre Abschaffung wünschenswerth und gewiss wäre es einem cultivirten und charaktervollen[2] Europäer fürchterlich, zum Sclaven gemacht zu werden. Doch hat es Zeiten gegeben, selbst ziemlich cultivirte, in denen Sclaverei nützlich[3] gewesen ist. Die grossen Opfer, mit welchen in unserem Zeitalter fast alle Culturstaaten, voran England und kürzlich auch Nordamerica, Sclavenhandel und Sclaverei bekämpft und jetzt endlich wohl abgeschafft haben, sind bis jetzt mehr sittlich lobenswerth als materiell nützlich gewesen[4]. Und die Bekämpfer der Sclaverei haben immer weit mehr den gräulichen Missbrauch dieses Zustandes hervorgehoben und an ein unbestimmtes Gefühl von Billigkeit und Menschlichkeit appellirt, als die Sache entschieden durch den Beweis, dass Sclaverei Unrecht ist und nothwendigerweise sein muss — oder ihr Beweis war auf andere, selbst unbewiesene Sätze gegründet.

[1] Mill § 7 S. 144. Am meisten logisch noch in einer der extremsten Aeusserungen: „es ist einer der grössten und würdigsten Sätze des Rechtes, dass ein Zwang zum Handeln nicht stattfindet" (also wenn nöthig, jedes Recht auf ein Handeln abgekauft werden kann. — Aber gilt der Satz in dieser Allgemeinheit?). Waldeck im Nordd. Reichst. 14. Oct. 1867, *Köln. Z.* 16. Oct., 2. Blatt. — „Ganze Personen nur als Mittel zur Befriedigung fremder Bedürfnisse aufzufassen, widerspricht jeder höhern Humanität." Roscher § 3 S. 4. „Das Bedürfniss der Freiheit wächst nur in demselben Verhältnisse, wie die Geistesbildung". Derselbe § 69 S. 122. — Gesittete Freiheit, ja einfach die äussere Freiheit Aller, ist nämlich zwar die unschätzbare und unentbehrliche Krone der Cultur, aber nicht ihre Wurzel.

[2] „Der gewöhnliche Mensch ist zum Dienen bestimmt, und thut es auch willig." Mommsen.

[3] „Ein Jägervolk ist beinahe gezwungen, keinen Pardon zu geben... Von einem solchen Zustande ist zu jenem des sclavenhaltenden Nomaden gewiss ein beträchtlicher Humanitätsfortschritt, Roscher § 67 S. 120. — Tucker *Progress of the U. S.* geht so weit (S. 111ff.) zu behaupten, dass Leibeigenschaft so lange ökonomisch vortheilhaft bleibt, als die Bevölkerung unter 60 per engl. Quadratmeile beträgt. — Bevölkerung von Grossbritannien (ausser Ireland, dort 179) i. J. 1861 : 396, Niederland 1856 : 292, U. S. 1860 : 11, *state of* N.-York 77, Tennessee 22, Virginien 26, Mississippi 17, Südcarolina 23, Norddeutscher Bund etwa 181, Mecklenburg etwa 103 per engl. Q.-Meile, die beiden letzten Ziffern nach Zählungen der einzelnen Staaten über 1864.

[4] Der entsetzliche Zustand der besiegten nordamericanischen sog. „Confederate states" ist allgemein bekannt, wär's auch nur aus Gerstäcker. —

„Jedenfalls ist constatirt worden, dass die landwirthschaftliche Production“ Russlands „in den letzten Jahren ungeheure Rückschritte gemacht hat, und dass ein grosser Theil des vom Joche der Leibeigenschaft befreiten Bauernstandes nicht im Stande gewesen ist, von der ihm zu Theil gewordenen Freiheit den richtigen Gebrauch zu machen.“ *Köln. Z.* 6. März 68, 2. Blatt. Leider seitdem in kolossalem Massstabe authentisch bestätigt. Vgl. *Semja i Volja* (Land und Freiheit) Petersb. Lilienfeldt, 1868; K. D. Schedo-Ferroti, *Études sur l'avenir de la Russie. X. Le patrimoine du peuple*, Berlin, Behr, 1868. — Deshalb soll man aber No. 102 nicht bezweifeln.

2. „Eigenthum“ an Aemtern und Stellen, also auch ihre Erblichkeit, z. B. beim Gerichtswesen, käufliche Range im Heere u. s. w., ist unbedingt verwerflich. Eine Ausnahme, freilich aus rein politischen Gründen, bildet die Erblichkeit der Monarchie, deren Nutzen sich bewährt hat. — Hierzu können ferner sehr viele Monopole gerechnet werden, einigermassen selbst das Ausschliessen der Concurrenz durch das Beschränken der gesetzlichen Anzahl Notare, Effectenmäkler (z. B. die Pariser *agents de change*) u. s. w. (Mill a. a. O.).

2. Einkommen hat drei Quellen.

96. Die bestehenden Eigenthumsobjecte kommen in verschiedene Hände, und zwar im natürlichen Verlaufe, mit Vorbehalt derjenigen Aenderungen, welche Gesetz oder Regierungsmassregel darin verursachen.

Nach den drei Erfordernissen zur Production kann man sich die gütererzeugende Gesellschaft als aus Grundeigenthümern, Capitalisten und productiven Arbeitern zusammengesetzt vorstellen. Von diesen erhalten die Uebrigen ihren Unterhalt.

[1] Hülflose, darunter Kinder, ferner alimentirte, viele Frauen u. s. w. „Je ne connais que trois manières d'exister dans la société: il faut y être mendiant, voleur ou salarié“. Mirabeau, freilich zu schroff, selbst wenn mendiant nicht bloss auf die Geistlichkeit und voleur auf den Adel zu beziehen ist, und ökonomisch oberflächlich.

M. a. W. jedes Einkommen besteht aus Grundrente, „*profits*“ des Capitals und Arbeitslohn, oder aus einer oder zwei dieser Einkommensquellen (Adam Smith I, ch. VI.).

Dieselbe Persönlichkeit kann zu mehr als einer Producentenklasse gehören. Dies ist sogar der gewöhnliche Fall. Bei der Landwirthschaft sind Boden, Arbeit und Capital beinahe nirgends dreifach geschieden, ausser in England, Schottland, Theilen von Holland und Belgien (Mill III § 1 f. S. 145).

97. 1. Die drei Erzeugungsfactoren in einer Hand (Mill § 2, S. 145 f.). Der Arbeiter selbst kann Grundeigenthümer sein, und dann auch Capitalbesitzer (und Unternehmer).

Z. B. in den nördlichen *states* der americanischen Union, und gewohnlich in Frankreich, der Schweiz, den drei scandinavischen Reichen, Theilen von Deutschland, Italien, Belgien.

Wenn solches Land auch nicht schuldenfrei ist, also das Capital nur zum Theile Eigenthum des Landwirths, so hat doch dieser das Risico zu tragen.

Dies sind die peasant-proprietors (engl.), bäuerliche Eigenthümer. S. No. 103.

In Sclavenländern sind auch die Arbeiter, eben sowohl als Boden und Capital, Eigenthum des Pflanzers.

Diese beiden sonst so verschiednen Fälle haben also dies gemeinschaftlich, dass die ganze Gütererzeugung von derselben Person ausgeht. Diese erhält denn auch den ganzen Ertrag: Güterverteilung findet hier nicht Statt. S. No. 95, 102.

98. 2. **In zweierlei Händen.** Der Bodenbesitzer giebt das Capital, ganz oder zum Theil, und schliesst sein Uebereinkommen direct mit dem Arbeiter ab, d. i. hier: mit dem Landwirth. So in manchen Theilen Frankreichs und den italienischen Flachländern, überhaupt häufig in Westeuropa. Dann kommt der Ertrag dem Bauer und dem Grundbesitzer zu Gute. (S. No. 104, Mill III § 3 S. 146).

Oder der Arbeiter ist Eigenthümer seiner Hütte, seines Geräthes u. s. w., also seines (oft äusserst kleinen) Capitales, aber nicht des Bodens. So in Irland, in dem englischen Indien, und häufig im Oriente. Auch hier theilen Arbeiter und Grundbesitzer. S. No. 105.

Das Angeführte gilt bei der Landwirthschaft. Bei Fabriken ist der Werth des besetzten Bodens verhältnissmässig gering[1]. In unsern Zeiten werden die Fabrikarbeiter durch den Unternehmer (den „*capitalist*" der Engländer), d. h. durch den Fabrikanten gemiethet: diesem gehören Gebäude, Geräthe u. s. w. Bei den Alten war gewöhnlich der Arbeiter Sclave des Manufacturiers (des Fabrikanten), d. h. auch die Arbeit (der Arbeiter) war des Unternehmers Eigenthum so gut als jetzt auf den Sclavenpflanzungen (s. No. 97). Im Mittelalter war mancher Arbeiter zugleich Eigenthümer seines Geräths, also seines Capitals (Mill S. 147).

[1] Fabriken wie die Eisenfabrik zu Seraing, gerade oberhalb der Grube woraus sie ihre Steinkohlen entnimmt, sind nur scheinbar Ausnahmen. Die Oberfläche des Bodens hat auch dort wie sonst verhältnissmässig geringen Werth. Man hat aber natürlich begriffen, dass es vortheilhaft ist, die Grube selbst zu besitzen und die Fabrik gleich darüber einzurichten. Vgl. auch No. 75 am Schlusse.

99. Concurrenz und Gewohnheit. Diese drei Klassen also theilen. Nach welchen Regeln?

Nicht allein nach freier Concurrenz. Abgesehen von Dazwischenkunft der Regierungen und von natürlichen oder künstlichen Monopolen giebt es noch einen anderen Regulator, den Brauch. Allein nur bei der Concurrenz kann ihre Wirkung und ihr Einfluss durch die Oekonomik unter die Form fester Regeln gebracht werden.

Der Einfluss der Concurrenz ist relativ neu und wächst fortwährend. Je älter und weniger cultivirt die Zustände, um so stärker die Gewohnheit, der Brauch (Mill IV § 1 f. S. 147 f.).

100. Einfluss des Landesbrauches auf die Höhe 1. der Landmiethen. Der ryot (d. h. eben derjenige anglo-indische Bauer bei welchem dieser Zustand besteht) hat ein gewisses „Gewohnheitsrecht“ auf seinem kleinen Grundstück zu bleiben (es zu behalten), so lange er die landesübliche, gewohnheitliche Miethe bezahlt.

In Europa haben (seit der Völkerwanderung) die germanischen Ueberwältiger meistens die bisherigen Einwohner auf dem Culturboden belassen. Sie forderten aber Frohndienste (franz. corvée, holl. passend Herrendienste), erst willkürlich, später bestimmte Mengen, und Bezahlung, erst in Naturalien, später in Geld. Die Mengen wurden durch Brauch und Gesetz bestimmt: Concurrenz aber hatte auf diese Verpflichtungen keinen Einfluss.

Halfenwirthschaft (métayage franz. v. ital. *metà*, Hälfte, vgl. *moitié* franz. und das deutsche *Mitte*), allgemeiner „Theilbau“: der Grundbesitzer giebt das Capital, d. h. Wohnung, Geräth, Hausthiere u. s. w. Er bekommt einen bestimmten Theil des Ertrages, meistens die Hälfte, in einzelnen Theilen Italiens (z. B. um Neapel) selbst ⅔. Dieses Verhältniss von ½ oder ⅔ des Ertrages bleibt unverändert: Concurrenz bei der Bestimmung der Bodenzinsen findet nicht Statt (s. No. 104 und Mill § 2 S. 148 f.).

101. 2. Der Preise. Diese folgen im Grosshandel mehr der Concurrenz, im Kleinhandel dem Brauche.

Z. B. die theuern und wohlfeilen Läden derselben Waaren in derselben Stadt. — Im Engrosgeschäft hat jeder Ort jedesmal (d. h. zu derselben Zeit) einen Marktpreis, den man also durch eine Preisliste bekannt machen kann. Die Concurrenz dringt durch, jenachdem z. B. bei beschleunigten Verkehrsmitteln das grosse Capital mehr Detailgeschäfte errichtet, als Succursale oder durch Agenten.

Honorare werden durch die Gewohnheit bestimmt, wenigstens im Scheine. S. No. 112. Allein auch auf anderm Gebiet bildet sich ein Brauch, dadurch z. B. dass Händler, wo sie sich stark genug fühlen, oft in ausdrücklichem oder stillschweigendem Einverständniss unter einander stehen und Diejenigen unter ihnen belästigen welche sich Abweichungen erlauben, z. B. im Buchhandel (Mill § 3 S. 149 ff.).

102. 1. **Keine Güterverteilung.** A. Sclaverei. Es giebt also

Fälle, wo der Ertrag gar nicht vertheilt wird: er bleibt völlig in einer Hand. Einer der beiden Hauptfälle ist die Sclaverei, s. No. 95.

Ganz abgesehen von der Menschlichkeit untersucht hier der reine Eigennutz, auf welche Art Sclavenarbeit den meisten Gewinn liefert. Nun ist es aber möglich, dass neue Einfuhr von Sclaven leicht und wohlfeil ist. Dann hat man freilich den meisten Profit dadurch, dass man seine Sclaven abarbeitet und wenn sie todt sind sich neue anschafft. Und es ist thatsächlich, dass sehr viele Sclavenhalter nach dieser Rechnung gehandelt haben (Mill v § 1 S. 151, Humboldt, *Cuba* I S. 177, *Edinb. Rev.* 83 S. 73, bei Roscher § 72 S. 128).

Sclavenarbeit, selbst in ihrer sanftesten Form, der Leibeigenschaft, producirt nur wenig. Dieselbe Aufgabe, freien Arbeitern selbst theuer bezahlt, kommt durch dieser besseres Arbeiten wohlfeiler, als mit Leibeigenen.

Mill § 2 S. 153 nach R. Jones, *On the distribution of Wealth and on the Sources of Taxation*, S. 50, Roscher § 71 S. 126f.

Die menschliche Gesellschaft[1] also gewinnt bei der Befreiung der Sclaven.

[1] D. h. die gesittete Gesellschaft hat Gewinn als Endabschluss, wenn es statt einer gewissen Anzahl Sclaven, ohne grosse Störungen, eine gleiche Zahl freier Arbeiter giebt.

Aber der Sclavenhalter (im Falle des Abkaufs)? Dies hängt — natürlich ausser vom Betrag der Abkaufssumme — von der Lohnhöhe für freie Arbeiter ab, diese aber wieder vom Verhältniss der Bevölkerung zu Capital- und Bodenmenge.

Bei dichter Bevölkerung (auch dem Capital gegenüber) hat man niedrige Löhne, also Vortheil in Geld, wenn man freie Arbeiter statt Sclaven gebraucht, welche Letztere natürlich ihren Unterhalt von ihrem Herrn bekommen müssen.

Z. B. in Westeuropa nahm die Bevölkerung bei derselben landwirthschaftlichen Production fortwährend zu, also auch die Kostbarkeit des Sclavenunterhaltes. In England wäre Sclavenarbeit eine schlechte Speculation, in Ireland selbst mit Geldzuschuss. Dagegen haben die Sclavenhalter im englischen Westindien, auf reichem dünn bevölkerten Boden, durch die erhaltne Vergütung ihren Schaden kaum ersetzt, Mill § 3 S. 153f. — Barbados, wo das ausnahmsweise anders ist, ist eben sehr dicht bevölkert. S. auch No. 95, Anm. 1.

108. II. Bauern-Eigenthümer, sonst von den Sclavenhaltern so äusserst verschieden, haben mit ihnen dieses Eine gemein: auch sie erhalten, ohne Güterverthèilung, den ganzen Bodenertrag.

Wiewohl England vormals (bis zum 15. Jahrhundert) das Land der yeomen war, sind die Verhältnisse dieser Art von Landwirthen dort wenig bekannt und dadurch wenig geschätzt. Jedoch giebt es deren auch dort und selbst jetzt die sogenannten *statesmen* in Cumberland und Westmoreland. — In Nordamerica (vor dem Bürgerkriege 1861—65) war ihr Zustand günstig, dies liegt aber an sehr besondern Umständen. In Alt-Italien, im jetzigen Norwegen, einem grossen Theile Deutschlands, z. B. der Pfalz,

Sachsen, Rheinpreussen, in Dänemark, ja in den halb-französischen Channel Islands befindet man sich bei diesem Systeme sehr gut, vorzüglich auch in der Schweiz und in Belgien. S. über die Schweiz Sismondi, *Études d'Écon. pol.* bei Mill vi § 2 S. 156 ff., und Inglis, *Switzerland* etc. *in* 1830, ibid.; über Belgien Mac Culloch, *Geogr. Dictionary*, art. *Belgium*, und den Art. *Flemish husbandry* in der *Farmers series* der „Society for the diffusion of useful knowledge", ibid. 164 ff. — S. zur Vergleichung mit andern Methoden Laing, *Notes of a Traveller*, S. 299 ff. bei Mill ibid. 160.

Oft beruft man sich auf Frankreich zum Beweise, dass Bewirthschaftung des Bodens durch kleine Eigenthümer dem Gemeinwohl schadet. Der Satz scheint falsch zu sein, wenigstens liesse sich aus Frankreichs Beispiel eben so wohl das Gegentheil schliessen (s. Arthur Young's *Travels in Fr.* I. 50, 88, 51, freilich auch 412, bei Mill ibid. § 7 S. 168 f., 170 f., ferner Mill vii § 4 S. 177, § 5 S. 181).

Bauerneigenthum bewirkt ausserordentliche Sorge und Fleiss bei dem kleinen Eigenthümer (Mill vii § 1 S. 171 f.).

Im Ganzen kommt es dem Bauer, der ja kein Rechtsgelehrter ist, hauptsächlich hierauf an: Er muss sich sicher fühlen, auf demselben (nur nicht gar zu kleinen) Grundstück und mindestens unter denselben erträglichen Bedingungen bleiben zu können, und zwar während derjenigen Zukunft um welche er sich kümmert. Ihm genügt jeder Zustand welcher ihm dieses für seinen Gesichtskreis sichert; Eigenthum in so fern am Besten, als eben dieses die einzig mögliche allgemein gültige Sicherheit ist.

Der Betrieb durch Eigenthümer fördert Kenntniss und Entwicklung der Nation. — Mill § 2.

Er wirkt anregend zur Vorsorge, Sparsamkeit und Charakterselbstständigkeit. — § 3.

Viele meinen, dass er zu unvorsichtigen Heirathen, übertriebner Theilung der Bauerngüter, Uebervölkerung und folglich Verarmung verleitet. Mill bekämpft diese Meinung, § 4. Der meiste Schein dieses Uebels findet sich in Belgien. Allein blosse Bevölkerungszunahme ist keine genügende Nöthigung zur übertriebnen Theilung der Bauerngüter, § 5 S. 180 ff.

Man verhütet dies z. B. dadurch, dass die Erben das Bauerngut *en bloc* verkaufen, oder dass derselbe Landwirth mehrere kleine Hufen pachtet.

„Im Ganzen", sagt Mill, „ist kein existirender Zustand dem sittlichen und materiellen Wohlergehn der Bevölkerung so günstig, als der Betrieb der Landwirthschaft durch Bauern-Eigenthümer."

104. 2. Vertheilung des Ertrages unter zwei Klassen. Das sind denn Arbeiter und Grundeigenthümer. Beide, oder eine von beiden Klassen, liefern das Capital, ein hier minder wichtiger Umstand.

Wichtig aber ist die Frage, woher das Verhältniss der Vertheilung bestimmt wird, der Antheil der beiden genannten

Klassen. Dies kann vom **Brauche** oder von der **Concurrenz** abhängen.

A. Vom Brauche (**Gewohnheit**) bei dem **Theilbau** (**métayage**, **Halfenwirthschaft**), das hauptsächlichste und in Europa so gut als einzige Beispiel, s. No. 100.

Der Arbeiter (Bauer) contrahirt direct mit dem Grundherrn. Vom Ertrage wird soviel abgezogen, als zum in Stand halten des Gutes mit Wohnung, Vieh, Anpflanzungen, Saatkorn u. s. w. erforderlich ist. Der Reinertrag[1] welcher dann übrig bleibt wird nach einem festen **Verhältnisse** getheilt: gewöhnlich bezahlt der Bauer dem Gutsherrn die Hälfte, also **keinen unveränderlichen** Werth, als Pacht, weder in Geld noch in Naturalien.

Die Steuern zahlt der Grundeigenthümer.

[1] Roscher II § 50 S. 171f. nennt den **Rohertrag**, dann aber ohne jenen Abzug, dagegen unter einer Menge verschiedener Bestimmungen und Lasten, s. Anm. 2. — Vgl. Mill.

Die Contracte werden jedesmal erneuert, meistens mündlich oder selbst stillschweigend. Es scheint selbstverständlich, dass der **métayer** auf dem Gute bleibt, und nach ihm, oft verschiedne Menschenalter lang, seine Erben. — Châteauvieux *Briefe aus Italien* bei Mill VIII § 1 S. 184, Roscher a. a. O.

Dies ist also die **Art** der Theilung. Die **Vortheile** dieses Systems sind **geringer**, aber gleichartig, als beim **Betriebe durch Eigenthümer**. Der hauptsächlichste **Nachtheil** ist der, dass dauerhafte Verbesserungen zwar beiden Theilen die Einkünfte vermehren, aber nur von einem Theile bezahlt werden würden. Also hat weder Gutsherr noch Meier Interesse an der Bodenverbesserung, und keiner von Beiden betreibt sie (Mill § 2 S. 185).

Den **métayage** findet man in einem grossen Theile Frankreichs und sehr vielen Theilen Italiens, z. B. Piemont, Lombardei, Toscana, Neapel u. s. w. (Mill VII S. 183 ff.).

105. B. Von der **Concurrenz**. Sogenannte **cottiers** (engl., vgl. *Käthner* von *Kathe*, holl. *katerstede* [Kathenstelle] und engl. *cottage*). Die Pacht dieser unglücklichen Klasse hängt von der Concurrenz ab. Jener Name sowohl als die Sache findet sich hauptsächlich in Irland. Hier wird Irland, übrigens mit einigen Ausnahmen für den nordöstlichen Theil, und irische Zustände **vor** der grossen Hungersnoth von 1846 gemeint.

Der Name **cottier** wird hier in seinem ausgedehntesten Sinne gebraucht, d. h. von jedem **Arbeiter**, der direct mit dem Gutsherrn ohne Dazwischenkunft eines Pächters als Capitalisten (die „middlemen" sind etwas ganz verschiedenes) contrahirend, auf Bedingungen abschliesst welche von der **Concurrenz** abhängen. Die hauptsächlichste dieser Bedingungen ist der **zugesagte** Betrag des Pachtes

Die sogenannten *middlemen* mietheten zwar von den Gutsherren, gaben aber das Gut sogleich in Aftermiethe an Zweite, ja diese oft an Dritte und noch weiter.

Ein andres Unheil für Irland war das sogenannte conacre-system: der gewöhnliche Bauernarbeiter bekam statt des Lohnes die Erlaubniss, eine sehr kleine Parcelle Landes eine Jahreszeit lang zu bewirthschaften. Oder man gab diese Erlaubniss, und sie ward (nicht in Geld, sondern) in Arbeit bezahlt.

Die Menge verfügbaren Landes ist so gut als unveränderlich. Die Höhe der Pachtsummen hängt also von der Anzahl Derjenigen ab die zu pachten wünschen, d. h. von der Anzahl der Bauernbevölkerung. Je zahlreicher diese, um so höher die Pachtsumme, welche also von dem Ertrage abgezogen werden müsste, so dass nur der Ueberschuss dem cottier bleibt.

Die Parcellen sind unglaublich klein. In 1841, also 5 Jahre vor der Hungersnoth, gab es 134,000 Bauern mit weniger als 1 *acre* Jeder, 310,000 mit 1 bis 5 *acres*, im Ganzen 825,500 (*the Econ.* 7. Oct. 1865 S. 204, Dufferins Angaben in der *R. d. 2 Mondes*, 1 *déc.* 1867, S. 750, welche genauer scheinen als Roscher's Angaben II § 52 S. 152f.; eine *acre* = 2 Fünftel Hektare oder etwas über 1½ preuss. Morgen).

Dieses grosse Uebel wird unerträglich bei einer so stark wie die irische angewachsenen Bevölkerung. Es beschränkt den Landwirth auf den völlig unentbehrlichen Lebensunterhalt, also in Irlands Fall auf Kartoffeln als einzige Nahrung (s. No. 82, S. 34), so dass das Misslingen dieser einen Frucht 1846 sogleich eine Hungersnoth im vollen Sinne des Wortes zur Folge hatte. Gewöhnlich aber pflegt es so zu gehn: die Pachtsumme kann nicht bezahlt werden, der Bauer macht Schulden, vertheidigt sich gegen Austreibung von seiner Grundparcelle, selbst durch systematischen Meuchelmord, der Grundherr aber findet selbst nach gelungener Austreibung keinen bessern Miether, da ja die ganze ländliche Bevölkerung sich in demselben Zustande befindet.

Das „Ulster tenant-right" gehört nicht hierher: dies ist zwar für Irlands landwirthschaftliche Zustände sehr wichtig, von der cottier-tenancy selbst aber ganz verschieden.

Auch hat der Bauer kein Motiv zur Förderung seines Ertrages. Wenn er mehr erzeugte, würde ihn das nur in den Stand setzen, mit seinen Pachtzahlungen etwas weniger im Rückstande zu sein: dieser Mehrertrag käme dem Bodeneigenthümer zu Gute, liesse aber den Bauer in demselben Zustande.

In Irland ist es endlich gelungen, das cottiersystem bedeutend einzuschränken. Die Anzahl der kleinen Parcellen nimmt stark ab, die der mittleren Güter zu, daneben wird Ackerland zur Weide umgeformt. Ein sehr grosser Theil der Nation hat das Land verlassen und sich hauptsächlich nach Nordamerica begeben, sodass die Bevölkerung in den 20 Jahren 1841—61 von 8 auf 6 Millionen gefallen ist. Das macht aber das System um Nichts besser, so wenig als den Zustand der zurückgebliebnen cottiers. S. ja Mill IX, X, letzte Ausg.

Ueber Irland nach der Hungersnoth vgl. J. de Lasteyrie, *La Misère en I.*, in der *R. des 2 Mondes* 1863, Tome 47, S. 966 ff. (15. Oct.); *Ireland in transition*, in *the Econ.* 1865, 8 Nummern, 9 Sept.—28. Oct., S. 1087 ff.; L. de Lavergne, *l'Irlande en* 1867, 2 *Mond.* 1 *déc.* 67, T. 72, S. 749 ff.; nach Lord Dufferin's *Irish emigration and land-tenure in I.*, auch *the Econ.*, 22. Febr. 68, 2 Aufsätze, und Mills *England and Ireland*, 1868. — Noch jetzt fordern die Zustände dringend Hülfe, auch von der Gesetzgebung, wie schwer es auch sei, gründlich zu helfen. Die Englische Regierung scheint (Sommer 1869) fest entschlossen, eine gründliche Abhülfe des Uebels unverzüglich und mit aller Kraft in Angriff zu nehmen.

3. Die drei Einkommenquellen jede für sich.

106. Vertheilung unter die drei Klassen (s. No. 96). 1. **Arbeitslohn.** — In den bis jetzt nicht betrachteten Fällen wird der Ertrag des Gewerbes unter die drei Klassen vertheilt. Des Arbeiters Antheil nennt man Lohn.

Diese weiteste Bedeutung des Wortes ist die ökonomische, nicht bloss Geldlohn.

Einfachster Fall, Lohn überhaupt (Durchschnittslohn). Man denke zuerst an gewöhnliche grobe Leibesarbeit, wobei zunächst weder höhere Arbeit, also Arbeitsverschiedenheit bei demselben Gewerbe, noch Arbeitsverschiedenheit in verschiednen Gewerben beachtet wird. Der Einfluss dieser Umstände wird später untersucht (s. No. 108).

Diese Durchschnittshöhe des Lohns folgt der Concurrenz, und diese wieder der Nachfrage und dem Angebote der Arbeit, also dem Verhältnisse zwischen dem Theile des (umlaufenden) Capitals[1], welcher direct für den Lohn bestimmt ist, und dem Theile der Bevölkerung welcher Lohnarbeit sucht (Mill XI § 1 S. 207 f.).

[1]Des Capitales (Vermögens) der Welt (s. No. 57) oder desjenigen Volkes, der Gesellschaft, der Stadt u. s. w. mit welchen wir uns jedesmal eben beschäftigen. — Die „Zahlungsfähigkeit der Käufer", diese aber muss „so ziemlich mit der Grösse des .... Welteinkommens zusammenfallen". Roscher § 166 S. 531.

Einzig[1] dieses Verhältniss regulirt bei freier Concurrenz die Höhe des Lohnes. Mehr oder weniger für Auszahlen des Lohnes bestimmtes Capital; weniger oder mehr Arbeiter um sich in dieses Capital zu theilen: diese Ursachen allein verursachen Steigen und Fallen der durchschnittlichen Lohnhöhe (Mill I. S. 208).

[1]Wohlgemerkt, im Durchschnitt aller Berufe.

Man kann dies algebraisch so schreiben: $\frac{L}{A} = l$, d. h. das für Lohn verfügbare Capital (wages-fund bei Mill S. 207), dividirt durch die Zahl der Arbeit suchenden Bevölkerung, giebt den Durchschnittslohn des einzelnen Arbeiters.

Einfacher aber weniger genau nennt man dies oft das Verhältniss zwischen **Capital** und **Bevölkerung**. Um genau zu geben muss man in Anschlag bringen, dass die Berufe selbst untereinander, und innerhalb jeden Berufes die verschiedenen Arbeiter ganz Verschiedenes leisten und verschiedenen Lohn erhalten. Die einfachste Vorstellung ist nun die einer Einheit, und zwar des Lohnes der gewöhnlichen oder sogenannten „gemeinen" Arbeit (blosse Hand-, Leibes- oder körperliche Arbeit, *travail manuel*, am Besten „*unskilled labour*"). Jeder, dessen Arbeit sich über diese gewöhnliche erhebt (erlernte Arbeit, „*skilled*" oder allgemeiner „*qualified*" *labour*), kommt dann vor als nicht **eine**, sondern **mehrere** der genannten Einheiten erhaltend, nämlich soviel als er wirklich mehr erhält als ein blosser Handarbeiter. Dann erhielten wir diese Vorstellung

$$\frac{\text{Lohncapital}}{\text{Anzahl der Arbeitseinheiten.}} = \text{der Lohneinheit.}$$

[1] Doch sagt Roscher: „Wären alle Arbeiter mit nichts Anderem beschäftigt als mit der Production von Gegenständen des Arbeiterverbrauches, so würde die Lohnhöhe fast ausschliesslich von dem Verhältnisse zwischen Arbeiterzahl und Volkseinkommen bestimmt werden" (a. a. O. S. 331 f.). Liegt der Grund seiner Ausnahme vielleicht darin, dass sein „Volkseinkommen" **nicht dasselbe** ist, als Smith's und Mill's **wages-fund** (Lohncapital)?

Die folgenden wiewohl oft gehörten Sätze sind falsch:

1. „Gute Geschäfte" (reger Betrieb) erhöhen den Lohn (nämlich wenn jenes Verhältniss dasselbe bleibt. — Mill a. a. O. §. 2, S. 208).

2. Hohe Preise erhöhen den Lohn, d. i. Theuerung der Waaren, also der Producte, soll den Lohn heben (Mill S. 208 f.).

3. Hohe Preise von **Lebensmitteln** (ersten Lebensbedürfnissen) erhöhen den Lohn, niedrige drücken ihn (Mill S. 209 ff.).

Wenn übrigens zu gewisser **Zeit**, oder an gewissem **Orte** der Lohn höher oder niedriger steht als sonst, so folgt daraus natürlich noch nicht, dass es mehr oder weniger Lohncapital giebt. Auch nicht, dass in diesem Falle **weniger** oder **mehr** Arbeiter existiren. Nur das Verhältniss zwischen Beiden muss zu- oder abgenommen haben.

Algebraisch: wenn eines Jeden Durchschnittslohn =

$$\frac{\text{Lohncapital}}{\text{Anzahl der Arbeitsuchenden,}}$$

so ist auch $l = \frac{2L}{2A}$, oder $\frac{10L}{10A}$, überhaupt $= \frac{nL}{nA}$. Nur $\frac{pL}{A}$ giebt einen andern Ausweis: *hier* ist l' nicht $= l$, sondern $= pl$.

Starke Zunahme der Arbeiterbevölkerung könnte den Lohn so tief herabdrücken, dass er beinahe oder ganz ungenügend würde zum Unterhalt der Arbeiter: von diesen müsste ein Theil also vor Elend umkommen. Nur dadurch ist dies Letztere zu vermeiden, dass auch das Capital (**wages-fund**) verhältnissmässig zunimmt: das geschieht aber kaum anderswo als in Nordamerica und den Australischen Colonien, oder in solchen Ausnahmsfällen wie die grosse Zunahme der

Baumwollindustrie seit Watt's und Arkwright's Erfindungen, der Dampfmaschine und der mule-jenny (Mill § 3 S. 211 ff.).

Die mule-jenny ist ein selbständiges Werkzeug, ja keine Anwendung der Dampfmaschine. Sie dient zum Spinnen; die technische Seite der Erfindung ist grösstentheils Hargreaves' Verdienst.

Bei jedem ausser dem allerunglücklichsten Zustande der Arbeiter giebt es eine gewisse herkömmliche Lebensweise (Roscher § 161 f. S. 322 ff., „standard of comfort" bei Mill III. xxvi § 1 S. 417), welche freilich selbst durch langwierigen niedrigen Stand des Lohnes herabgedrückt werden kann. Vgl. unten No. 149, 1. 3, ferner No. 210, Anm. 2.

Ferner beachte man folgende Unterschiede:

Lohn in der Ausdrucksweise des alltäglichen Lebens bedeutet oft das für Dienste bezahlte Geld.

Oekonomisch gehört dazu ausserdem das Gut („Geldeswerth"), welches neben dem Gelde zur Belohnung jener Dienste hingegeben wird, z. B. Nahrung, Wohnung.

Rein wissenschaftlich also ist Lohn:

1. Ueberhaupt: Jede Belohnung für Arbeit (für Dienst).

2. Also für den Lohnempfänger *a.* Lohn in natura (engl. *in kind*, *real wages*), Gegenstände des Arbeiterverbrauches, Gebrauchswerthe als Belohnung für Dienst.

b. Money wages, der Geldbetrag der (ganzen) Belohnung für Dienst, gleichviel ob die Preise der „Gegenstände des Arbeiterverbrauches" hoch oder niedrig stehn. Man betrachtet die Sache hier nicht direct von dem Stande jener Preise aus, sondern von dem ziemlich feststehenden Betrag der Löhne in Geld — wenn auch freilich dieser Betrag den Einfluss von Veränderungen jener Preise empfindet, ja in gewissem Sinn theilweise davon abhängt.

3. Für den Lohngeber die Arbeitskosten *(cost of labour)*, d. h. der Geldeswerth, m. a. W. der Betrag des Tauschwerthes Alles desjenigen, was er als Belohnung für Dienst giebt, am Augenblicke des Gebens selbst. Vgl. No. 23, 114 Schluss, 116, 149, 1. 3.

107. Sogenannter zu niedriger Stand der Löhne und vermeintliche Hülfsmittel dagegen. — Das Publicum und hauptsächlich die Arbeiter selbst meinen oft, dass einem „zu niedrigen" Stande des Lohnes abgeholfen werden kann.

Z. B. der Staat, also das Gesetz, solle ein Minimum festsetzen: weniger als diesen Betrag dürfe man den Arbeitern nicht geben.

So war noch vor wenigen Jahren z. B. in Heidelberg amtlich angeschlagen, man sei verpflichtet, dem Schnitter für's Schneiden soviel, für's Binden soviel, für Schneiden und Binden soviel Geld und Brot, „und einen Schoppen trinkbaren Weines" täglich zu verabreichen. Wenn das noch bei Regierungen vorkommt, wie sollen die Arbeiter besser informirt sein?

Oder ein Rath von Sachverständigen solle dafür sorgen. Bevollmächtigte der Arbeiter und Bevollmächtigte der Meister (Fabrikanten, Arbeitgeber) sollen nach gemeinschaftlicher Berathung sorgen, dass der Arbeiter vernünftigen (billigen) Lohn und der Unternehmer vernünftigen Gewinn erhalte (zu unterscheiden von der Vermittlung bei Zwistigkeiten, s. No. 215 Schluss).

Oder endlich man meint weniger das Mittel zur Lohnerhöhung. Man findet es nur einfach moralisch schlecht von dem Unternehmer, dass er (der vielleicht grade selbst verliert) seinen Arbeitern nicht wenigstens hinreichenden Lohn giebt.

Die Schwierigkeit der Ausführung solcher Projecte ist so gross, dass auch ohne fernere hemmende Umstände alle diese Erwägungen dem Arbeiter nichts nützen würden.

Es ist aber schon der Hauptgedanke grundfalsch. Durch die Concurrenz theilt die ganze Arbeiteranzahl das ganze (Lohn-)Capital. Nun kann man freilich grössere Theile dieses Capitals verabreichen. Dann kommt man aber nicht aus, dann bleibt ein Theil der Arbeiter übrig welcher Nichts erhält.

Man wäre also gezwungen für diese Uebrigbleibenden, ohne Capital, neue Arbeit, eine neue Industrie zu schaffen, was unmöglich ist. S. No. 61.

In England hat man, im Anfang dieses Jahrhunderts und als Unterstützung, dem zu niedrig erscheinenden Lohne aus Armenkassen zugeschossen. Dort gab man also mehr für dieselbe Arbeit, und aus neuem Capitale. Allein dieser künstlich erhöhte Lohn zog soviel neue Arbeiter heran, dass endlich nach 20 Jahren der Lohn niedriger stand als je zuvor („Allowancesystem", s. Mill xii § 3 S. 222).

Wirkliche Hülfsmittel gegen „zu niedrigen" Lohn scheint es nicht zu geben[1] ausser vielleicht diesen Beiden: 1. Eine grosse Verbesserung in der Erziehung und dem Unterricht der untern Volksklassen, und 2. Emigration in grossem Massstabe. —

[1] Wohlverstanden so lange die Bevölkerung zunimmt.

108. Lohn ist aber verschieden, aus allerhand Gründen. Erstens wegen der Verschiedenheit der verschiedenen Gewerbe.

Nicht alle Gewerbe sind nämlich gleich (1.) angenehm (hierzu auch: ungefährlich), noch gleich (2.) leicht zu erlernen; nicht alle geben (3.) fortwährende Arbeit; manche (4.) fordern mehr Vertrauen zu den Arbeitern, und auch ist (5.) die Aussicht des Gelingens verschieden.

Vgl. Mill xiv § 1 S. 233 ff., nach Adam Smith's bekanntem Capitel, *W. of N.* I. x.

Adam Smith, 1723 — Juli 1790. Mit seiner *Inquiry into the Nature and Causes of the Wealth of Nations* (1776, s. Ausg. Mac Culloch [M. Ca. s 4, 1850] mit Lebensabriss) beginnt die jetzige wissenschaftliche Volkswirthschaft.

Z. B. als Tagelöhner verdient im Durchschnitt der Weber weniger als der Schmied und dieser weniger als der Arbeiter in der Steinkohlengrube (1. Fall, unangenehmere Arbeit). — Der Fleischer findet in guter Bezahlung den Lohn für das Rohe und Unangenehme seines Handwerks. Der Handweber erhält wenig Lohn, arbeitet aber so lange ihm gut dünkt und zur beliebigen Zeit.

Maurer können z. B. bei Frost nicht arbeiten (3); diesen Ausfall müssen sie dadurch ersetzen, dass ihr Lohn höher steht als sonst der Fall sein würde: ihr Jahresunterhalt muss ja in weniger Tagen als der Anderer verdient werden. — D. h.: in 250 Arbeitstagen (bei andern Gewerben in 300) muss der Jahreslohn verdient werden, also jeden Arbeitstag $^{1}/_{250}$ statt $^{1}/_{300}$ des Jahreslohnes. Bei gleichem Jahreslohn ist also der Maurertagelohn $^{300}/_{250}$ d. i. $^{6}/_{5}$ des Lohnes in dem andern Betriebe.

Zu Adam Smith's Zeit verdienten die Arbeiter in den Kohlengruben 2 bis 3 Mal soviel als andre Arbeiter (1); die Londoner Kohlenträger aber 4 bis 5 Mal soviel (3). Der Grund war, dass die (Newcastler) Kohlenschiffe nicht zu festen Zeiten ankamen.

Seit Adam Smith pflegt man sich die Sache so vorzustellen: je schwieriger (oder unangenehmer, 2 und 1, auch gefährlicher) ein Geschäft, um so höherer Lohn. M. a. W. im Durchschnitt ist der Arbeiterzustand in allen Gewerben ziemlich gleich. Wer höhern Lohn hat, dessen Geschäft bietet desto mehr Unannehmlichkeiten, und umgekehrt: was vom Geschäfte abhalten würde, vergütet der um soviel höhere Lohn. — Wohlverstanden in gewöhnlichen, normalen Zuständen, und im Durchschnitt; ferner in demselben Lande, und zu derselben Zeit.

Also höherer Lohn bei geringerer Sicherheit des Gelingens in dem Fache. Adam Smith's Beispiele (bei Mill 235) sind der Schuhmacher und der Rechtsgelehrte. Hier wirkt Concurrenz: der künftige Jurist hat weit weniger Aussicht, den Preis seiner Mühe zu erhalten; dieser ist dagegen ein soviel höherer und muss das sein, sonst suchte man ihn nicht. Umgekehrt: man ist des Erfolges so gut als gewiss (beinahe jeder Lehrling wird das Schuhmachen erlernen), also strebt eine Menge Menschen nach dem sicheren Lohne, allein diese Concurrenz selbst drückt den Betrag nieder.

Ferner (4) höherer Lohn bei grösserem nothwendigen Vertrauen auf den Arbeiter, z. B. bei Goldschmieden, Juwelieren u. s. w. — Man kann beifügen: bei Beamten des Finanzwesens u. s. w. in unserm Lande und andern Culturstaaten. — Will man dies nothwendig grössere Vertrauen umgekehrt grösseres Risico nennen (bei möglicher Untreue), so ist nur der Name verschieden: die Sache bleibt ja genau dieselbe.

Der hohe Lohn berühmter Aerzte und Anwalte scheint hiermit vergleichbar: das hat aber grösstentheils einen ganz verschiedenen Grund. S. die sogleich folgende No. 109.

109. Ferner ist Unterschied zwischen gewöhnlicher Arbeit (grober, körperlicher, Hand- oder Leibesarbeit) und dem, was die Engländer skilled' labour nennen, intellectueller Arbeit, die man Arbeit Erfahrener nennen könnte, überhaupt erlernter Arbeit.

Z. B. schon dieser Unterschied, dass für das eine Fach weit mehr Zeit, Mühe, geistige Anlagen, Kosten u. s. w. zum Erlernen erfordert werden.

Man kann sich diese Mühe, Kosten u. s. w. als Vorschuss, als gewagtes Capital vorstellen, welches nun billigerweise mit den Zinsen zurückerwartet wird. Wahrscheinlich ist diese Vorstellung nicht immer buchstäblich wahr. So viel ist aber doch gewiss, dass wer sich die grössere Mühe z. B. Arzt oder Ingenieur zu werden gefallen lässt, sich auch nicht mit Träger- oder Maurerlohn zufrieden stellen wird.

[1] Noch allgemeiner aber beinahe unübersetzbar ist ihre Benennung „qualified labour“ für jede Arbeit ausser der groben (*to qualify*, beschränken, mässigen: was beschränkt wird, ist hier der Begriff der bloss körperlichen Anstrengung).

110. Ein andrer Grund der Verschiedenheit der Lohnhöhe ist dieser: natürliche Monopole erhöhen den Lohn.

Mill § 2 S. 236ff. — So schon der Fall der Aerzte, Juweliere u. s. w. (Schluss der No. 108), und die schwer zu erlernenden Fächer. Aber auch die vielen Fälle, in denen gewisse (nicht einmal hohe, nur) nicht allgemein erreichte Culturstufe nothwendig ist, z. B. das Schreiben, oder gewisse besondre Uebung, z. B. bei der feinsten Arbeit an Uhren oder astronomischen Instrumenten. Selbst die Fabrikherren in Lancashire wollten, so lange sie nur konnten, ihre Weber zeitens der Baumwollkrisis lieber unthätig unterhalten als Gefahr laufen, dass sie durch Erdarbeiten u. s. w. die Gefühlsfeinheit der Hand verlören. — Endlich der Umstand, dass man für manche Fächer, z. B. Diplomatie, Advocatur, Offizierstellen, ungern (und oft mit Recht) bis unter einen gewissen Stand hinabgeht.

111. Entgegengesetzte besondre Gründe haben in vielen Fällen den Lohn (feste Besoldungen [Honorare] oder Verdienst) der niedern Geistlichkeit und der sogenannten *littérateurs* (Belletristen) so sehr herabgedrückt. Etwas der Art gilt von manchen Lehrerklassen.

Zu dieser letzten Gruppe gehört u. A. auch die Concurrenz Solcher, die nicht um das liebe Brot arbeiten (wie in manchem Zweige der Litteratur) und Solcher, die ein andres Gewerbe als Hauptbeschäftigung ausüben (sogenannte „häusliche Fabrikarbeit“, wie die Züricher Baumwollenindustrie). Der zweite dieser Gründe erklärt den Umstand, dass gewöhnlich diejenigen Gewerbe am schlimmsten bezahlt werden, in welchen der Arbeitsmann durch Frau und Kinder unterstützt wird, z. B. die Handweberei (Mill a. a. O. 242, mit der frappanten Ausnahme gerade derjenigen Zweige des Handwebens „in which neither women nor young persons“ (d. i. Mädchen) „are employed“, Rapport der *Handloom Weavers Commission* 1841).

Der Frauenlohn steht bei sonst gleichen Umständen gewöhnlich tief unter dem Männerlohne.

Alles Obige gilt für den Fall der freien Concurrenz. Dies wird ändernd beeinflusst durch Gesetze, Regulative wie die der alten Zünfte, und durch Vereinigungen der Arbeiter selbst (Trades' Unions, weder die „cooperativen“[1] noch die Schulze'schen), welche allmählig die beiden erstgenannten Einflüsse ersetzen. Jene Aenderungen erhöhen den Lohn, d. h. im Fall sie die Concurrentenanzahl beschränken.

[1] S. unten No. 214, namentlich gegen das Ende. Ferner unter vielen F. Harrison, *the Good and Evil of Trades' Unions*, in der *Fortnightly Review*, 1865, Nov. 15, S. 33 ff., E. S. Beesly, *Trades' Unions*, *Westm. R.* 40, Oct. 1861 (independent section) S. 510 ff. — Die Halbmonatschrift der *Co-operator*, *Record of Co-operative Progress, by Working Men*, H. Pitman, Manch., z. B. 1. Juli 1866, Selbstverlag.

112. In manchem Erwerb, vorzüglich den sogenannten professions libérales, bestimmt der Brauch die Höhe des einzelnen Lohns. Concurrenz wirkt auch hier, aber so: bei grösserer Concurrentenzahl erhält Jeder eine geringere Anzahl der üblichen (also sonst unveränderten) Lohneseinheiten.

Mill IV § 8 S. 150, XIV § 7 S. 244. — Wenn die Praxis der frühern z. B. 60 Aerzte einer Stadt ziemlich gleichmässig vertheilt war und sich jetzt ziemlich gleichmässig auf z. B. 70 vertheilte, so würde bei sonst unverändertem Preis der Visite durchschnittlich Jeder auf 6/7 seines frühern Verdienstes reducirt werden. — Solche Praxis pflegt zwar sehr ungleichmässig vertheilt zu sein, dies macht aber obigen Satz nicht unwahr, nur als Phänomen zusammengesetzter und schwieriger zu belegen und zu übersehen.

Allgemein: eine beliebige bestimmte, nach Stücklohn bezahlte Aufgabe folgt derselben Regel: jedes Stück bleibt sich im Preise gleich, der fleissige, sachverständige u. s. w. Arbeiter wird aber für mehr Stücke bezahlt als ein Andrer. — Desshalb hindern die *Trades' Unions* denn auch den Stücklohn, s. No. 214 gegen den Schluss, 3, im Interesse der groben gegen das der entwickelten Arbeiter.

113. 2. A. **Capitalzins** (s. No. 106). — Der Arbeiter ist seines Lohnes werth. Aber auch der Capitalbesitzer seines Zinses.

Zins, Capitalzins, franz. *rente*, ist nicht nur Geldesrente, sondern die des Capitals in jeder Form.

Also auch aller Vorschüsse zur Gütererzeugung, der Gelder u. s. w. woraus der Lohn bezahlt wird, der Gebäude, Werkzeuge, Geräthe u. s. w.

Der Arbeiter erhält seinen Lohn als Aequivalent seiner Anstrengung. Uebereinstimmend empfängt der Capitalbesitzer seinen Zins als Vergütung seiner Enthaltung (vom eignen Capitalverbrauche oder -genusse), seines Sparens[1].

[1] S. über dieses Wort und Lassalles zwar geistreiche, im Wesen der Sache aber kindische Einwürfe (*Bastiat-Schulze* 70—112) No. 65 Anm. 1 und Mill I. v § 4 S. 44, auch II. II § 1 S. 185 mit Roscher § 45 S. 82 ff.

Capitalzins ist Miethe, welche der Capitalbenutzer dem Capitaleigenthümer zahlt. Diese Miethe, der eigentliche Zins, kommt jedoch niemals rein und unvermischt vor (noch weniger als die Grundrente). Der Ausleiher nämlich verlangt auch Vergütung für die Möglichkeit des Falles dass er sein Geld verliert (s. No. 65, 67).

Solche Möglichkeit ist immer vorhanden, auch bei der solidesten Sache: dies zu läugnen wäre die Behauptung der Existenz solcher Geschäfte, bei denen es absolut unmöglich wäre, dass jemals durch Fehlen des Willens oder der Macht zu zahlen bei Schuldnern ein Gläubiger das Seinige zum mindesten Theile einbüssen könne.

Der Capitalausleiher bedingt sich nun gewisse Miethe oder Interessen, also erstens den Capitalzins oder die Miethe seines Capitals, und zweitens die Vergütung seiner übeln Chancen, die sogenannte Assecuranzprämie[1]. Dem Capitalisten ist's gleichgültig ob er genau weiss wie gross der Betrag jedes dieser Bestandtheile für sich ist. Wenn er für Enthaltung und Risico zusammen seine Vergütung in den (Gesammt-)interessen findet, so ist ihm das genug.

[1] Er ist also, in so weit es diese Prämie betrifft, genau genommen immer Unternehmer (Speculant). Diese Prämie vergütet nämlich sein Risico, nicht seine Enthaltung.

Es ist nützlich, die beiden Namen Interessen und Zins in der Volkswirthschaft nicht durcheinander zu gebrauchen, sondern mit Jedem einen eignen bestimmten Gedanken verbindend zur Gewohnheit anzunehmen, dass Interessen die Summe des Capitalzinses und der Assecuranzprämie bedeuten soll.

Der Capitalausleiher, sagten wir, bedingt sich gewisse Interessen. — Später wird sich ausführlicher zeigen, dass man dieses auf eine bequemere, zur Erklärung aber mehr zusammengesetzte, schwierigere Art zu thun pflegt (No. 148). Statt: für mein Capital fordre ich 5 pCt. und bin mit 4 nicht zufrieden, sagt man (durch Zwischenkunft der Börse): mein Capital 100, welches sonst 4 pCt. ergeben würde, cedire ich nicht (ganz) dafür: ich verlange 5 auf's Hundert: man bezahlt 4; ich nehme also zwar die 4, gebe aber nur 80 dafür hin (4 : 80 = 5 : 100).

114. B. Unternehmerlohn oder Unternehmergewinn, Risico. — Die englischen Capitalisten pflegen ihr Geld in englischen Geschäften anzulegen: dies sind sehr oft Privatactienunternehmen, jedenfalls Privat-, nicht Staatsgeschäfte.

Capitalisten andrer Länder, vorzüglich Hollands und Frankfurts, haben lange Zeit Vorliebe für wenn auch ausländische, doch Staatspapiere gezeigt.

Jene englische Vorliebe ist mit Schuld daran, dass selbst so ausgezeichnete englische Lehrer der Volkswirthschaft als Stuart Mill den Unterschied zwischen dem eigentlichen Capitalisten und dem Unternehmer nicht genug beachtet haben. Die wahre Erklärung giebt Roscher (§ 195 S. 400).

„Das Wesentliche einer Unternehmung im national-ökonomischen Sinne des Wortes besteht darin, dass für den Verkehr auf eigne Gefahr producirt wird". Roscher a. a. O.

Also kann, streng genommen, von Unternehmergewinn kaum die Rede sein. Gewinn oder Verlust erscheint erst im Augenblicke der Liquidation selbst, d. h. wenn das Unternehmen als solches zu existiren aufhört.

Z. B. der Londoner Concurs 1866 über Peto Betts & Co., und so viele andre.

Gesetzt ein Unternehmer, der mit 50,000 Thl. beginnt, besitze am Ende der ersten 5 Jahre respective 58, 40, 65, 30, 60,000 Thl. (für die Haushaltskosten ist hier noch Nichts abgezogen). Wo ist hier der Unternehmergewinn, oder selbst der Unternehmerlohn?

Im täglichen Leben (der „Praxis") unterscheidet man:

1. Eigentliche Unternehmer (die ihr „eignes Geschäft" betreiben).

2. *a.* (Capitalist-)speculanten, mit verhältnissmässig grossem Risico, vielen ungünstigen Chancen. Sie wagen diese für die Aussicht höhern Gewinnes als bei 2*b*, u. a. für die höhere (ausbedungene) Assecuranzprämie. Z. B. Actieninhaber. S. No. 113 Anm. 1.

b. Anlegende Capitalisten (z. B. Obligationen- oder Schuldscheininhaber) mit geringem Risico (oft sehr geringem, aber nie ganz ohne Risico), also gegen Interessen, die oft sehr wenig (nie gar nicht) mehr als der eigentliche Zins betragen, gegen „niedrige" Interessen. „High usury and bad security generally go together". Macaulay, *Warren Hastings*, S. 228 Tauchn.

Des Unternehmers Einkommen, wie jedes, besteht aus den Einkünften seines Capitals (und seiner Grundstücke) oder es ist sein Arbeiterlohn. Des Unternehmers eigenthümliches Kennzeichen aber ist nun eben dieses, dass er den genannten Lohn sich nicht von einem Andern ausbedingen kann, sich im Gegentheil selbst den ungünstigen Chancen unterwirft wegen der Aussicht auf (Unternehmer-)lohn für seine (oft höchst schwierige, intellectuelle und wichtige) Arbeit (Roscher § 195 S. 400 f.).

Soweit von Unternehmergewinn (engl. profits) die Rede sein kann, muss er wie die Interessen mit Capital in jeder Form und ja nicht bloss in Geldesform verglichen werden.

Es giebt also keinen Profit, wenn darin nicht alle Erzeugungsvorschüsse vergütet enthalten sind, wie die Gelder u. s. w. aus denen der Lohn bezahlt wird, die Kosten für Gebäude, Werkzeuge, Geräth (franz. *outillage* bei Fabriken) u. s. w. — Die meisten Contracte sind so eingerichtet, dass derjenige, welcher über das Capital verfügt, die Kosten (also auch das Auszahlen des Lohnes) vorschiesst, und demgemäss denn auch den (ganzen) Ertrag zur Verfügung hat. Nach Abzug seiner Kosten findet er dann (bei der Schlussliquidation) im etwaigen Ueberschusse seine Belohnung, den eigentlichen Unternehmergewinn.

Unternehmergewinn als erworben zu betrachten, während das Unternehmen noch fortdauert, ist eigentlich derselbe Fehler, wogegen schon der alte Solon warnte, der keinen noch Lebenden als Glücklichen erkennen wollte.

Gewinn (Bruttogewinn, *gross profits*, am Ende jedes als abgeschlossen betrachteten Zeitraums, z. B. Eines Jahres) existirt nur, so lange der Ertrag die blossen Zinsen übertrifft. Ein Unternehmen, das gelingen soll, muss ja:

1. genannte Zinsen erstatten, d. h. den Tauschwerth der Benützung des verwendeten Capitals, m. a. W. soviel als ein solider Händler für die Verfügung über das Capital hingeben würde, oder andrerseits das Aequivalent für die Enthaltung vom eignen Genusse. Der Capitalbesitzer, es sei denn der Unternehmer selbst oder ein etwaiger Ausleiher, fordert als Zins mindestens ungefähr eben so viel als in einem beliebigen andern Geschäft, sonst sucht er vortheilhaftere Anlagen;

2. Vergütung für Risico, die sogenannte Assecuranzprämie beschaffen. Bei der Liquidation geht diese in Netto-gewinn' über (Gewinn' im allerstrengsten Sinne des Wortes). Bei vielen (z. B. Actien-Unternehmen) bildet man deswegen durch Jahresbeiträge aus dem Ertrage einen „Reservefond" gegen mögliche Unfälle und zur

Erneuerung des allmälig durch Abnutzung u. s. w. abnehmenden stehenden Capitales;

3. für den Unternehmer selbst Lohn seiner Arbeit eintragen, bestände diese auch nur aus der blossen Oberaufsicht, welche oft die äusserste Anstrengung der grössten Arbeitskraft[2] erfordert. Der Unternehmer hat keine Vergütung, so lange der Lohn hier weniger beträgt als die Interessen in andern Geschäften, aber gerade sein Lohn ist am allermeisten von den Chancen abhängig.

Wenn der sogenannte (Brutto-)gewinn[1] weniger einträgt, ist das im Gegentheil Verlust.

Gewinn[1] im strengsten Sinne, d. h. Vermögensmehrung, ist dasjenige, was das Geschäft bei der Endesliquidation mehr abwirft als:

1. Capital.

2. Uebliche Interessen (= Zins und Assecuranzprämie).

3. Vergütung für des Unternehmers administrative und übrige Arbeit.

[1] Bei Gewinn unterscheide man:

A. Theoretisch. 1. Bruttogewinn, das z. B. am 31. Dec. beim Schluss des Buches ausser der Einlage vorhandne Geld oder Geldeswerth.

2. „Netto"gewinn, dasselbe nach Abzug der Kosten für Haushalt, Reservefond, Werthabnahme von Schiffen, Fabrikgebänden u. s. w.

3. Selbst dieser „Netto"-überschuss umfasst mehr als Gewinn, er ist nämlich = Gewinn + Zins + Assecuranzprämie.

4. Und auch von dem reinen Gewinn in diesem letzten engsten Sinne muss noch der durchschnittliche, freilich sehr schwer abzuschätzende, eigentliche Unternehmerlohn abgezogen werden. Nur was dann noch übrig bleibt, ist wissenschaftlich Gewinn.

B. Kaufmännisch. In der Praxis wird man kaum anders rechnen können, als 1868 z. B. 10 pCt. Gewinn, 1869 3 pCt., 1870 Verlust 4 pCt., 1871 Gewinn 6 pCt. Damit ist dann bei guter Geschäftsführung Gewinn im Sinne von A. 2 gemeint. Allein sowohl die theoretische als die kaufmännische Betrachtung wird erst bei der Schlussliquidation den wahren etwaigen Gewinn des Geschäfts als Ganzen feststellen können.

[2] Daran ist in England 1866 z. B. Sir Morton Peto (s. oben) zu Grunde gegangen.

Diese drei Unterabtheilungen des Ertrages, die Aequivalente für Verbrauchsenthaltung, Risico und Arbeit, kommen oft in mehr als eine Hand. Nämlich:

a. Das Capital kann ganz oder theilweise geliehen sein. Der Ausleiher ist dann Capitalist (und zwar Geldanleger, zuweilen auch Speculant) in unserm früher erläuterten Sinne (s. No. 114 2b, *a*). Er trägt kein ferneres Risico als jeder andre Ausleiher, und erhält nur das Aequivalent seiner Enthaltung vom eignen Verbrauch des Geliehenen.

b. Der sogenannte „stille Socius" („stiller" oder Commanditassociirter) trägt auch einen Theil[1] des Risico, nämlich für soviel als er in dem Geschäft angelegt hat. Er geniesst im Profitfalle so viel Gewinn als er sich ausbedungen hat, trägt aber nicht mehr Schaden als bis zum Betrage seiner eingebrachten Gelder.

Der engl. „*sleeping partner*" trägt das ganze Risico eben so gut wie der „*managing partner*". Die Commanditgesellschaft des franz., holl. und des neuen allg. Deutschen Handelsgesetzbuches ist nämlich in England, auch nach dem „Limited Liability Act" von 1855, noch stets „unrecognised and illegal", Mill V. ix § 6, 7 S. 542. 545.

Manchmal begeht man die Verkehrtheit, das zwar Einer (oder Mehrere) das Capital beschafft und das Risico trägt, aber statt Seiner ein Andrer, für Lohn (Honorar), das Geschäft führt. Diesen Grundfehler verbessere man dann wenigstens zum (oft freilich geringen und ungenügenden) Theile dadurch, dass man einen Theil dieses Lohnes auf Procente des (veränderlichen) Jahrgewinnes anweise.

c. Der Capitalbesitzer selbst führt das Geschäft und wagt die Chancen. Erst dies Letzte macht ihn zum Unternehmer (engl. in allen drei Fällen *capitalist*), ohne fernere Unterscheidung.

Derjenige Betrag Assecuranzkosten (z. B. für den Reservefond) + Zins + Unternehmerlohn, für den man sich zum Unternehmer hergiebt, ist nach Zeit und Ort verschieden, und zwar weil ein grosser Unterschied besteht, sowohl in dem Verhältniss der Neigung zum Genusse, zum Sparen, als auch im Risico. Dies ist z. B. da sehr gross, wo die Regierungen, wie viele in Asien, entweder selbst die Privaten berauben oder wenigstens, wie im mittelalterlichen Europa, ausser Stande sind, sie gegen Beraubung zu schützen. Solche Unsicherheit ist so gross, dass sie selbst das einfache Capitaldarlehn trifft und den Zins in die Höhe treibt (denn Rente + höherer Assecuranzprämie = höherem Zins). — Mill II. xv § 2 S. 246 f.

Auch das (Unternehmer)capital wird (eben wie die Arbeit) in verschiednen Gewerben verschieden belohnt.

Hier ist die Verschiedenheit sogar noch grösser als beim Arbeitslohne. Z. B. der Kleinhandel, weil minder geachtet, giebt höhern Gewinn als das en-gros-Geschäft. Der hauptsächlichste Unterschied ist aber der des Risico. Der Schiesspulverfabrikant z. B. verlangt hohen Gewinn. Mill § 3 S. 247. Vgl. auch Roscher § 169 mit No. 3, 7 S. 340 f.

Zuweilen ist ein Theil der scheinbar sehr hohen Gewinne nur eine Form die wirklichen (Arbeits)lohn verbirgt.

Roscher § 173 S. 363 f. (auch Andre, z. B. Mill 248) bemerkt mit Recht, dass z. B. die Apotheker nicht, wie man sagt, „99 pCt."[1] verdienen: sie erhalten (im Preise der Arzneimittel) nur einen hohen (und verdienten) Arbeiterlohn, während ihr Capital klein ist. Etwas derartiges gilt für Kleinhändler mit (an kleinen Orten) einer sehr grossen Anzahl Waarengattungen. S. Adam Smith bei Mill 248, und hier bei No. 108 den gleichartigen Fall bei dem Lohne.

[1] Sie kaufen ihre Ingredienzen weit wohlfeiler (z. B die Drachme) als sie dieselben (nämlich die Drachme des Theils, welchen sie absetzen) wieder verkaufen. Freilich, denn dieser Verkaufspreis soll ja auch die Kosten für

das Verdorbne u. s. w. ersetzen. Hier aber ist nicht von diesem Unterschied zwischen Einkaufs- und Verkaufspreisen die Rede, sondern vom Verhältniss des Capitals (und der **Arbeit**) bei diesen Unternehmern zu ihrem Reingewinn.

Natürliche Monopole werfen hohen Gewinn ab.

Doch meint man, dass in den verschiednen Gewerben die Gewinne sich demselben Verhältniss zu den Capitalien nähern. Freilich wenn man alle Umstände in Rechnung bringt, und namentlich Gewinn = Rente + Assecuranzprämie + Administrationslohn + möglichen Ueberschuss setzt (Mill § 4 S. 248).

Die **Rente**, Belohnung für Genussenthaltung, folgt hier natürlich derselben Regel als beim einfachen Capitaldarlehn. S. No. 113. Der Betrag des Zinses ist zu jeder Zeit bekannt. Für jede Zeit und jeden Ort kennt man den Marktpreis (Curs) des Zinses, und dieser ist, **bei gleicher Solidität**, in jedem gegebnen Augenblicke auch für alle Geschäfte gleich (Mill S. 248 f.).

Brutto-gewinn ist bei jeden zwei Personen verschieden. Die Gewinnschancen aber sind in jedem gegebenen Augenblick für Alle gleich, die Persönlichkeit ausser Betracht gelassen (Mill S. 249).

S. No. 108. Auch hier beachte man, dass schwerere, gefährlichere, unangenehmere Gewerbe auch verhältnissmässig besser belohnt werden müssen. — Im Kleinhandel u. s. w. werden viele Preise durch den Brauch bestimmt, also zu hoch angesetzt. Mill S. 250 f.

Was begründet den Gewinn? Der Umstand, dass Arbeit mehr producirt, als zum Unterhalt der Arbeit erfordorlich ist.

Man nehme den einfachsten Fall: alle Ausgaben, darunter auch den Arbeiterlohn, schiesst der *(capitalist-)*Unternehmer vor. Also ist der Ertrag sein, und der Ueberschuss sein Vortheil.

Ausser dem Lohne bestehen die Ausgaben in Kaufpreisen von Producten. Diese Kaufpreise sind aber wieder = Arbeitslohn + Kaufpreis früherer Producte + Gewinn.

Formulirt: Ertrag = Lohn + Kaufpreis + Gewinn
aber K wieder $= L' + K' + G'$
$K' = L'' + K'' + G''$
$K'' = L''' + K''' + G'''$ u. s. w.
oder $E = L + G + L' + G' + L'' + G'' + L''' + G'''$ u. s. w.
$= L + L'$ u. s. w. ...... $+ G + G'$ u. s. w., ferner
$G + G'$ u. s. w. $= E - (L + L'$ u. s. w.),

d. h. der Brutto-Gewinn ist soviel als die Arbeit mehr einträgt als sie kostet.

Folglich: je grösser **relativ** des (capitalist-)Unternehmers Antheil am Ertrage, um so kleiner der des Arbeiters und umgekehrt (Ricardo [S. No. 115] *Princ.* ch. VI, Mill § 6 f. S. 252 f., III. IV § 2 S. 279, Roscher § 148 Anm. 1 S. 301, § 183 Anm. 4 S. 171 f.).

Nämlich $E = L + G$, also auch $G = E - L$ und $L = E - G$. Bei gleichem Ertrage kann also der Gewinn nicht wachsen, es sei denn, dass der Lohn abnehme. Aber s. No. 149 Schluss, für den Fall der Ertragszunahme.

Der hier genannte Arbeitslohn ist genauer die *„cost of labour"*, des Fabrikanten ganze Auslage („Opfer"), d. h. soviel Geld und Gut (und Anstrengung) als er zur Production einer gegebnen Menge gethaner Arbeit verwendet. Dies ist etwas ganz Andres als der Betrag der Löhne in Geld. S. No. 106. 3, 124, 149, Mill II. xv § 7 S. 253, Roscher a. a. O. S. 372.

115. 3. **Grundrente** (s. No. 106). — Bei der Production geniesst der Arbeiter Lohn für seine Mühe, der Capitalist Rente (nicht Zins, s. No. 113) für seine Enthaltung vom Verbrauche. Aber der Eigenthümer von Naturproducten, deren man bedarf, von Grundstücken, Gruben u. s. w., unter denen die Grundstücke zuerst auffallen?

Der Eigenthümer geniesst die natürlichen Vortheile seiner Grundstücke (gegen die unvortheilhaftesten unentbehrlichen Grundstücke), oder man vergütet ihm das Abtreten ihrer Benutzung. Dieser Genuss oder Vergütung heisst Grundrente (engl. rent, davon Rentmeister).

Vergütung erhält er, weil Landbesitz ein (freilich natürliches) Monopol ist (schafft).

Es existirt das Bedürfniss an Grundstücken, nur Einzelne haben sie, also bezahlt man sie für deren Gebrauch. Das ist nicht die Folge eines Gesetzes oder sonstiger künstlicher Einrichtung. Es folgt naturgemäss daraus, dass es in den existirenden Gesellschaften (verhältnissmässig) wenig Grundeigenthümer giebt.

Grundstücke existiren ohne dass irgend ein Mensch zu ihrer Erschaffung Mühe angewandt hat. Kosten sind also nicht zu vergüten. Wenn man nun doch für die Benutzung von Grundstücken zahlt, so muss das desshalb sein, weil man mehr Grundstücke zu benutzen wünscht als vorhanden sind, weil es danach mehr Nachfrage als Angebot giebt. Man bezahlt Grundrente für die Benutzung eines Bodens von gewisser Fruchtbarkeit u. s. w., weil solcher Boden auch dann erwünscht sein würde, wenn es mehr davon gäbe.

Selbst der schlechteste Boden, der als Existenzmittel dauernd angebaut werden kann, muss Folgendes leisten:

1. Die Aerndte muss das Saatkorn erstatten.

2. Der Landwirth mit den Seinigen muss seinen Lebensunterhalt finden und sein Geräth bezahlen können, und den landesüblichen Arbeitslohn geniessen.

3. Die Ausleiher des Capitals (oder der vielen kleinen Capitalien), aus denen Wohnung, Geräth, Vieh, Löhne, Saatkorn u. s. w. bezahlt sind, müssen gleich hohen Zins erhalten als bei andern Gewerben.

Ausserdem bleibt dem Eigenthümer des schlechtesten Bodens Nichts (Mill xvi § 2 S. 256 f.).

Das ist auch nicht nöthig. Mill § 3 S. 257: „it has been denied that there can be any land in cultivation which pays no rent", mit Widerlegung. Vgl. Roscher § 150 mit Anm. 2 S. 303 f.

Sobald man aber besseren Boden hat bleibt etwas übrig. Dieser Ueberschuss (also das Mehr verglichen mit dem Ertrage des schlechtesten angebauten Bodens, vgl. No. 127) ist die Grundrente, und die nimmt der Grundeigenthümer. Wenigstens er kann sie immer nehmen (Mill S. 257 f.).

· Arbeit und Capital werden ja schon ausserdem eben so gut als sonst wo bezahlt, s. so eben 2 und 3. Sie werden nicht auswandern so lange dies nur wahr bleibt, wenn auch alles Uebrige an den Grundeigenthümer fällt. Roscher a. a. O., vgl. auch Anm. 4.

Grundrente eines Grundstücks ist also sein Mehrertrag gegenüber dem unvortheilhaftesten aber doch angebauten Lande. Oder: gegenüber demjenigen Capitale, welches unter den ungünstigsten Verhältnissen in Bodenstücken angelegt ist (Mill § 4 S. 258 f.).

Wenn der Bauer selbst Grundeigenthümer ist, erhält natürlich er selbst die Grundrente, d. h. er behält sie. Deshalb hört aber die Existenz der Grundrente nicht auf, sie wird nur nicht (dem Einen vom Andern) ausgezahlt.

3ter Fall der Schwierigkeit des Erwerbens (s. No. 81, 127): Vermehrung des Ertrages, falls die Kosten mehr als verhältnissmässig zunehmen.

Dieser Satz mit seiner Begründung und seinen Folgerungen wird Ricardo's[1] Lehre genannt, nach demjenigen Volkswirthschaftslehrer, welcher sie, wenn auch nicht entdeckt, doch am besten entwickelt und am kräftigsten begründet hat.

[1] David Ricardo, 1772—1823, *On the influence of a low price of corn on the profits of stock*, Lond. 1815. Sein Hauptwerk sind die *Principles of Political Economy and Taxation* (1817), z. B. in (Mac Cullochs 2. Ausgabe seiner) *Works*, Lond. 1852. — Der Satz war von Dr. Anderson 1777 zuerst aufgestellt, Mill § 3 S. 257. S. auch *Dict. de l'Econ. pol.*, art. Ricardo.

Ist nun aber die Vergütung des in Grundstücken angelegten Capitals Grundrente oder Capitalzins?

Hier unterscheide man. Als Capital muss nicht bloss das Vieh, sondern auch Wohnhaus[2], Scheune, Stall u. s. w. angesehen werden, auch der Waldbestand. Was man dafür im Jahre zahlt, ist Zins, Capitalrente.

[2] Weshalb des Bauern Wohnhaus, könnte man fragen, das des Fabrikanten aber nicht, No. 56. Nämlich weil das Bauernhaus fast gänzlich zum Gewerbe dient. Des grossen Fabrikherrn Wohnhaus dagegen pflegt ohne Vergleich mehr zu enthalten als selbst für das blosse Wohnen (nicht einmal zum Antheil am Betriebe nehmen) des Fabrikanten und der Seinigen absolut ausreichen würde.

Capital aber, zu Bodenverbesserungen angelegt, ist als Capital verloren. Es geht in den Boden über und wird dessen Mehrwerth (Mill § 5 S. 259 f., Roscher § 152 S. 306).

Rente mehrerer gleich guter Grundstücke folgt derselben Regel, gleichgültig, ob diese Güte unmittelbar von der Natur[1] oder durch Zuthun von Menschen[2] entstanden ist.

[1] Guano-Inseln, Huerta von Valencia, überhaupt tropische Länder, Handels- und Hafenplätze wie Constantinopel, Havana, Singhapura.

[1] Viele holländische Trockenlegungen, wie neuerdings der Haarlemersee und der „Zuidplas" im NO. Rotterdams, Babyloniens, Albanerseen, China's schwimmende Gärten, Artesische Brunnen am algerischen Saume der Sahara u. s. w.

Auf die eigentliche Fruchtbarkeit kommt es bei weitem nicht allein an, sondern z. B. auch auf des Bodens Zugänglichkeit und andre Eigenschaften. Deshalb wird der Werth des Bodens durch die Anlage von Kanälen oder Strassen (nicht nur von Eisenbahnen) oft so bedeutend erhöht. Unter Bodengüte verstehe man also alle Eigenschaften welche den Ertrag vermehren oder die Kosten vermindern.

Grundrente zahlt der Pächter dem Grundherrn. Allein dadurch werden die Bodenerzeugnisse nicht theurer als wenn keine Grundrente entrichtet wird (No. 127 am Schlusse). Im Gegentheil: der Preis dieser Producte stellt sich jederzeit so, dass er die Mühe und Kosten erstattet, welche dem unvortheilhaftesten Boden (oder dem Zins des am wenigsten vortheilhaft angelegten Capitals), der aber noch unentbehrlich ist, zugewandt worden sind. Wer nun besseres Land miethet, erhält dieselben Erzeugnisse für weniger Mühe: dies verdankt er den Eigenschaften des gemietheten Landes und dafür bezahlt er den Eigenthümer; er selbst ist nun (zwar nicht in besserem aber doch) in gleichem Zustande mit andern Landwirthen (gesetzt nämlich, er verkaufe, wie meistens geschieht, seine Producte zu durchschnittlich demselben Preise wie jene).

B. Tausch, Güterumlauf.

Vgl. fortdauernd Mill, *Book III*, Exchange, S. [illegible] ff.

1. Werth.

116. Beim Tausche kommt es weit mehr als bei der Erzeugung oder bei der Vertheilung der Güter auf deren **Werth** an.

In der heutigen Gesellschaft beruht jedes Gewerbe auf dem Kaufe (und Verkaufe, d. h. auf dem Tausch). Ausser den Landwirthen leben sehr wenige von gerade demjenigen Producte, welches sie selbst (also direct) miterzeugt haben. Alle Andern nämlich leben fast gänzlich von dem für den Verkaufspreis ihrer eignen Waaren Eingekauften. Bei solchem Zustande muss man wissen, was Werth ist: es müssen ja gleiche Werthe sein, die man umtauschen will (vgl. No. 14).

S. No. 19, 21, 23, 24, 26. — Werth nicht bloss in dem Sinne des augenblicklich genauen Preises, s. No. 20.

Wir erinnern an die Wortbedeutung. Nutzen s. No. 22.

Gebrauchswerth, value in use, bezeichnet die Eigenschaft irgend einer Sache, dass sie in gewissen Zeiten und Fällen „gewisse Quantitäten" Nutzen besitzt (s. No. 23).

Luft, Wasser, Korn, Tuch, Eisen, Edelsteine haben Nutzen. — Hundert Liter-Wasser, 10 Hektoliter Korn, 30 Meter Tuch, 80 Kilogramm Eisen, 5 Diamanten, können während einiger Zeit den respectiven Begierden eines oder mehrerer Menschen genügen: diese Gegenstände haben Gebrauchswerth.

Direct schätzen (also in irgend einem andern Gegenstand) kann man den Gebrauchswerth nicht: eben dadurch würde er ja Tauschwerth.

Tauschwerth in Geld bestimmt ist Preis. Der Preis einer Sache ist die Menge Geldes, welche man gewöhnlich hingeben will um die Sache zu bekommen.

Wohlverstanden der Preis, den die Sache „werth" ist, wie zuweilen gesagt wird. Nicht jeder Preis, den ein Unkundiger oder Betrogener dann und wann zahlt. S. No. 121 f.

Man kann also sagen: einer Sache Preis ist ihr Tauschwerth in Geld, die Menge Geldes, wogegen man sie umtauscht. Tauschwerth aber einer Sache ist die Eigenschaft, welche ihren Besitzer in Stand setzt, dafür eine gewisse Menge irgend einer andern Sache zu bekommen; oder: die Macht sich dafür etwas Andres zu verschaffen, m. a. W. die Verfügung, welche der Besitz dieser Sache über alles Käufliche giebt, die Möglichkeit einen gewissen Theil davon habhaft zu werden. S. No. 20, 24 f.

„General purchasing power" bei Mill (III. 1 § 2 S. 265).

117. Wie weit geht aber diese Verfügung über alles Käufliche?

Das ist in verschiednen Umständen verschieden.

Z. B. ein vollständiger Anzug = einer viel grössern Menge Brot als Edelsteinen. Dieselbe Menge gleich guten Brotes war (im Sommer 1867) gleich weniger Baumwolle als vor 10 Jahren, aber mehrerem Gas; Baumwolle ist nämlich theurer, Gas wohlfeiler geworden. Doch kann der eigne Tauschwerth des Brotes unverändert geblieben sein.

Er kann sich aber auch geändert haben. Z. B. eine schlechte Aerndte treibt ihn empor, eine gute drückt ihn. D. h. man bekommt dafür mehr oder weniger von jedem andern Handelsartikel, — insofern man nämlich z. B. bei Gas und Baumwolle deren eigene Tauschwerthsveränderung noch nicht mit eingerechnet hat.

Es verändert sich aber bei allen Artikeln der Tauschwerth, und zwar unaufhörlich. Wenn wir nun den Tauschwerth eines einzelnen bestimmten Artikels suchen, verursacht dies eine grosse Ungewissheit.

Es giebt hier zwei Arten der Bewegung, eine zwiefache Veränderlichkeit:

1. Der Tauschwerth der einen Waare den wir suchen kann sich ändern, kann ab- und zunehmen.

2. Und der Tauschwerth jeder andern von den Waaren, womit wir die erste vergleichen müssen, kann sich auch ändern und thut das unablässig.

Es wäre ein Gewinn, diese letztere Veränderlichkeit ausser dem Spiele lassen zu können, und im Besitze eines stetigen Maasses des Tauschwerths aller Waaren zu sein.

118. Solches besitzen wir aber in gewissem Sinne in der That. Wir vergleichen jede Waare mit **Geld**. Nun können wir eine Zeit lang so argumentiren, als hätte Geld selbst einen unabänderlichen Tauschwerth. Genauer: wir können uns auf diejenigen Aenderungen des Tauschwerths beschränken, welche denjenigen Artikel ausschliesslich betreffen den wir jedesmal untersuchen, und diese Abänderung dann in Geld schätzen oder ausdrücken.

Das ist dann Aenderung des Preises, Steigen und Fallen des Preises, des Marktpreises.

119. Möglich wäre es, dass alle Preise zugleich stiegen oder fielen. Man kann sich vorstellen, dass man für jedwedes Gut mehr Geld wird hingeben müssen.

Dies ist einmal wirklich geschehen, im 16. Jahrhundert, nach der Entdeckung des Edelmetall erzeugenden America (und der Quecksilberminen von Huanca Velica 1567, zugleich mit der Erfindung des Amalgamirens 1557, Roscher § 136 mit Anm. 3, S. 271, Alex. v. Humboldt *Essai politique sur la nouvelle Espagne l. IV ch. 11*). Die Aenderung geschah erst nach 1570.

120. Dass aber alle Tauschwerthe zugleich steigen oder fallen könnten ist ungereimt.

Dies hiesse nämlich Folgendes. Zu gewisser Zeit muss man z. B. mehr (eben so gute) Häute als früher hingeben für gleich viel eben so guten Kaffee als früher (d. h. der Werth des Kaffees, in Häuten benannt, nimmt zu). Wenn nun aber alle andern Tauschwerthe (also auch der der Häute in Kaffee) zugleich steigen könnten, müsste es möglich sein, dass man gleichzeitig mehr eben so guten Kaffee hingeben müsste für gleichviel eben so gute Häute als früher, also ein ungereimter Schluss, weil dies das grade Gegentheil unserer erstern Voraussetzung wäre.

Der Tauschwerth irgend einer Sache ist nämlich ihr Verhältniss zu allen andern Sachen.

Steigen oder Fallen aller Tauschwerthe zugleich ist also undenkbar.

Bei allen **Preisen** ist dies dagegen sehr wohl möglich. Dann ist aber die Ursache wohl immer (nicht das Steigen jener Waaren, sondern) das Fallen der einen Waare Geld. Wenn Geld steigt oder fällt, während keine andre Waare im Tauschwerth sich ändert, fallen oder steigen die Preise aller andern Waaren.

121. Die Aenderungen der Tauschwerthe hängen von gewissen allgemeinen Regeln ab, jedoch nicht unbedingt. Sie gelten, soweit Tauschwerthe und Preise von der Concurrenz abhängen, also in so weit man voraussetzen kann, dass alle Käufer und Verkäufer

den jedesmaligen Stand des Marktes genau kennen und ausnutzen (Mill § 5 S. 267 f., vgl. No. 184).

Dies gilt für die En-gros-Preise, auf dem Weltmarkte, auf Börsen, für solche Preise, wie sie in den Notirungen vorkommen. Dort sorgen die Käufer, dass sie mit den jedesmaligen Preisen jedweder Waaren bekannt sind. Dort giebt es also, in jedem Augenblicke, nur Einen Preis derselben Waare auf demselben Markte (s. No. 101).

Im Detailhandel ist dies ganz anders. Hier werden weit höhere Preise gezahlt, von den Wohlhabenden aus Gewohnheit oder Gleichgültigkeit, von den Armen aus Nothdurft, Unkenntniss oder wegen offnen oder bedeckten Zwanges. Der Arme z. B. kann nicht den besten Laden wählen, sondern muss mit demjenigen vorlieb nehmen, der ihm (sei es auch nicht gerade jetzt, so doch in Zeiten der Noth) creditiren will, was oft sehr grossen Unterschied in den Preisen macht, — dergestalt, dass darin der Anstoss zur Gründung der „cooperativen" Genossenschaften und eine Ursache ihres Gedeihens liegt. S. unten zweimal in der No. 216.

122. Tauschwerth, sahen wir (No. 29, 30), hat nur Dasjenige was sowohl schwer erreichbar als nützlich ist. Diese Schwierigkeit des Erreichens besteht in Dreierlei (Mill II § 1 S. 269, oben No. 31):

1. Die erreichbare Menge, das Angebot, kann (so gut als) gar nicht zunehmen.

2. Sie kann es, selbst (so gut als) unbeschränkt, wenn nämlich auch die Kosten verhältnissmässig zunehmen.

3. Sie kann es, wenn nämlich die Kosten mehr (oft weit mehr) als verhältnissmässig zunehmen (s. auch No. 82).

1. Der Preis steigt (sinkt) bis er Frage und Angebot zur Gleichheit gezwungen hat. — Der Preis der in diesem Falle sich befindenden Güter hängt, sagt man, von Nachfrage und Angebot ab. Dies ist wahr, und zwar unbedingt: er hängt von keiner andern Ursache ab.

Z. B. bei vermehrter Nachfrage steigt der Preis. Freilich nicht verhältnissmässig mit dem Zunehmen der Nachfrage selbst (Mill § 8, 4 S. 270 ff.). Kornpreise z. B. steigen und fallen in weit stärkerem Verhältniss als Nachfrage oder Angebot zunimmt. Die Aerndte z. B. in England war ⅚ und ⅘ einer durchschnittlichen, Anfuhr vom Auslande kam zu Hülfe, die Preise aber wurden doppelt und dreifach so hoch, ja höher[1]. — Die Furcht, etwas Unentbehrliches zu entbehren, wirkt nämlich wie ein Monopol. S. gleich unten.

[1] Thom. Tooke, *A History of Prices and of the state of the Circulation, from* 1793 to.... 1847 incl., und mit W. Newmarch bis 1856 incl. Lond. 1838—57, Vol. I S. 13—16.

Der alte engl. Volkswirth Gregory King (*Natural and Polit. Observ.* 1696) ging so weit, dass er davon eine Regel in Ziffern brachte:

wenn die Aerndte einen Ausfall von	10	20	30	40	50	Hundertein hat,
so steigt der Preis resp.	30	80	160	280	350	pCt.[1],

und umgekehrt bei reichen Aerndten, so dass die französische Regierung (*Moniteur* 1 déc. 1821 no. 335) erklärte: „aucune loi ne peut prévenir les inconvénients qui naissent de la surabondance des récoltes". Frankreich hatte nämlich

in den Jahren	1817	18	19	
an Weizen	48	53	61	Mill. Hektoliter eingetragen,
zum Gesammtpreise von	2046	1412	1170	„ Francs,
also per Hektoliter	> 40	< 30	< 20	Francs.

Cordier, *Mémoires sur l'agriculture de la Flandre franç.* bei Lassalle, *Bastiat-Schulze* 23 und bei Roscher § 6 S. 10, § 100 Anm. 4 S. 190; Mill § 4 S. 271. 272 Anm. *. —¹ „Nie allgemein gültig". Roscher § 103 mit Anm. 4, S. 194 ff. „It is perhaps superfluous to add, that no such strict rule can be deduced; at the same time, there is some ground for supposing that this estimate is not very wide of the truth." Tooke ed. Longm. Lond. I p. 12 f. Er hätte King nicht nach „d'Avenant" (1771) anführen sollen, vgl. Macaulay *Hist.* I. III S. 309 Anm. ² Tauschn.

Der Tauschwerth von Gütern dieser Art ist jedesmal Derjenige, welcher der bestehenden Nachfrage[1] genau genügt, so dass Jedermann von den Nachfragern oder Bietern seinen (jetzt noch verlangten) Antheil erhält. Ist also mehr Nachfrage als Angebot, so steigt der Preis so lange, bis genug Nachfragen abgewiesen sind.

¹D. h. also die zu den dann bestehenden Preisen verlangte Menge.

²Auch umgekehrt. Manche Güter bleiben ihrer grossen Dauerhaftigkeit wegen lange vorhanden, selbst wenn die Nachfrage ganz oder theilweise aufgehört hat. Z. B. Gold, Häuser in einer sinkenden Stadt u. s. w. Dies drückt den Preis sehr stark. Roscher § 112 S. 208.

Deshalb also verursachen Monopole hohe Preise.

Uebrigens können Monopole die Preise zwar hinauftreiben, oft selbst sehr hoch, allein nur dadurch, dass sie das Angebot beschränken (Mill § 5 S. 272, s. unten No. 128. 6).

Die holländische O.-I.-Compagnie vernichtete vorsätzlich einen grossen Theil der Specereibäume. Sie hatte also geringern Vorrath zum Verkauf. Der Preis aber stieg so¹, dass, wenigstens nach dem Urtheile der Compagnie, trotz der verringerten Menge doch weit mehr verdient wurde. *Aardrykskundig en Statistisch Woordenboek voor Ned-Indie* II. 512, Art. *Molukko's*; P. Myer, *Verzameling van Instructiën* u. s. w. Batavia 1848, S. 65, 80; Roscher § 6 S. 10, Mill S. 272. — ¹„Der Zweck solcher wucherischen Speculationen .. kann ... nur für kurze Perioden erreicht werden". Roscher a. a. O. und § 108 Anm. 5 S. 201. „Vgl. die geistvolle Bekämpfung von de la Cour *Aanwyzing der heilsame gronden* 1663, und Jan de Witt *Mémoires* p. 58".

Manche Güter können einstweilen unvermehrbar sein. Z. B. die Bodenproducte zwischen jeder Aerndte und der folgenden.

123. II (s. 122). Der Werth hängt ab von den (Productions-) Kosten¹. — Der Tauschwerth der Güter hängt in diesem Falle in so weit von Nachfrage und Angebot ab, als er über einem gewissen Betrage bleibt (Mill III § 1 S. 274, Roscher § 101 S. 191, § 106 ff. S. 197 ff.).

Der Tauschwerth kann nämlich nicht unter die Productionskosten² sinken; sonst würde die Gütererzeugung bald aufhören.

¹Nothwendige (d. h. höchste unvermeidliche) Reproductionskosten, „Kosten ihres Gleichen zu reproduciren", Roscher § 107 S. 200.

*S. No. 32. Im ausgedehntesten Sinne, d. h. Kosten des Artikels in dem Zustande, wie er jeden gegebnen Augenblick fertig zum Verkaufe vorliegt, also auch für Transport, Aufbewahrung u. s. w. Man thut am Besten den landesüblichen Gewinn hierunter mit zu begreifen (schon wegen No. 124 f.); sonst muss man ihn dazu addiren. — Dass der gewöhnliche Sprachgebrauch anders ist, schadet nicht: nur muss man dies sorgfältig beachten.

Diesen niedrigsten Stand des Tauschwerthes kann man den nothwendigen Preis (oder Werth, dessen unumgängliches Minimum) nennen. Dieser Minimalwerth ist aber zugleich der feste oder regelmässige Werth der Waare.

Selbstverständlich bei freier Concurrenz und (darin liegt ja das Kennzeichen dieses zweiten Falles) beliebiger Productionsvermehrung.

Nämlich: vorausgesetzt der Werth überstiege dies, so zöge der höhere Gewinn sogleich mehr Capital heran, es würde mehr von dieser Waare erzeugt und angeboten.

Dieses vermehrte Angebot würde aber den Werth wieder herabdrücken und zwar genau so lange, bis das nothwendige Minimum wieder erreicht wäre. Der übliche Gewinn ist nämlich schon in diesem Minimum einbegriffen. Jeder Werth über jenem Minimum liefert also übergewöhnlichen Gewinn, zieht also mehreres Capital an u. s. w.

Dies gilt unbedingt von allen diesen Gütern.

Bei allen ist also das Verhältniss der Tauschwerthe unter einander dem der respectiven oben Anm. 1. 2. gefundenen Kosten gleich (vgl. No. 127).

Obiges bestimmt also den natürlichen Höhepunct des Tauschwerths, Adam Smith's und Ricardo's natürlichen Tauschwerth (oder Preis). — S. Mill S. 275.

Die Aenderungen im Tauschwerth jeder Waare bestehen darin, dass er über diesen natürlichen Stand hinaus steigt oder niedriger sinkt, dass er gleichsam wie um einen Durchschnitt fluctuirt.

Dieser veränderliche Tauschwerth ist der Marktwerth oder Marktpreis *(prix courant*[1]*)*. Er fluctuirt um die natürlichen Preise, selbst wenn sie niemals genau gleich wären.

Mill vergleicht treffend das bewegte Meer. Kein Punct ist in Ruhe, ja ein sehr grosser Theil ist jeden Augenblick ausserhalb der flachen Ebene, zu der doch jedes Wassertheilchen immerdar hinneigt.

Man kann sich den Productionspreis als eine langsam abfallende Linie vorstellen, weil viele Waaren (vorzüglich Fabrikerzeugnisse) beständig im Preise sinken. Der Marktpreis hingegen wäre dann etwa eine schlängelnde, allmählig dem Productionspreise sich nähernde Linie, die jenem zwar nie auf die Dauer gleich bleibt, aber doch ausnahmsweise ihn erreichen oder noch tiefer sinken kann.

Mit höhern oder niedern Reproductionskosten steigt und fällt auch der (natürliche) Preis.

Dazu ist es aber nicht nöthig, dass jene Kosten schon zu- oder abgenommen haben (oder die Production ab oder zu). Producenten, die wissen, dass es geschehen wird, erhöhen oder erniedrigen ihre Preise schon im voraus. — Wohlverstanden, im unbedingt freien Weltverkehr.

[1]Der auf dem Wege der Concurrenz gewöhnlich erlangte (Geld)preis der Waare. Roscher § 99 Anm. 2 S. 188.

Dieses sich Aendern des Marktwerthes, sein Abweichen vom natürlichen Werthe, beeinflusst Nachfrage und Angebot, und bewirkt gerade dadurch wieder Annäherung zu jenem Werthe.

Gleichwie etwa beim Pendel. Dieselben Kräfte welche ihn hinauftreiben verursachen, dass er wieder fallen muss.

Würde der Marktpreis dem natürlichen Werthe genau gleich, dann wäre der Grund dafür der, dass die Nachfrage dem Angebote genau gleich wäre.

Nachfrage und Angebot regeln also das Schwanken des Preises, d. h. sie bestimmen den Marktpreis. Was sie aber selbst beherrscht und auf die Dauer die nothwendige Höhe des Tauschwerths bestimmt, sind die Productionskosten.

121. Woraus bestehen die Productionskosten? oder, wenn man so will, die Mittel zu deren Bestreitung? — Zum grössesten Theile aus den Kosten für die Arbeit, und zwar sowohl für gegenwärtige als vorhergegangene Arbeit (welche der Production vorausgehn muss, vgl. No. 40. 54).

Erster Bestandtheil, Arbeitskosten. — Die Productions- (Reproductions-, s. 123 Anfang)kosten, die zur Production erforderliche Arbeit, entsprechen dem nöthigen Lohne, Arbeitslohne.

Zwar hat der Gütererzeuger auch eine Menge nicht von ihm selbst erzeugter Producte kaufen müssen.

Allein diese Güter haben doch auch erzeugt werden müssen, und so immer fort. S. No. 114 nahe am Schlusse (Mill IV § 1 S. 277 f.).

Wer z. B. Webstoffe erzeugt, der Fabrikant, der bezahlt den Webern Lohn. Er kauft auch Garne. Dafür aber ist den Spinnern Lohn gezahlt. Auch für den rohen Flachs (Wolle, Baumwolle u. s. w.) ist dem Flachsbauer u. s. w., oder von diesem seinen Knechten Lohn gezahlt.

Die jetzige En-gros-Fabrication erachtet es oft für Vortheil, z. B. Spinnen und Weben zu Einer Fabrik zu vereinigen. Dadurch wird das Princip nicht abgeändert. S. No. 75 am Schlusse, S. 27.

Der erwähnte Fabrikant hat seine Fabrik erbauen lassen müssen (oder sie sonst fertig gekauft). Dafür ist Lohn gezahlt, nicht nur den Maurern, sondern auch den Steinbauern am Steinbruch u. s. w.

Der Tauschwerth aller Güter besteht also hauptsächlich aus dem Betrage der nöthigen Löhne, d. h. er beträgt wenig mehr als die zur Erzeugung[1] des Artikels erforderliche Arbeitsmenge.

Wir sahen (No. 114 Schluss), dass Tauschwerth = Gewinn + Lohn + Kaufpreis, und ferner dass sich Kaufpreis jedesmal in G' + L' + K', und K' wieder in G" + L" + K" auflösen liess, indem ja K, K', K", die Kaufpreise, dasselbe als die Tauschwerthe der eingekauften Güter sind. Also T = L + G. Aber G ist klein, man vergleiche nur Mill, *Book IV ch. IV* (vorzüglich § 4 S. 443 f.), wovon hier der Titel genüge: *of the tendency of profits* (G + G' + G" u. s. w.) *to a minimum.*

[1]*Erzeugung*, d. h. das völlige fertig Arbeiten bis zu genau demjenigen Zustande worin das Product jedes Mal *zu verkaufen* ist. Z. B. der Tauschwerth irgend einer Waare heute auf dem Frankfurter Markt umfasst auch die *dazu* nöthigen Kosten, damit sie gerade *heute* und zwar auf dem *Frankfurter* Markte vorhanden sei, also z. B. Transport- und Aufbewahrungskosten, Eingangszölle, üblicher Gewinn (Verdienst) des Verkäufers u. s. w.

Für den Artikel Strümpfe hat Ricardo dies in's Detail ausgearbeitet. (*Principles* I. III S. 17 f., und nach ihm Mill III. IV § 1 S. 278).

Bis jetzt ist so gefolgert, als käme es nur auf die *Quantitäten* der (gelieferten) Arbeit an. Aber der *Preis* der Arbeit, d. h. der Stand der *Löhne*?

Tauschwerth ist das Verhältniss zwischen dem fraglichen Handelsartikel und allen andern (s. für das Folgende hauptsächlich Mill 279, aber auch XXVI § 1 S. 416 f.).

Steigen oder fallen nun alle Löhne, ohne Unterschied, so wirkt das gleichmässig auf alle Güter ein. Das wechselseitige Verhältniss bleibt unverändert, wie z. B. $\frac{4}{2} = \frac{8}{4}$.

Die einzige Folge dieses Steigens oder Fallens kann diese sein: des *Arbeiters Theil* am *Ertrage* steigt oder fällt damit, m. a. W. *der Antheil des* (Capital benutzenden) *Unternehmers fällt oder steigt*.

Wie aber, wenn die Löhne *nur* in *gewissen Gewerben* z. B. steigen?

Dann werden Tauschwerthe und Löhne dadurch wohl betroffen, weil dann das Verhältniss der Einen Waare zur andern sich ändert.

Bei einer gewissen Waare z. B. war Tauschwerth $= G + L + K$, oder, was dasselbe ist (s. No. 114 und so eben) $= G + G' + G'' +$ u. s. w. $+ L + L' + L'' +$ u. s. w., wir können das $= G + L$ nennen. Bei irgend einer andern Waare war $t = g + l$. Verdoppelt sich nun l, dann ist nicht länger $T : t = G + L : g + l$, sondern von nun an $= G + L : g + 2l$. Was hier für die Tauschwerthe, gilt kaum verändert für die Preise.

Producte einer gewissen Menge „erlernter“ Arbeit (*skilled labour*, wo also die Löhne höher stehn) sind theurer als Producte *derselben* Menge grober Arbeit (körperlicher Arbeit, *unskilled labour*), m. a. W. man vertauscht sie gegen eine *viel grössere* Menge grober Arbeit (nicht bloss gegen mehr ihrer *Producte*), Mill § 8 S. 279 f. Man kann sich ja den *skilled* („qualified“) *labour* geradezu als eine *grössere* Menge grober Arbeit vorstellen, z. B. das Buchdrucken als beschleunigtes Schreiben u. s. w.

Hier betrachten wir die Veränderungen der Tauschwerthe und die Ursachen dieser Aenderungen.

Uns kommt es auf die erforderliche Arbeits*menge* an, diese nämlich pflegt sich nur bei *einzelnen* Gütern zugleich zu ändern. Wenn das aber geschieht, dann allein ändern sich die *Verhältnisse*, d. h. die Tauschwerthe.

Die grossen Aenderungen des *Standes der Löhne* dagegen sind meistens ziemlich *allgemein*, umfassen sehr oft (so gut als) alle Güter zu gleicher Zeit und gleich sehr. Das lässt aber die Verhältnisse der Güter unter einander, d. h. ihre Tauschwerthe, ohne Abänderung.

Ein Hauptbestandtheil der Productionskosten ist also das zur Erlangung der erforderlichen Arbeitsmenge nöthige Opfer, die Arbeitskosten, nicht gerade die Arbeitslöhne (Mill § 2. 3 S. 278 ff., vgl. II. xv § 7 S. 253).

125. Zweiter Bestandtheil, Gewinn. — Je mehr Arbeit zur Hervorbringung irgend einer Waare im Vergleich mit andern Waaren nöthig ist, um so theurer ist sie, d. h. um so höher ist ihr Tauschwerth (und Preis). — Mill § 4 S. 280 f.

Jeder weiss, dass sie gleichfalls theurer wird, je nachdem die Producenten (Verkäufer) höhern Gewinn nehmen.

Von Gewinn gilt in gar mancher Hinsicht dasselbe wie von Arbeitskosten. Der Weber bezahlt dem Eigenthümer der Spinnerei gerade so dessen Capitalgewinn als die Arbeitskosten, und dieser auch den Capitalgewinn des Flachsbauers oder Baumwollpflanzers. So bei allen Gewerben.

Z. B. gefährliche Gewerbe, die höhern Capitalgewinn erfordern, liefern natürlich auch ein theureres Product.

Die zur Erzeugung irgend eines Productes erforderliche Arbeit kann bei der Erzeugung direct (als Arbeit selbst) oder indirect betheiligt sein. Je mehr davon indirect Theil nimmt (z. B. Maschinen und überhaupt Capital — dieses ist ja aufbewahrtes Product früherer Arbeit, s. No. 54 f.), um so grösser ist im Tauschwerth der Bestandtheil Gewinn.

Mill § 5 S. 281. Irgend ein Product A kostet z. B 1000 Thl. directer Arbeit (Löhne) und wirft z. B. 200 Thl. Gewinn ab: Tauschwerth also = 1200 Thl. — B kostet fertig auch 1200 Thl., wovon 700 an Löhne und 500 für eine Maschine welche durch B's Erzeugung ganz aufgerieben ist[1]. Hier aber umfasst der Bestandtheil Gewinn (dem Lohn entgegengesetzt) nicht bloss die 200 Thl., sondern auch den ganzen Gewinn des Maschinenfabrikanten, welcher, neben den Kosten, durch die 500 Thl. vergütet ist, z. B. 50 Thl., zusammen 250, statt vorbin 200 von der gleichen Summe von 1200 Thl.

[1] So der Einfachheit wegen. So augenscheinlich wird der Fall freilich kaum vorkommen, allein dies ist nur scheinbar. Gesetzt eine Maschine von 4500 Thl., die in 15 Jahren völlig verbraucht ist: das ist doch wohl dasselbe als wenn wir rechnen, dass für jeden Jahrertrag ein Capitalwerth von 300 Thl. bezüglich dieser Maschine zerstört ist, m. a. W. wenn wir uns eine solche $^1/_{15}$ der wirklichen werthe 1 gedachte Maschine jährlich vorstellen.

Theurere Arbeit, d. h. höhere Arbeitskosten, ist (bei gleichen Tauschwerthen) geringerem Capitalgewinne gleich, und umgekehrt (vgl. No. 114 Schluss).

Bei ungleichen Tauschwerthen auch, nämlich verhältnissmässig.

Diese Abnahme der Gewinne hat da den meisten Einfluss, wo in den Kosten der Capitalgewinn dem Lohne gegenüber am stärksten vertreten ist (u. s. W. das Capital der Arbeit gegenüber). Also: jede Veränderung im Betrag der Gewinne übt stärkern Einfluss auf die Preise mechanisch gefertigter als andrer Producte (Mill S. 282. Ricardo I. IV S. 20 ff.).

126. Künstliche Bestandtheile der Productionskosten. — Arbeit und Capitalgewinn, diese natürlichen Bestandtheile der Productionskosten, müssen in jedem Falle vergütet werden.

Die Productionskosten steigen aber noch durch andre Gründe (Mill § 6 S. 283 ff.), z. B. 1. durch Steuern.

Wohlverstanden durch den Unterschied der Besteuerung irgend einer Waare gegen die andre.

Eine Steuer, welche von jedem Capitalgewinne (engl. *profits*) verhältnissmässig gleich viel erhöbe, würde die Tauschwerthe unverändert lassen.

2. Durch die „Theuerungspreise" gewisser Bestandtheile des Productes.

Vorzüglich natürlicher „agents", wie z. B. Wasser als Treibkraft u. s. w., da wo es für den Bedarf nicht genügend vorhanden ist.

127. III. (s. 122, 123). Der Werth von den (Productions-)kosten des theuersten Theiles abhängig. — Die Kosten nehmen mehr als verhältnissmässig zu. Grundrente.

1. Wir fanden also eine wenig zahlreiche Art Güter, deren Menge beschränkt ist. Ihr Tauschwerth kann nicht unter den Productionskosten stehen, falls es diese giebt[1]. Sonst aber hängt er gänzlich von der Nachfrage[2] ab (Mill v § 1 S. 285 ff., oben No. 31. 1, 122).

[1] Bei Diamanten, kostbaren Handschriften alter Schriftsteller, zufällig gefundnen werthvollen Alterthümern, seltnen Naturproducten z. B. Fossilien, kommen solche Kosten nicht in Betracht. Vgl. auch Roscher § 112 S. 207.

[2] Das Angebot ist eine gegebene Grösse. Daher die enormen Preise bei Kunstauctionen u. s. w., z. B. 600,000 Francs für Murillo's Concepcion bei Soults Auction (Mai 1852).

Die Nachfrage (verlangte Menge) muss dem (feststehenden) Angebote gleich sein. Sonst steigt der Preis unaufhaltsam, bis die Nachfrage um so viel abnimmt (Mill II § 4 S. 271 f.).

2. Sehr viele Handelsartikel können durch Arbeit und Capital in Menge zunehmen, und zwar unbedingt (s. No. 31. 2). Ihr „natürlicher" Preis steht nicht unter den Productionskosten (und auch nicht darüber). S. No. 123.

3. Bei gewissen Artikeln sind aber die Productionskosten nicht für jede beliebige Menge gleich, sondern für einzelne Quanta oder in gewissen Umständen verschieden.

Z. B. eine gewisse Menge ist für gewisse Kosten erzeugt. Man kann auch

zweimal so viel erzeugen. Dann aber z. B. für dreimal soviel Kosten. S. No. 31. 3.

Dies ist hauptsächlich bei Erzeugnissen der Landwirthschaft der Fall (s. No. 82).

Genau: alle Naturerzeugnisse, deren Menge beschränkt ist, bilden diese Classe, No. 82 S. 84 und Mill I. XII § 3 S. 116: „all natural agents which are limited in quantity"; eins seiner grössten Verdienste, diesen Satz so formulirt zu haben. Wenn das aber wahr ist, welcher Unterschied bleibt dann noch zwischen Grundstücken und anderm Capital übrig, ein Unterschied den doch Männer wie D. Ricardo (ch. II. p. 85), Roscher (§ 42 S. 77 Anm. 1 Schluss), Mill selbst (II. XVI § 5 S. 260), so streng festhalten?

Grundstücke derselben Tauglichkeit ergeben für zweimal soviel Arbeit als früher nicht ganz zweimal soviel Ertrag, sondern weit weniger (s. No. 31. 3, 82).

Wohlverstanden, so lang inzwischen die Landwirthschaft auf derselben Stufe geblieben und nicht z. B durch neue Erfindungen oder Anwendungen verbessert ist.

Man nehme z. B. an, dass 3000 Hektoliter Weizen jährlich für 9 Thl. Kosten per Hektoliter beschafft werden können (eingerechnet den gewöhnlichen Capitalgewinn): dies ist also (s. No. 123) der natürliche Preis des Hektoliters Weizen.

Die Bevölkerung nimmt aber zu: es ist mehr Weizen nöthig.

Einfachster Fall: der Weizen muss innerhalb des Landes selbst gebaut werden. Bei Anfuhr von auswärts, wie wir bald sehn werden, läuft die Sache auf dasselbe hinaus.

Also muss man mehr Weizen bauen. D. h. auf schlechterem[1] Boden oder durch intensivere[2], dann aber auch theurere Art des Baues.

[1] Oberflächlich der schwächste Theil von Ricardo's Lehre (der Grundrente, s. No. 115 Mitte). Es ist factisch gar nicht der Fall, dass man erst den fruchtbarsten (chemisch geeignetesten) Boden anbaut und dann, hauptsächlich nothgedrungen, ziemlich regelmässig absteigt. Selbst neue Colonieen thun das nicht. Der Americanische Staatswirth Carey geht selbst so weit, mit offenbarem Unrecht zu behaupten, der Anbau „begins with „the poorer, and does not, till long after, extend itself to the more fer„tile soils" (bei Mill I. XII § 8 S. 112; — Roscher § 154 Anm. 8 S. 312 macht dieser Argumentation ein kurzes Ende).

Dies ist aber nur ein Wortstreit. In der gemeinten Gegend und in jeder Gegend werden natürlich diejenigen Räume mit Weizen angebaut, welche man dazu jedesmal für die geeignetesten (vortheilhaftesten) hält. Nun zeigt sich Bedarf nach mehr Weizen. Von jetzt an wird also Weizen auch auf solchen Strecken angebaut, die man bis dahin (z. B. grosser Entfernung wegen) dazu weniger geeignet erachtete.

Für den Beweis ist die Voraussetzung solcher historischen Aufeinanderfolge nicht einmal nöthig. Bei andauerndem Fallen der Kornpreise wird jede Bevölkerung von Landwirthen diejenigen Grundstücke zuerst verlassen wollen, welche für denselben Ertrag mehr Kosten (oder Arbeit) erfordern, und das würde sich bei jedem anhaltenden Fallen der Preise wiederholen. Der jetzige Zustand ist also derselbe als wenn er, umgekehrt, aus einer Reihe entsprechender Steigungen hervorgegangen wäre.

[3] „It is long before an English eye becomes reconciled to the lightness „of the crops and the careless farming (as we should call it) which is „apparent" in den Vereinigten Staaten. J. R. Godley, *Letters from America* I. 42 bei Mill a. a. O. S. 110 f. Für America ist es ein grosser Vortheil, dass dort diese Art des Anbaues noch immer die vortheilhafteste ist, Mill a. a. O. Dasselbe folgt aus der ganzen Lehre von der Grundrente: bei intensivem Anbau ist der Bodenertrag, im Verhältniss zu den Kosten, je länger je geringer (so weit nicht Verbesserungen in der Landwirthschaft dieser Richtung entgegenwirken). S. No. 82 Mitte.

In diesem Falle also steigt der Preis. In welcher Weise?

Anfangs ist er noch zu wenig gestiegen, um die Productionskosten der neuerdings erforderlichen Mengen zu vergüten. Die vorhandnen Mengen erzielen also Theuerungspreise (Hungerpreise).

Z. B. die neuen Mengen (Ertrag neuer Weizenstücke oder intensiverer Cultur) können nicht mit Vortheil „zu Markte" kommen bei Preisen unter 4 Thl. für den Hektoliter, der früher nur 3 Thl. galt. Dann steigt der Preis, wegen Zunahme der Nachfrage bei gleichem Angebot, bis er 4 Thlr. erreicht hat: das ist dann ferner der (neue) „natürliche Preis".

Zu geringerem Preise erhält jene Gegend zwar Weizen, aber nicht soviel als sie unbedingt bedarf.

Ein anhaltendes Fallen des Preises kommt dann nicht weiter vor (ausser z. B. bei Entvölkerung).

Ein anhaltendes Steigen kommt erst dann wieder vor, wenn die Bedürfnisse der Bevölkerung eine wiederholte Vermehrung des Angebotes unbedingt erfordern.

Was hier vom Preise auseinander gesetzt ist (deutlichster Fall) gilt auch vom Tauschwerth.

Was hier gesagt wurde hinsichtlich des Anbauens von neuem Korn mit mehr Kosten in derselben Gegend, gilt auch von dem Einführen von neuem ausländischen Korne mit eben so viel mehr Kosten. Auf den (natürlichen oder Productions-)preis des Kornes, wie es verkaufsfertig an den (Schluss-)verbraucher gelangt, kommt es an.

Nichtsdestoweniger haben die verschiedenen Weizenmengen auch eine verschiedne Menge Productionskosten. In unserm Beispiele war das 3 Thl. per Hektoliter der Menge vor der ersten Zunahme, 4 der ersten Verstärkung, und z. B. $4\frac{1}{2}$, 5, $5\frac{1}{2}$ einer zweiten u. s. w. Verstärkung.

Die Productionskosten der ersten Menge (z. B. des meist geeigneten Bodens — einfachster Fall) bleiben unverändert 3 Thl. der Hektoliter.

Ihr Preis nicht. Auch dieser ist ja gestiegen, und thut das jedesmal, bis er dem des theuersten Quantums wieder gleich steht.

Man muss nämlich die ganze Menge haben: die Nachfrage kann Nichts davon entbehren und bezahlt für den theuersten Theil die ganze Summe seiner Productionskosten, z. B. 6 Thl. Von den andern Verkäufern aber will auch keiner das mindeste unter 6 Thl. losschlagen, und sie setzen ihren Willen durch, indem die Nachfrage — das war unsere Voraussetzung — nothwendig das ganze Angebot haben muss.

Hieraus folgt diese Regel: Gesetzt irgend ein Theil des Angebots, wie klein auch, sei 1. für den Bedarf unentbehrlich und erfordre 2. unvermeidlich gewissen Preis,

m. a. W. gesetzt der Bedarf könne diesen Theil des Angebots unbedingt nicht entbehren und dieser Theil wäre unbedingt nicht unter dem Preise zu beschaffen,

dann würde dieser Preis (des „theuersten" Theiles) der natürliche Preis des ganzen Angebotes.

Auch dies gilt eben so sehr vom Tauschwerth. Dieser natürliche Preis (oder Tauschwerth) ist auch hier zugleich der mittlere (s. aber 123) Marktpreis.

Freilich nicht mit den sogenannten „Mittelpreisen" jedes Marktes (an irgend einem Tage), jedes Monats, jedes Jahres u. s. w. zu verwechseln. Nur wenn solche Mittelpreise den ganzen Bestand der Waare auf allen Märkten und unter allen Umständen betreffen, sind sie das hier Gemeinte.

Alle Theile (d. h. Mengen) des Erzeugnisses ausser dem theuersten Theil werden in dieser Voraussetzung also mit mehr als den Productionskosten bezahlt. Man bekommt dafür Vergütung der Productionskosten, und noch etwas mehr.

Dieses Mehr (als die Productionskosten) nennt man **Grundrente**, vgl. No. 115.

Ist der Inhaber der Bodenproducte, der Landwirth, selbst Eigenthümer des Grundstücks, so behält er die Grundrente für sich.

Wo nicht, so kann der Grundeigenthümer die Grundrente an sich ziehen (s. No. 115, Mill II. xvi § 3 S. 257).

Also: auch bei Bodenproducten (und allen Naturproducten mit beschränkter Menge, z. B. Steinkohlen) hängt der Tauschwerth grösstentheils von den Productionskosten ab (nämlich von denen des theuersten Theiles), und kann nicht dauernd tiefer stehen (vgl. W. Stanley Jevons, *On the Coal Question*, s. No. 82).

In diesem Tauschwerth („natürlichen" Preise) ist oft auch die Grundrente mit einbegriffen, nämlich bei allen Quantitäten ausser der „theuersten" (d. h. der mit dem höchsten natürlichen Preise = den höchsten Productionskosten.)

In diesen Fällen kommt also die Grundrente zu den Productionskosten hinzu, und dieser Gesammtbetrag ist der Tauschwerth

(nämlich eben dieser Menge, und zwar ist er dem jeglicher andern gleichen Menge auch gleich — der Unterschied liegt nämlich in dem zweiten Bestandtheil des Tauschwerthes, der Grundrente selbst, welche bei niedrigern Productionskosten höher und bei höhern niedriger steht).

Diese Grundrente ist aber nicht in den Productionskosten mit einbegriffen, sie ist kein Theil derselben, keine Ursache der Höhe des Tauschwerthes (der gesammten Menge). Sie ist (wo sie vorhanden ist, d. h. auch hier wieder bei allen Mengen mit Ausnahme der theuersten) eine Folge der Unterschiede zwischen den Productionskosten dieser theuersten Menge und denen aller andern, und zwar für jede Quantität dem entsprechenden Unterschiede gleich.

Gewisse Mengen Weizen haben fertig zum Verkauf (m. a. W. am Markte) respectiv 3, 4, 5, 6, 7 Thl. Productionskosten per Hektoliter erfordert. Dann wird 7 Thl. der Hektoliter der (natürliche) Preis aller dieser Quanta sein (nämlich den üblichen Gewinn mit eingerechnet), die Grundrenten aber 4, 3, 2, 1, 0, nämlich 7—3, 7—4 u. s. w. Wäre das Quantum welches 7 Thl. erfordert überflüssig, so stände der allgemeine Preis 1 Thl. niedriger (also 6 Thl.), und alle Grundrenten auch 1 Thl. niedriger (also 3, 2, 1, 0 Thlr.).

Weder Kosten, Preis, noch Tauschwerth des Erzeugnisses hängen also von der Grundrente ab: nicht sie erhöht den Verkaufspreis.

Gesetzt die Grundeigenthümer verzichteten auf ihre Grundrente, so käme sie ebenfalls (nicht den Kornverbrauchern, sondern) den Kornverkäufern zu Gute. Den Verbraucher belastet die Grundrente nicht.

Dasselbe gilt von Minen, Fischereien, von durch Naturschönheiten werthvollen Grundstücken, Werften u. s. w. (Mill III. v § 3 S. 288 ff.).

Mit Grundrente vergleichbar sind die aus einem Patente, aus Fähigkeiten u. s. w. entstehenden Vortheile (§ 4 S. 269 f.).

128. Mill hat seine Lehre vom Werthe in 17 Sätze zusammengefasst, welche abgekürzt hier folgen:

1. Das Wort Werth oder Tauschwerth zeigt diejenige Menge andrer Güter an, welche man für das erstgemeinte eintauschen kann, das Verhältniss des ersten Gegenstandes zu allen andern, und so das Verhältniss jeder Waare zu allen andern. Alle diese Verhältnisse können nicht zugleich z. B. steigen, dies ist ungereimt. Eben so ungereimt wäre es aber zu glauben, dass alle Werthe zugleich steigen könnten, denn dies ist genau dasselbe (s. No. 120).

2. Der Marktpreis oder zeitweilige Preis hängt von Nachfrage und Angebot ab.

3. Er schwankt jedoch um einen festen Betrag, den natürlichen Preis.

4. Dieser hängt bei den meisten Gütern von den Productionskosten ab (No. 31, 122, 123 ff., zweiter Fall).

5. Diejenigen Güter aber, deren Menge nicht zunehmen kann (oder so gut als nicht), gelten Theuerungspreise (No. 122, 1. Fall).

6. Monopolpreise sind Theuerungspreise. Monopol kann die Preise auf nur einem Wege erhöhen, nämlich durch Verminderung des Angebotes, der Zufuhr (s. No. 122 Schluss).

7. Kann aber eine Waare in Menge zunehmen, so tauscht sie sich gegen jede andre Waare nach dem Maasstabe der Productionskosten ihres theuersten Theiles um — nämlich Productionskosten hier im weitesten Sinne genommen: die gesammten Kosten der Waare bis zum Augenblicke des Verkaufes selbst (No. 32, 122 Anf., 124 Anm. 1).

3., aber auch 2. Fall, nämlich (bei gleicher Menge) Preis des Ganzen = Productionskosten des theuersten Theiles, gleichgültig wie gross der Unterschied ist, oder wie klein, ja selbst wenn er = 0 wird: trifft Letzteres ein, so fällt diese Regel mit der unter 4 zusammen.

8. Kosten (Productionskosten) sind jedenfalls die für Löhne und Capitalprofit. Zuweilen kommen Steuern und andre Extraordinarien hinzu.

9. Grundrente bildet keinen Theil dieser Kosten (s. No. 127).

10. Also: die Tauschwerthe der Güter mit uneingeschränkter Zunahme stehen zu einander im Verhältniss der Kosten, d. h. des Lohnes + Gewinn bei Erzeugung des einen Gegenstandes zu denen, welche den andern betreffen.

11. Daraus folgt jedoch nicht, dass der hohe oder niedrige Stand der Löhne überhaupt auch hohe oder niedrige Werthe ergäbe. Auf das Verhältniss der Löhne des einen Gewerbes gegen das andre kommt es an.

12. Bei Gewinnen gilt etwas Gleichartiges.

13. Zwei Artikel deren Erzeugung gleich viel Arbeit erfordert — welche Arbeit gleich theuer bezahlt wird — haben gleiche Tauschwerthe.

Dieser (13.) und andre Sätze sind hier so einfach als möglich gefasst, vielleicht also hier und da zu allgemein. Vgl. übrigens den 14. Satz.

14. Gesetzt irgend ein Artikel ist theurer als ein andrer. Dann liegt das an einer der folgenden Ursachen: er erfordert mehr Arbeit, oder theurere, oder Capitalvorschüsse auf längere Zeit (Mill IV § 5 S. 282), oder endlich es giebt einen gewissen Umstand, gewissen Nachtheil (z. B. „scarcity value of materials", s. No. 126. 2), welcher durch einen anhaltend höhern Betrag an Gewinn vergütet werden muss.

15. Von diesen Bestandtheilen der Productionskosten ist die erforderliche Arbeitsmenge der hauptsächlichste.

16. Je niedriger der Capitalprofit, um so mehr wird dieser Hauptbestandtheil so gut als der einzige und ausschliessliche.

17. Das Fallen der Gewinne hat zur Folge, dass auch der Productionspreis derjenigen Gegenstände fällt welche mit theuern Maschinen verfertigt werden: was man mit Händearbeit macht, wird dann (relativ) theurer. Steigen die Gewinne, so geschieht das Umgekehrte (s. No. 125 und für die 17 Sätze Mill VI § 1 S. 290 ff.).

129. Vorstehendes gilt von derjenigen Production, welche von Unternehmern um Gewinn stattfindet.

In mancher Hinsicht jedoch, vorzüglich bei der Landwirthschaft, geschieht sie von Arbeitern um Lebensunterhalt: dann ändert sich aber der Einfluss der Productionskosten auf Tauschwerth und Preis.

Sobald nämlich der Arbeiter (der Landwirth) aus dem Jahresproduct seinen Jahresunterhalt gefunden hat, lässt er den Ueberschuss zu ziemlich willkürlichen Preisen ab, welche oft viel zu niedrig sind (Mill § 2 S. 292).

Auch für Sclavenarbeit und ihre Erzeugnisse gilt Obiges nicht unbedingt (Mill a. a. O.).

2. Tauschmittel.

(Umlaufsmittel, engl. circulating medium, oder currency, bei Roscher § 116 ff. 116 auch „Tauschwerkzeug").

130. I. „Werthmassstab" (Roscher a. a. O.), also mit eignem Werthe: **Geld** (Mill VII S. 293 ff.). — Preis ist in Geld ausgedrückter Tauschwerth. Geld ist erstens Umlaufsmittel, Tauschmittel, Mittel zur Erleichterung des Tausches.

Ohne solches Mittel müsste man sich mit dem oft sehr beschwerlichen eigentlichen Tausch behelfen (näml. Gegenstand um Gegenstand, troc, barter, vgl. No. 16).

Z. B eine gewisse Zahl Brote für einen Rock, Röcke für ein Pferd u. s. w.

Man benennt Werthe in Geld so wie Längen in Längenmass und Schweren in Gewicht: dadurch kann man sie vergleichen.

Hieraus folgt nicht, dass die Werthe vom Gelde abhängen, noch dass Geld der einzige (feste) Werth wäre: das wäre eben so falsch wie Jeder es ungereimt nennen wird, den Thermometer, d. h. das Wärmemass, für wärmebeherrschend oder für die einzige wahre Wärme anzusehn. Es folgt nur daraus, dass auch das Geld selbst Werth haben muss, eben so wie z. B. der Meter selbst Länge haben muss, das Kilogramm selbst Schwere, und das Thermometerquecksilber „Wärme" (d. h. gewisse Temperatur über der denkbar kältesten), sonst könnten sie Länge, Schwere, Temperatur, Werth nicht messen.

Ohne solches Tauschmittel verfiele man in die grössten Schwierigkeiten.

Eine der bekanntesten Beispiele des Tauschhandels in relativ sehr gebildeten Kreisen ist das oftgenannte der *Ilias* (VII. 472 ff.): „die Achäer" (Griechen) „verschafften sich Wein" aus Schiffen, welche Wein von Lemnos Troja gegenüber brachten, und zwar „manche für Kupfer, Andre für „strahlendes Eisen, Andre für Häute, Andre für Rinder selbst, Andre für Sclaven." — Auch den Aegyptern und Phöniziern sprechen noch die neuesten Forschungen den Gebrauch des Geldes selbst in ziemlich später Zeit ab, vgl. Moritz Busch, *Urgeschichte des Orients*, I. 140, II. 257 f.

Das beste Geld (d. h. also Aequivalent als Umlaufsmittel) ist Metallgeld, und zwar aus Gold, Silber und Kupfer.

Oft aber falsch sagt man: Geld aus edeln Metallen. Aber Kupfer (von Eisen und Nickel zu schweigen) ist von jeher eins der besten Münzmetalle gewesen. Dagegen hat Platina sich nicht behauptet (entmünzt 1845—46, Roscher § 120 Anm. 15 S. 233) und von den einzelnen andern bekannten Edelmetallen ist wohl gewiss, dass sie kein Münzmaterial werden.

Viel unvollkommnere Tauschmittel sind Vieh, bei Griechen und Römern, Felle (mit dem Biberfell als Einheit, s. Roscher I § 118 Anm. 8 S. 224 f.), in den Hudsonsländern, Stockfisch, Newfoundland, Salzbarren, hier und da in Abessinien, Päckchen Thee, Tartarei, Muscheln (cauries), Engl. Ostindien, S.-Africa u. s. w. Roscher I. § 119 Anm. 12 S. 228 f.

Nämlich Gold und Silber sind

1. Kostbar, sie können als Zierrath dienen.

2. Beinahe unzerstörbar: es giebt keine dauerhafteren Stoffe.

3. Leicht tragbar, d. h. ein kleines Volumen oder Umfang hat grossen Werth.

4. Dadurch auch leicht zu verbergen.

5. Bis in unglaublich kleine Stücke sehr genau theilbar und leicht vereinbar, überhaupt leicht verformbar.

6. Es giebt keine Arten[1] Silber noch Gold (nur Affinirungsgrade, Roscher § 120 S. 229): nur die Feinheit ist verschieden, d. h. die Menge (Gewicht) wirkliches Silber in jeder silberhaltigen Masse, und ebenso bei Gold.

7. Diese Feinheit ist ziemlich leicht zu erkennen und zu bezeichnen: sie nehmen ja mit wenig Mühe einen scharfen Stempel rein an und behalten ihn lange.

[1] Alles feine Gold ist genau gleichartig, alles feine Silber auch. — Vgl. Roschers ganzen § 120.

Die Erfahrung hat gelehrt, dass diese Stoffe 8. Werthänderungen nur in sehr geringem Maasse unterworfen sind, weniger vielleicht als irgend ein anderer Stoff.

Sehr kleine Werthänderungen giebt es auch hier fortwährend, und die Finanzblätter notiren sie regelmässig. Grosse Aenderungen sind aber ausser Einer nicht bekannt: sie ging denn auch, am Ende (s. No. 119) des 16. Jahrhunderts, mit grossen Erschütterungen vor sich, als Folge der Entdeckung von America und des Auffindens der neuen grossen Quecksilbergruben. — Der gewaltigen Einströmung Californischen, Australischen

u. s. w. Goldes seit 1848 ungeachtet ist die „Baisse probable de l'or", die Michel Chevalier mit so zwingenden Gründen motivirte[2], bis jetzt ausgeblieben und nun höchst unwahrscheinlich geworden, vgl. auch Roscher I § 139 S. 279 ff. — Der Grund davon ist doch wohl der, dass heut zu Tage die „cash circulation" nur noch einen kleinen Theil des gesammten Umlaufes bildet, und zwar hat dieser Umstand gerade in den letzten 25 Jahren gewaltig zugenommen.

[2] *Revue d. 2 Mond.* 1857, 1 Oct., 15 Oct., 1 Nov., S. 591, 837, 5 ff., weit besser im Separatabdruck. Auch der (wohl überschätzte) engl. Prof. Fawcett, M. P. — Dagegen K. Mathy in Rotteck und Welckers *Staats-Lexikon*, 3. Aufl. VI (1862) S. 229, Art. Geld.

Man schätzt die Gold- und Silberproduction, in Kilogrammen:

1493–1848 (356 J.) Gold.	Ueberhaupt	2,910,000	M. Chev.		Silber.	
c. 1800	jährlich	24,000	„ „	jährlich	900,000	M. Chev.
1800		17,400	Soetbeer.[1]		900,500	Soetb.
c. 1857	jährlich 275 bis	300,000	M. Chev.	jährlich	1,000,000	M. Chev.
1857		227,600	Soetb.		1,058,000	Soetb.
1848–63 incl. (16 J.)	durchschnittl.	198,900	„	durchschn.	1,096,000	„

„L'augmentation" der Goldproduction, „depuis 40 ou 50 ans, est donc „dans le rapport de 1 à 14 ou 15. Pour l'argent au contraire, il n'y a presque „pas de changement." M. Chev. a. a. O. S. 568. — Es wäre für Gold zwar nur von 1 auf 9 nach den angeführten Zahlen A. Soetbeers in der [1] *Vierteljahrsschrift für Volkswirthschaft* III. III, im *Journ. d. Econ.* 1866, Juli S. 104, dies ist aber noch immer ein sehr starkes Verhältniss.

131. Nachdem Gold und Silber gewöhnliches Tauschmittel geworden waren, kam man bald zum Münzen.

Dies gab so kleine Theile als der Verkehr nur forderte. Der Stempel zeigt sogleich, welches das Verhältniss fein im Geldstücke ist: man braucht es also nicht zu prüfen. Der Stempel (mit der Randschrift) umfasst das ganze Stück, Niemand kann es ohne Verletzung des Stempels verkleinern: man braucht das Stück nicht zu wägen (Mathy a. a. O. S. 226).

Um mehr Zutrauen zum Stempel zu geben, haben die Regierungen ihn an sich gezogen.

132. Seit (gemünztes) Geld gebräuchlich ist, bekommt man für seine Producte Geld und braucht man (die Dazwischenkunft von) Geld, um seinen Bedürfnissen zu genügen. Daher der Irrthum, als wäre Geld (in höherm Sinne als jedes andre gesellschaftliche Gut) Reichthum.

Nur dies geschieht: man kennt erfahrungsmässig als bequemste Tauschweise die folgende: Unser Handelsartikel, unsre Waare gegen diejenige Waare welche wir Geld nennen, und diese Waare wieder gegen dasjenige was wir begehren: Brot um Geld und dieses Geld um Kleider tauscht bequemer als Brot um Kleider ohne Dazwischenkunft von Geld. Daraus folgt ja aber nicht, dass nur Geld ein gesellschaftliches Gut wäre und z. B. Nahrung und Kleidungsstücke nicht.

Doch begeht man diesen Irrthum, z. B. dadurch dass man dem Ausdrucke Geld verdienen zu viel Wichtigkeit beilegt. Noch vor ziemlich kurzer Zeit fand man ihn selbst bei denjenigen Gelehrten und Staatsmännern, welche meinten, der Reichthum eines Landes bestehe nur aus dem Edelmetall innerhalb seiner Gränzen (Mercantilisten[1], Schutzzöllner).

[1] Vor Allen Colbert (Minister 1661 — † 6 Sept. 83), daher „Colbertismo"; Tarif von 1664, von 67, von 78. Ferner u. A. Thom. Mun, *Englands treasure by forraign Trade* 1664. — Vgl. J. H. G. von Justi, *Staatswirth-*

schaft, z. B. 2. Ausg. Leipz. 1758, Adam Smith, *Book* III. *ch.* 1, Roscher § 9 Anm. 3, 69, 116 Anm. 5, S. 14f., 106, 218ff.

Geld selbst wird aber nicht (sonstig) gebraucht sondern umgetauscht.

Was man verbraucht, womit man seine Bedürfnisse befriedigt, also gesellschaftliches Gut, ist alles Nützliche, was man producirt oder sich für Geld anschafft. Für den Verbrauch ist Geld nur Hülfsmittel.

Die Existenz des Geldes ändert die Regeln des Werthes nicht. Geld ist ein sehr gutes Mittel zum Ausdrücken und Bekanntmachen des Werthes, ändert ihn aber nicht. Vgl. No. 149.

133. Was ist aber der Werth des Geldes?

Mill VII § 1 S. 297 ff. — Nicht sein Curs, d. h. derjenige Preis wofür man diesen Augenblick und bei diesen Umständen Capital geliehen bekommen kann.

Nämlich der Tauschwerth des Geldes[1]. Dieser ist jeder Waare gegenüber immer das umgekehrte des Waarenpreises[2].

[1] Z. B. gegen Eisen, Baumwolle oder sonstige Stoffe, wie man den Tauschwerth von Baumwolle in Eisen, Geld, Steinkohlen u. s. w., oder in Diensten, ausdrücken kann.

[2] Nämlich Eisen ist theuer bedeutet: für weniger Eisen als sonst bekommt man eben so viel Geld. Man könnte hier also auch so sagen: Geld ist wohlfeil gegen Eisen. Wenn alle Waaren theuer sind (d. h. gegen Geld) sagt man selbst wirklich: Geld ist wohlfeil. Wenn Geld theuer wird, müssen die Preise aller andern Waaren steigen, so lange nämlich ihr Tauschwerth derselbe bleibt; denn Preis ist ja in Geld bezeichneter Tauschwerth, und dieses Geld ist wohlfeiler geworden, im Werth gefallen, d. h. sein Werth ist kleiner geworden.

Also stimmt der Tauschwerth des Geldes mit derjenigen Gütermenge überein welche man dafür erhalten kann, ganz wie der Tauschwerth jeder andern Waare.

Es hängt wieder von Nachfrage und Angebot ab (s. No. 123, 127, und Roscher § 122 S. 235).

Freilich wird Geld nicht wörtlich zum Verkauf gegen etwas Andres angeboten, allein wohl um Etwas dafür zu kaufen, was ganz dasselbe ist, nämlich in beiden Fällen der Austausch der Waare Geld gegen etwas Andres.

Das Angebot ist was man ausgeben will, m. a. W. das umlaufende Geld.

Die Nachfrage nach Geld besteht ebenso aus allen Gütern die man zum Verkauf, d. h. zum Tausch gegen Geld anbietet.

Nachfrage und Angebot des Geldes für Waaren ist also dasselbe wie Angebot und Nachfrage von Waaren für Geld (Mill § 2 S. 298).

Wenn Jeder plötzlich doppelt so viel oder nur halb so viel Geld als jetzt besässe, so würden alle Preise plötzlich doppelt so hoch oder nur halb so hoch stehn als jetzt, die Tauschwerthe aber sämmtlicher Waaren untereinander blieben unverändert; in keinem von beiden Fällen litte man Beschwerde, denn ausser der Menge des

Tauschmittels wäre gradezu Nichts geändert, oder ausser dessen Werthe, welcher jetzt halb oder doppelt so gross sein würde. Geld ändert aber seinen Werth, wenn auch wenig und langsam. Dies afficirt die Preise, berührt aber die Tauschwerthe nicht.

Jeder bekommt zwar mehr oder weniger für sein Geld, hat aber auch selbst eben so viel mehr oder weniger hingeben müssen um dieses Geld zu erlangen.

134. Der eigne Werth des Geldes hängt also ab von dem Angebot und der Nachfrage nach Geld.

Diese aber hängt von den Productionskosten ab. Lassen wir nun vorläufig den geringen Betrag des Münzlohnes aus dem Spiel (darüber No. 138), so ist der Werth z. B. des Goldgeldes dem des ungemünzten Goldes gleich, d. h. den Kosten, welche man anwenden muss, um Gold in verkaufbarem Zustande „an den Markt" zu bringen, also Lohn der Grubenarbeiter, Fracht, Bankierverdienst u. s. w.

Für Gold und Silber gilt der 3. Fall der Erlangungsschwierigkeit (No. 91, 82, 127): Silber ist so theuer als es zu erhalten ist aus dem unvortheilhaftesten Bergwerk, dessen Ertrag man nicht entbehren kann (kostet also so viel als nothwendig ist für den üblichen Zins des am unvortheilhaftesten in Silberminen angelegten Capitals, dessen Ertrag man nicht entbehren kann. S. No. 115 S. 61, Mill ɪx § 2 S. 304 ff., Roscher § 122 S. 235 ff.).

Wenn der Marktpreis des Silbers merkbar über diesem „natürlichen" Preise steht, wird man Capital anlegen, um mehr Silber zu erzeugen. Steht er hingegen niedriger, so wird man die Gruben weniger eifrig betreiben; vielleicht verlässt man selbst manche der unvortheilhaftesten (mindestens der unvortheilhaftesten Capitalanlagen).

In den vielen Ländern, welche keine Gold- oder Silberminen besitzen, umfassen die Kosten nicht bloss die der eigentlichen Production aus der Grube, sondern bis zur Ausgabe der Geldstücke aus der Münze. Ja eigentlich gilt dies auch für die Länder mit Bergwerken.

Die Werthänderungen des Goldes und Silbers sind zu gering, um im Detailhandel und dem Alltagsleben augenfällig zu werden. Um so wichtiger sind sie für das En-gros-Geschäft und das Münzwesen selbst.

135. Geldumlauf. Wenn ein Verkäufer z. B. 1000 Thl. empfangen hat, dafür den folgenden Tag einkauft, und so weiter, dann ist innerhalb 5 Tagen für 5000 Thl. an Waaren verkauft, welche mit den 1000 Thl. in Geld bezahlt sein können. Wären dagegen die 1000 Thl. jedesmal bei dem Verkäufer geblieben, so hätte es 5000 Thl. Münze bedurft, um 5000 Thl. Waaren zu bezahlen. Je schneller das Geld „umläuft", wie man das nennt, mit um so weniger Quantität Geld kann man Tausche für denselben Werth schliessen und bezahlen (Mill § 3 S. 300 f.).

Dies gilt von solchen Zuständen, wo der Credit noch unbekannt ist. Mill § 4 S. 300 f.

136. *Einzel- und Doppelwährung*[1]. Für grössere Summen sind nur Gold und Silber als Geld brauchbar. Beide sind beinahe gleich geeignet. Man pflegt beide zu gebrauchen; wie vergleicht man nun ihren Werth?

Sehr oft hat man, vielfach auch gesetzlich, ein festes Verhältniss (bei gleichem Feingewicht) angenommen.

So früher in den Niederlanden, in Nordamerica, noch jetzt in den Ländern der Münzconvention vom 23 Dec. 1865 (bis September 1869 Frankreich, Italien, Schweiz, Belgien und die später hinzugekommenen Griechenland, Luxemburg, Spanien, Kirchenstaat) u. s. w. So war z. B. vor etwa 30 Jahren in Holland Ein goldnes Zehnguldenstück (noch immer als „Wilhelmsd'or" im Umlauf, aber jetzt *nach dem Tagescurse*) gesetzlich eben so viel werth als 10 einzelne (Holländische gleich Süddeutschen) Guldenstücke. So bis 1850.

[1] Fr. *étalon*. D. h. nicht nur das eine Metall, sondern *beide* sollen (einander absolut gleiche) *Masstäbe* zur Vergleichung aller Waaren abgeben. Doppelwährung ist also das Anwenden sowohl von Gold und Silber als Geld im engsten Sinne, resp. als Courant (Hauptmünze).

In Wirklichkeit jedoch ist es anders. Der wahre Silberwerth des Goldes ändert sich, selbst stark, wenn auch wenig im Vergleich zu den Schwankungen andrer Waaren.

Baumwolle z. B. stand zu Liverpool vor der Krisis auf 6 d., in der Krisis auf 24 d., also 300 pCt. höher. Gold in Holland galt um 1866 in Silber (das Kilogramm: Gulden 1442.60 Cents +) „10 à 11 pCt.", um 1868 „11 à 12 pCt.", also „1 pCt." höher, d. h. $14.42\frac{1}{2}$ für das Kilogramm oder ungefähr 1600 Gld. Von 1858 bis 66 hatte eine nicht viel grössere Werthänderung (von $15\frac{3}{4}$ auf $15\frac{1}{4}$ Silberfeingewicht um 1 Goldfeingewicht) beinahe alles Silber aus dem französischen Umlauf vertrieben, während dort früher das Gold sich nicht behaupten konnte.

Wenn nun z. B. ein Zehnguldenstück mehr als 10 einzelne (Silber-) Gulden an feinem Golde werth ist, so schmilzt man es ein und vertauscht es gegen 10 Gulden *und Etwas darüber*. Dieser Ueberschuss ist Gewinn, denn für die 10 Gulden kann man, kraft des Gesetzes, eben so viel kaufen als für das goldne Zehnguldenstück.

Umgekehrt: wenn 10 Guldenstücke mehr *Silberfeinwerth* haben als ein (goldnes) Zehnguldenstück, so schmilzt man sie ein und vertauscht sie gegen 10 Gulden *Münze* (ein goldnes oder 10 silberne Stücke bleibt sich gleich, denn 10 *gemünzte* Silberstücke haben [gesetzlich] nicht mehr Werth als das eine Goldstück) *und Etwas darüber*. — Eben deshalb aber wird man ungemünztes Silber lieber mit Gold bezahlen und sein gemünztes Silber einschmelzen (oder ausser Landes für den *Silberfeinwerth* verkaufen), weil es so ja mehr Werth hat. Letzteres geschah in Holland bis 1839 mit den neuen Silberstücken (die alten aus den Zeiten der Republik waren grossentheils längst merklich beschnitten), und noch vor Kurzem in Frankreich nach den grossen Goldentdeckungen (*Dict. de l'Econ. pol.* art. *Métaux précieux* S. 168). Weil es nämlich (seit 1847 Californien und 1851 Australien) so viel mehr Gold als früher giebt[1], galt noch 1866 in Frankreich

ein goldnes Zehnfrancstück verschmolzen für $<$ 10 Franc Silber (nämlich in Fünffrancstücken),
m. a. W. 10 Franc Silber verschmolzen für $>$ ein goldnes Zehnfrancstück,
während gesetzlich 10 Franc Silber = einem goldenen Zehnfrancstück gelten mussten.

[1] Diesen Grund giebt man an. Vgl. aber No. 130 Schluss, ferner das stetige Steigen des Goldes gegen Silber, welches der ungeheuern Vermehrung des Goldes gegen Silber ungeachtet jetzt schon von 15¼ bis etwa 16½ bei gleichem Feingewicht fortgeschritten ist, und den Umstand, dass ganz im Einklang mit diesem Steigen das französische Silbergeld seit 1866 wieder hervordringt, so wird man mehr und mehr geneigt an örtliche Gründe statt an eine allgemeine, ja nach manchen Oekonomen schon merkbare *Baisse de l'or* zu glauben.

137. Am besten ist die Einzelwährung, d. h. nur ein Metall, in Deutschland (ausser Bremen) und Holland Silber, wird zur eigentlichen oder Courantmünze gebraucht. Das andre, wenn es Gold ist, wird nur als „negotie-penning" holl., d. h. Handelsmünze, gemünzt (ist es Silber, so gehört der Fall zur Scheidemünze, No. 138. 2).

M. s. W. sagt das Gesetz: alle Waaren werden in Holland mit der Gulden genannten Einheit verglichen, welche genau 10 Gramm wiegt, wovon 9,45 Gramm feines Silber[1]. Zu diesen andern Waaren gehört auch Gold, nämlich ungemünztes, oder in den holländischen Münzen („*negotie-penningen*") „Wilhelmsd'or" und doppelter (oder einfacher) Ducaten von 6,056 und 6,869 Gramm feinem Golde, oder in fremder Münze. Dieses Gold soll aber jedesmal nach dem augenblicklichen wirklichen Handelswerthe, nicht nach irgend einem fictiven Werthe von etwa 10 oder 10½ oder 9½ Gulden geschätzt werden, denn das wäre Unrecht, weil ja der wahre Werth sich jedesmal ändert. Der Staat sorgt und verbürgt, dass die Stücke Ein Gulden, Ein Wilhelmsd'or, Ein Doppelducaten u. s. w. wirklich auch 9,45 Gramm Feinsilber, 6,056 und 6,869 Gramm Feingold enthalten: also ist das Publicum der Mühe und der Kosten enthoben, dies jedesmal von jedem Stück selbst zu untersuchen (s. No. 131).

So das jetzige holländische Münzgesetz (vom 26 Nov. 1847). Mit Recht sagt Cochut: „Le système hollandais est le plus normal, et dans les circonstances actuelles, le plus prudent qui soit au monde". *L'or en* 1854, *Rev. d. 2 M.* 15 févr. 54, p. 826 f. Gewiss sollte man es nur zu Gunsten einer allgemeinen Münzeinheit aufgeben, falls diese nicht anders zu erlangen wäre. Die Silberwährung, ein Maximum des Feingehaltes, die Münzeinheit gleich 10 Gramm, und metrische Grundlage der Dicken und Durchmesser der Courantstücke sind höchst bedeutende Vortheile, nur die Randschrift hat zu wenig Buchstaben. Die Goldwährung mag vielleicht für das Zustandekommen der Münzeinheit unumgänglich sein, sonst aber ist die Silberwährung vorzuziehen. Der Welthandel zwischen Culturstaaten wird ja doch je länger je mehr nicht mit Münze, auch nicht mit goldner, sondern fiduciär geführt. Für Detailgeschäft und Binnenhandel aber ist Silber zur Währung geeigneter.

[1] Feingewicht jedes Stückes (franz. *aloi*), wohl zu unterscheiden von alliage (vom franz. *allier*, grade das beigemischte Metall, die Differenz zwischen dem Gewicht des ganzen Stückes und dem seines Feingewichtes), dem Zusatz, der Legirung. Bei jeder Münzeinheit ist dieses Feingewicht gleich dem Feingehalt (franz. *titre*), d. h. dem Verhältniss des Feingewichtes zu dem Totalgewichte des Stückes. Z. B. der Feingehalt des holländischen Reichsthalers ist auch 0,945, eben so wie der des Guldens, das Feingewicht aber ist bei dem 2½ Mal so viel werthen Stücke auch 2½ Mal so gross.

138. 1. Courant nennt man die Münzstücke, deren wirklicher Werth dem gesetzlichen genau[1] gleich ist. Diese allein sind im

strengsten Sinne eigentliches Geld, Aequivalent als Umlaufsmittel, eine gewisse, gestempelte Menge Feinmetall.

[1]Genau also: diejenigen, deren wirkliches Feingewicht + die Münzkosten dem gesetzlich bestimmten Totalgewicht so nahe kommen als Menschen das bewirken können (auch den Umstand beachtend, dass die nöthige Metallhärte — vermeintlich — etwas mehr Legirung erfordert als sonst nothwendig wäre). Deshalb steht der französische, sogenannte metrische Feingehalt von 0,9 dem holländischen von 0,945 weit nach; es ist sogar ein noch grösserer Feingehalt möglich und wünschenswerth.

2. Scheidemünze (fr. [*monnaie de*] *billon*, holl. praktischer „pasmunt“, d. h. Präcisionsmünze) dient zur Bequemlichkeit bei kleinen Zahlungen und um auch grössere Summen genau abpassen zu können. Die Scheidemünze hat weniger Feingehalt (die silberne in Holland 0,64) als das Courant; bei ihr ist der gesetzliche Werth höher als der wirkliche[2] [3].

Z. B. Hundert holl. „cents“ (d. h. Hunderttheile, nämlich des Guldens) wiegen 384½ Gramm; soviel reines Kupfer ist aber im Handel weit weniger als ein Gulden werth, nämlich die 5 Hektogramm (Unzen) c. 80- bis 90-Hunderttheile. Deshalb bestimmt auch das holländische Münzgesetz Art. 20: „Niemand ist verpflichtet silberne Scheidemünze zu höherm Betrage als 10 Gulden, noch kupferne zu höherm als 1 Gulden anzunehmen.“

Ob Scheidemünze aus Nickel (Belgien, hässlich), Bronze (Frankreich, sehr schön), legirtem Silber oder anderm Metall gefertigt wird, hängt nur von andern Zweckmässigkeitsgründen ab, für den Werth ist es gleichgültig.

[3]Wissenschaftlich gesprochen ist also die Scheidemünze nur uneigentliches Geld, d. h. nur theilweise aequivalentes, theilweise fiduciarisches Tauschmittel. Denn man hat z. B.

im holl. Gulden für 10 Gramm ungemünzt 9,45 Gramm Fein u. das Münzen,
„ 10 „ 1/10 „ „ 10 „ „ nur 8,96 „ „ „ „ „

Also blosses Zutrauen oder Aequivalentnachtheil 0,49 Gramm Fein, wovon freilich die Münzlohnerhöhung wegen der grösseren Stückezahl noch abzuziehen ist.

[3]Die französischen Zweifrancstücke und darunter, so wie alles englische und nordamericanische Silbergeld, sind also Scheidemünze. D. h. in Frankreich ist noch ein 16-groschenstück Scheidemünze, in Nordamerica das silberne 42-groschenstück, in England sogar jedes 60-groschenstück Scheide- oder Fiduciarmünze. In Holland dagegen kann, und muss sehr bald, für jedes 8-groschenstück der Aequivalentwerth gegeben werden.

139. II (s. No. 130). Ohne eignen Werth, fiduciarisches Tauschmittel, **Creditpapier** und überhaupt **Credit**. — Das Wesen des Credits ist leicht zu verstehen.

Man verleiht aber Credit in einer Menge verschiedner Formen und Arten. Bei der Untersuchung derselben verliere man jedoch von der Hauptsache, dem Wesen selbst des Credites, nichts aus dem Auge.

Credit ist kein Capital. Auch Creditzunahme erzeugt kein Capital.

Creditgeben heisst einem Zahlungsversprechen Glauben beimessen, m. a. W. dem Versprecher den Gebrauch unseres Capitales (Geldes) zugestehen.

Wer *Credit hat*, besitzt dieses Zugestehen, zum Gebrauche des Capitals, aber Nichts mehr (s. No. 144 am Anfange).

Credit kann kein Capital erzeugen, sondern bringt es nur von Hand zu Hand: der Borger hat soviel mehr, aber gerade dadurch hat der Darleiher eben so viel weniger.

Dieses Uebergehen des Capitals von der einen in die andre Hand vermehrt jedoch den Verkehr (Mill II § 2 S. 310).

Diejenigen welche ihr Capital wegen mangelnder Zeit oder Kenntniss nicht selbst verwerthen, können es ausleihen. Dadurch wirken diese Theile ihres Vermögens zur Gütererzeugung mit, statt dass sie als todtes (besser „schlafendes") Capital liegen bleiben (s. No. 65, 58, 66).

Selbst sehr grosse Kaufherren können solches Geld geborgt annehmen und thun das gern, denn eben sie haben die meiste Gelegenheit zu höhern Gewinnen als der entsprechende Zins, welchen sie den Darleihern zahlen.

Depositenbanken sind ein sehr geeignetes Mittel, dem Gelde des Darleihers den Weg zu den Geldborgern zu öffnen.

Mancher ohne Capital oder mit wenig Capital erhält durch seinen Credit die Möglichkeit, Geschäfte anzufangen oder auszudehnen. Credit macht also einen grössern Theil des allgemeinen Vermögens zur Production anwendbar.

140. Credit giebt die „Macht zu kaufen" (sogen. „*Zahlungsfähigkeit*"). Ein Kauf auf Credit vermehrt die Nachfrage und hebt den Marktpreis, so gut als ein Kauf baar.

Auf Credit kaufen ist in vielerlei Formen möglich.

Z. B. 1. zwei oder mehrere Händler kaufen von einander auf laufende Rechnung (Contocurrent). Zu Jahresschluss haben sie einander für z. B. 20,000 Thl. Waaren geliefert, der Eine aber vielleicht nur für 500 Thl. mehr als der Andre. Der ganze Umsatz kann also mit 500 Thln. bezahlt werden, und selbst das ist nicht unvermeidlich, wenn man den Contocurrent fortsetzt. — (Eigentlich ist dies weit mehr *Tauschhandel* als Creditgeben).

Dies ändert sich nicht wenn es für mehrere Händler gilt: es wird nur zusammengesetzter.

2. A hat eine Schuld an B, aber C hat eine Schuld an A, die z. B. etwas geringer ist. Nun ersucht A den C, dass dieser lieber direct dem B zahle, m. a. W. A *stellt auf C* einen Wechsel aus. Die beiden Schulden gehn gegen einander auf, ganz oder beinahe, und zwar durch C's eine Zahlung an B. — Mill § 3 S. 312.

Der Wechsel (*lettre de change*) ist aus dem *Wechselbrief* entstanden, der Zahlungen an *andern* Plätzen erleichtern sollte. Letzteres halten daher Einzelne, mit Unrecht, auch jetzt noch für ein Erforderniss zum Wesen des Wechsels.

Form des Wechsels. Einfaches Beispiel als Muster:

Frankfurt, 10 März 1869. Wechsel.

Gut für (z. B. 1000 Thl. Preussisch).

Auf Sicht (oder 8 Tage nach Sicht, oder 14 Tage nach Dato, oder 1, 2, 3 Monate nach Dato) zahlen Sie dem Herrn Remittenten oder an Dessen Ordre auf diesen Wechsel in Frankfurt (Berlin, Leipzig oder wo sonst) die Summe von Eintausend Thalern Preussisch Courant.

Dem Herrn Bezogenen (Trassaten). Aussteller (*Trassant*).

Indossament (auch „Giro“), eng. *indorsement*, holl. franz. *endossement*, d. h. was *en dos*, auf die Rückseite, geschrieben wird:

Für mich an den Herrn Indossatar oder an dessen Ordre.

. . . April 18 . .   Indossant (jeder Inhaber,
B oder wer sonst).

Fremde Sprachen. Wechsel oder Tratte, holl. wissel, franz. traite, engl. draft, von (ausstellen =) ziehen, trekken, tirer, to draw; A Wechselnehmer, holl. nemer, A trekker, tireur, Inhaber houder, engl. holder, franz. détenteur.

Das Wesen des Wechsels und sein unterscheidendes Kennzeichen sind jetzt juristisch: der Wechsel stellt dar und bildet eine Verpflichtung durch Unterschrift, nach der unabänderlichen Regel *qui accepte paye*, d. h. (der Bezogene[1]) der einmal zur Acceptation unterschrieben hat, muss absolut in jedem Falle zahlen und darf nicht einmal den Beweis versuchen, dass er gleichviel aus welchem Grunde von der Zahlung enthoben werden möge.

[1] Also auch der Indossatar der wieder indossirt, ferner der Aussteller.

3. Jemand hat verkauft um nach üblichem Termine, etwa 3 Monaten, bezahlt zu werden. Er hat aber jetzt Geld nöthig. Also stellt er auf seinen Schuldner einen Wechsel aus auf z. B. 3 Monate, und lässt diesen Wechsel discontiren, d. h. er empfängt z. B. von einer Bank, sogleich, den Betrag seiner Forderung, nach Abzug oder sogenanntem disconto der Zinsen während der übrigen Zeit bis zum Verfalltage. Diesen Zins oder „Discont“ berechnet man hoch oder niedrig, je nachdem wenig oder viel baare Münze zu bekommen ist, und desshalb ist der Stand des Disconto (franz. *escompte*, eng. *discount*) eins der besten Mittel um den Curs des Geldes kennen zu lernen, d. h. so zu sagen der Miethzins, den man zahlen muss, um Geld zum Gebrauche zu bekommen. Mill § 4 S. 312 ff.

4. Ein Privatmann oder eine Bank will zu irgend einer Zeit eine gewisse Zahlung nicht baar entrichten. Man giebt aber (keine Zinsen tragendes) Papier auf den Inhaber (holl. *papier aan toonder*, fr. *billets au porteur*, engl. *to the bearer*), z. B. Banknoten, d. h. eine Promesse oder Versprechen, dass man gegen Einlieferung dieses Papieres die bezeichnete Summe baar bezahlen wird. Die Erfahrung hat gelehrt, dass solches Papier angenommen wird wenn es von soliden Banken ausgegeben ist, dass der Inhaber damit auch selbst kaufen kann, und dass die Bank völlig sicher für einen weit grössern Betrag an solchen Promessen ausgeben kann, als sie Baarwerth in Cassa hat (die Theorie nimmt gewöhnlich und ziemlich willkürlich etwa 3 Mal so viel an, in Holland ist's jetzt höchstens $2^1/_2$ Mal so viel). Mill § 5 S. 314 ff.

5. In England geht man noch einen Schritt weiter. Sehr Viele, selbst Privatleute, verwahren beinahe all ihr Geld bei einem „banker“. Dieser giebt ihnen dagegen ein kleines Buch mit Billetten (cheques), auf welchen sie ganz einfach jede beliebige Summe einschreiben welche sie auszahlen wollen. Der banker zahlt für sie auf solche Anweisungen so lange er noch Geld von ihnen in Cassa hat. Hat der Gläubiger denselben Bankier, so ist Zahlung nicht einmal nöthig, sondern die gemeinte Summe wird von dem Guthaben (*balance*, *account*) des Schuldners einfach auf das des Gläubigers abgeschrieben und dadurch die Schuld getilgt, m. a. W. das *cheque* eingelöst.

Form des cheque. Einfaches Musterbeispiel:

Buch No.   Cheque No. (z. B. 6).

den   18 . .   Thl.

Das Bankierhaus N. N. oder irgend eine „*joint-stock*“ Bank, z. B. die „*London and Westminster*“ Bank zahlt dem Inhaber die Summe von

um dafür zu debitiren den

Bezahler (dessen Unterschrift hier stehn muss).

Zahlbar (z. B. 14 Tage) nach Sicht

am genannten Comptoir.

141. Die Preise in so weit sie von der Nachfrage abhängen, also die Marktpreise, steigen je nachdem mehr Credit gebraucht wird.

Die Nachfrage ist nämlich dem ganzen Werthe gleich welchen man bezahlt oder zu bezahlen verspricht, so lange Andre diesem Versprechen Glauben beimessen, d. h. ihm Credit geben, m. a. W. so lange der Credit existirt. Dieser Marktpreis steigt dann der mehreren Nachfrage wegen, gleichviel ob man baar, oder in Banknoten oder Wechseln zahlt, oder selbst überhaupt nicht zahlt, sondern auf laufende Rechnung kauft. Mill XII § 1. 2 S. 316 ff.

142. Krisen. Auf Credit kaufen ist versprechen, dass man nach gewisser Zeit zahlen wird. Nun wird der Handel um so mehr auf Credit kaufen, je mehr er meint, dass die Güter, die er (jetzt) einkaufen kann, im Preise steigen werden.

Gesetzt nun sehr Viele kaufen auf Credit, und zwar erschöpfend. Steigen nun die Preise nicht, oder nicht genug, so muss man Verlust leiden, um diese Versprechen erfüllen zu können. Oft hat man seinen Credit so angestrengt, dass die Verluste sehr gross werden. Dies ist eine der gewöhnlichsten Ursachen einer sogenannten Handelskrisis, d. h. eines solchen Zustandes, dass die Händler ihren Versprechungen genügen müssen und oft in grosser Verlegenheit sind, um das selbst mit grossen Verlusten thun zu können: z. B. wenn man zu höhern Preisen als der jetzige Verkaufspreis viel gekauft hat, d. h. höher als der Preis zu dem man jetzt verkaufen, sich Geld verschaffen kann. Mill § 3 S. 318 ff., Roscher § 215 ff. S. 443 ff.

Sehr oft kommt es vor, dass in Zeiten der Speculation der Marktpreis weit über den natürlichen Preis steigt, und dann auch kurz danach (und zwar oft plötzlich) weit unter den natürlichen Preis fällt. Alsdann tritt eine Krisis ein.

143. Staatsnoten (z. B. preuss. „Cassenanweisungen" [Thalerscheine], holl. „Münzbilletle" — in England die *Bank of England notes*), wiewohl „gesetzliches Zahlungsmittel" *(legal tender)*, sind kein Geld. Es sind Versprechen einer künftigen Geldzahlung, die man jederzeit einfordern kann, aber um so seltener wirklich einfordert je sicherer man ist, dass dies Versprechen honorirt werden wird, d. h. je grösser der Credit des Staates oder der Bank ist.

Eigentliches sogenanntes Papier-Geld *(papier-monnaie)*, d. h. mit Zwangscurs und uneinlöslich, ist eigentlich nur ein Versprechen eines wahrscheinlich zur Honorirung Unfähigen.

Also kann auch der Staat Ausländer nicht zwingen, Papier-Geld zum Nennwerthe anzunehmen. Seine Unterthanen kann er dazu zwingen, wenigstens zuweilen. Dann aber steigen alle Preise gerade in demselben Verhältniss, als das Papier-Geld reell weniger werth ist. So ist auch das sogenannte Goldagio in Nordamerica, z. B. 130 pCt., nur eine nicht einmal täuschende Redensart zur Verdeckung der unliebsamen Thatsache, dass der Curs der U. S. Banknoten = $^{100}/_{130}$ × 100 pCt. steht. Auf die Dauer ist der Staat nur Derjenigen Herr, welchen er früher eine bestimmte Summe versprochen hat, z. B. als Gehalt. Bezahlt er nun diese in deprecirtem Papier-Geld nach dem Nennwerthe, so entzieht er ihnen genau

so viel als dieses Papier-Geld auf offnem Markte weniger werth sein würde, und erfüllt also in so weit sein Versprechen nicht.

Papier-Geld wird nicht dadurch allein annehmbar, dass es z. B. Grundbesitz verspricht, wie u. A. die Assignaten der französischen Republik. Auch nicht dadurch, dass man es bei Steuerzahlungen „al pari" annimmt. Es ist weniger werth, sobald die Wahrscheinlichkeit eintritt, dass man nicht immer den Vollwerth dafür empfangen kann. Existirt diese Wahrscheinlichkeit aber nicht, so bedarf auch der Staat keines uneinlöslichen Papieres.

144. Banken. Credit geben ist immer dasselbe als Capital zum Gebrauch ausleihen.

Dieses Creditgeben ist ein eigenes Geschäft geworden. Es ist das Geschäft der Banken und der Bankiers.

Diese wollen nämlich das Capital vorstrecken, m. a. W. das Creditgeben allgemein und bequem machen. Sie erleichtern auch die Zahlungen.

Für sie thut letzteres in London das Clearing-house. Erster Bericht 1849 bei J. W. Gilbart, *Practical Treatise of Banking*, Lond. 5. ed. (1. ed. 1827), überall wiederholt. Seit 1867 werden, zum ersten Mal seit 1839 und jetzt regelmässig, die täglichen Umsatzziffern des C. H. wöchentlich veröffentlicht. In 1839 wurden 1000, in 65 sogar 5000 Millionen Sterling (ungefähr 7 und 34 Milliarden Thl.) verrechnet, wobei nur 66 und etwa 350 Millionen in Banknoten und eine unbedeutende Baarsumme nöthig waren. Jüngstens soll man dort die Verrechnung in Baar ganz abgeschafft haben und nun den Ausgleich in *cheques* (s. No. 140. 5) bewirken. Vgl. *Dict. de l'Econ. pol.* art. *Clearing-house*.

Die Bank kann sowohl eine grosse Gesellschaft sein, als durch einen Einzelnen gehalten werden.

In beiden Fällen ist sie

1. eine Creditanstalt;

2. wirkt sie theils mit eignem, theils mit geliehenem Capital;

3. streckt sie Capital vor, hauptsächlich an Unternehmer;

4. thut sie dies hauptsächlich durch Ausgeben von Handelspapier.

Die bedeutendsten Creditanstalten sind die Banken.

Die bedeutendsten Bankarten sind folgende.

1. Die Wechselbank, d. h. eine solche, die Geld wechselt, z. B. ausländische Münze gegen einheimische.

So die ehemaligen grossen Wechselbanken in Amsterdam (seit 1609), Venedig, Genua. Bei einem guten Münzsystem sind sie weit entbehrlicher: daher existirt jetzt auch beinahe keine ausser Hamburg, wo man noch immer am eignen Münzsystem festhält.

2. Die Giro-bank im eigentlichen Sinne des Wortes gehört zu den Wechselbanken und dem „Kassirergeschäft" [1]. Sie bewirkt

Zahlungsausgleichungen durch Ein- und Abschreiben von Positionen auf ihrem Etat (von Posto's auf ihrem Buch).

Im gewöhnlichen Sinne des Wortes sind die Gründungspläne glücklicherweise fast regelmässig misslungen: man beabsichtigte Erleichterung des Waarenumsatzes, einen Umlauf (Kreis: ital. *giro* vom latein. *gyrus*) von Handelsgütern, welcher dem Betriebe sehr gefährlich sein würde.

[1] Jetzt ausser Amsterdam kaum ausschliesslich vorkommend. Doch z. B. die Londoner *banker*, und viele andre, treiben dies als eins ihrer Geschäfte.

3. Die Depositenbank nimmt Capitalien in Empfang, giebt sie nach gewisser Zeit auf Forderung dem Eigenthümer zurück, und zahlt dafür meistens einige Rente (Zins). Ihren Vortheil findet sie in dem Benutzen der deponirten Capitalien, d. h. in deren vortheilhafter Anlage. Sie ist etwa eine Sparbank im Grossen.

4. Ebenso handelt die Leih- und Discontobank. Sie heisst so nach den „Handelsgeschäften", welche ihre Capitalienanlage bilden.

Das Leih- oder Lombardgeschäft geht so vor sich: man streckt auf z. B. 3 Monate, um einen bestimmten Zins, Geld vor. Zum Pfande bekommt man Waaren oder Schuldscheine, die mehr (Geld) werth sind als dagegen ausgeliehen wird, und die bei der Rückzahlung herausgegeben werden. Prolongation heisst die Art solches Leihens, welche schon nach einem Monat (jene ebenso nach dreien) aufhört, falls sie dann nicht (prolongirt d. h.) verlängert wird.

Discontiren (*escompter* franz.) ist baares Geld für einen Wechsel zahlen, der mehr werth aber noch nicht fällig ist. Der Zins wird dann so berechnet (so hoch), dass der Geldvorstrecker seine Entschädigung findet, und die Totalsumme wird vom Betrage des Wechsels abgezogen oder discontirt (s. No. 140. 3).

5. Die Hypothekenbank leiht Geld aus gegen Hypotheken und empfängt dafür Schuldscheine, welche sie verhandelt.

Hypothek ist das Recht, die bestimmte vorgeschossene Summe folgendermassen zurück zu bekommen: der Schuldner verspricht die Rückzahlung nicht bloss überhaupt, sondern er muss ein liegendes Gut von grösserem Werthe als das geliehene Geld oder überhaupt als die angegangene Schuld bezeichnen. Nun verspricht er, dass die Schuld im Nothfalle von dem Werthe dieses Gutes abgezogen werden könne: dies wird in öffentliche Register eingeschrieben und Regierungsbeamte sorgen dafür, dass das Gut den „Hypothekgläubigern" zur Verfügung bleibe.

Die Hypothekenbank selbst leiht denjenigen, welche zwar Grundstücke besitzen, aber doch Geld bedürfen. Sie giebt ihr Geld, gleich jedem andern Hypothekenausleiher, für genügende Sicherheit. Oft aber erleichtert sie die Rückzahlung dadurch, dass sie diese durch das Mittel der Annuitäten oder Jahresrenten zulässt: d. h. es wird jährlich so viel für Zins und Tilgung abgetragen, dass in der übereingekommenen Anzahl Jahre die Schuld gänzlich zurückgezahlt ist.

Eine solche Bank macht auch mit geliehenem Capital Geschäfte. Sie giebt selbst sogenannte Pfandbriefe aus („Hypothekobligationen" wäre besser — damit bezahlt sie oft auch denjenigen, welcher Hypothek nimmt), wofür sie baares Geld bekommt: sie trägt Sorge, höhern Zins für ihre Hypotheken zu bekommen, als sie für ihre Pfandbriefe zahlen muss. Wer nun Geld auf Hypothek anlegen will, kann jederzeit ohne Mühe oder Zeitverlust Pfandbriefe bekommen: die Bank steht ihm für sein Geld ein, und ist selbst durch ihre „hypothekarischen Schuldforderungen" gedeckt, das sind nämlich Schuldscheine an die Bank unter Pfandrecht an die Grundstücke, worauf sie vorgeschossen hat. Eine solche grosse Gesellschaft kann weit besser als ein Privatmann den wahren unbeschwerten Werth der Grundstücke beurtheilen auf welche sie vorschiesst, und auch weit besser dafür sorgen, dass ihre Forderungen auch eincassirt werden.

6. Die Circulationsbank heisst so nach dem Umlauf ihrer Noten, deren Circulation: auch „Zettelbank", weil sie nämlich Zettel, Noten, Schuldscheine ausgiebt, m. a. W. Zahlungsversprechen, die keinen Zins abwerfen, aber auf den Inhaber lauten, d. h. denen auf Vorzeigung sofort in gesetzlicher Zahlungsmünze genügt wird.

So lange aber diese Summen noch nicht durch Vorzeigung eingefordert sind, hat also die Bank ausser ihrem eignen Capitale soviel geliehenes in Händen, wie der Betrag, zu welchem noch von ihren ausgestellten Zetteln im Umlauf ist. Die Erfahrung lehrt, dass jedesmal weit mehr Noten im Umlauf sind als die Bank zu zahlen braucht: meistens genügt es, dass die Bank etwa nur ein Drittel des geliehenen Capitals fortwährend in Casse hat. Mit den andern beiden Dritteln und ihrem eignen Capitale kann sie handeln.

Dieses Handeln könnte eigentlich aus jeder andern Art von Bankoperationen bestehen, also in dem Leihgeschäft machen, discontiren, Anleihen schliessen, *Hypothekenscheine nehmen und dafür Zins erhalten*, Handeltreiben in Münzen *oder Obligationen* u. s. w. (das *cursivisch* Gedruckte zu thun ist aber sehr abzurathen), oder in mehrern dieser Operationen gleichzeitig. Immer aber stützt sich die Bank auf den Umlauf ihrer Noten, darum heisst sie Circulationsbank, und fortwährend muss sie dafür sorgen dass ihre Gelder so zurückfliessen, dass zu der jedesmaligen Deckung der vorgezeigten Banknoten Casse vorhanden ist.

Dadurch erwächst dem Publicum nicht bloss kein Nachtheil, sondern vielmehr die Bequemlichkeit, dass Banknoten leichter umlaufen als grössere Summen Gold oder gar Silber. Die Bank aber geniesst den Vortheil, dass sie Zins und Gewinn von denjenigen Summen erhält welche man auf ihre Noten vorstreckt. Und auch für die Gemeinschaft ist das ein Vortheil: man pflegt ja für Noten gerade diejenigen kleinen Capitalien abzulassen, welche bei Privaten oft als „todtes" Capital „ruhen" oder selbst ruhen müssen, z. B. um die nöthige Casse zu behalten (Nämlich dazu ist es gleich, ob man baares Gold oder ganz solide Noten niedergelegt hat).

7. Die Sparbank. Auch diese sammelt kleine Capitalien, aber anders. Sie erhält diese geradezu geliehen, oft von Wenigbegüterten, und giebt dafür einen Schein, meistens in der Form eines Notirbuches, welches nicht in Umlauf kommt, dagegen einen mässigen Zins abwirft: ausserdem wird die Einlage erstattet sobald der Eigenthümer darum anhält.

Diese kleinen Capitalsummen betrugen z. B. für Grossbritannien im November 1845 über 200 Millionen Thaler, Ende 1868 beinahe 300; den 1 Januar 1857 für Frankreich beinahe 80, 31 Dec. 64 über 130 Millionen. Vorzüglich die Sparbanken, schon ihr Name sagt es, haben bewirkt, dass diese vielen kleinen Capitalien nicht vergeudet sind. Der Englische Minister Gladstone hat (17 Mai 61) die nützliche Einrichtung begründet, dass jedes

Briefpostbureau als kleine Sparbank Gelder auf Zins annimmt und ausbezahlt: schon in den ersten drei Jahren gingen so an 30 Millionen Thaler ein. In Holland hat sich in dieser Hinsicht die Gesellschaft „zum allgemeinen Nutzen" verdient gemacht.

Zu den Banken gehören noch:

8. Die Hülfsbank (der Name ist holländisch: zunächst vergleichbar sind Schulze's „Vorschuss- und Creditvereine als Volksbanken"). In bescheidenen, freilich zahlreichen Kreisen ist sie höchst nützlich, mehr als für den Verkehr im Grossen. Sie giebt geeignet scheinenden Personen aus dem Arbeiterstande kleine Vorschüsse auf „persönlichen Credit" gegen Rückzahlung in Terminen, oft mit Zuschuss eines kleinen Zinses, wofür meistens z. B. zwei geeignete Personen sich für die Rückzahlung verbürgen.

9. Die Leihbank (franz. *mont-de-piété, lombard*). Sie giebt kleine Vorschüsse auf kurze Zeit, gegen (bewegliches) Unterpfand.

145. Der Name Bank selbst, ohne sonstige Beifügung, ist jetzt für eine Einrichtung üblich, welche zugleich Discont-, Depositen- und Umlaufsbank ist. Es existiren diese in den meisten Culturstaaten, und zwar nach einer der drei folgenden Weisen oder Banksysteme:

1. Eine Bank hat das Monopol, d. h. die ausschliessliche Concession innerhalb des Landes. Sie ist dann durch Octroi errichtet, und es giebt im Lande keine Andre.

Dieses Octroi kann freilich ein Gesetz sein, was das Beste ist.

So beinahe allgemein in Europa, z. B. in Russland, Oesterreich, Belgien, Frankreich, Spanien, Italien und mindestens vorläufig auch in Holland. Das Monopol betrifft fast nur den Notenerlass: es ist ein Verbot an Jeden ausser z. B. der „Banque de France", Banknoten zu erlassen. Die meisten andern Handlungen sind gestattet.

2. Es existirt eine (zwar nicht ausschliesslich gestattete aber doch) begünstigte Bank, z. B. die des (eigentlichen) Englands und die Irlands. Ausserdem sind freie Banken erlaubt, allein unter gewissen Bedingungen.

Nach Rob. Peels Bankgesetz vom Jahre 1844 z. B. hat die (1694 errichtete) „Bank of England" das Monopol innerhalb 65 englischer („*statute*") *miles* oder etwa 15 geographischer Meilen um London: ausser diesem Kreise können die bestehenden freien Banken („country banks") ihre Noten auf den Inhaber ausgeben; man darf aber keine neue Bank errichten.

3. Jeder ist frei eine Bank zu errichten und in Gang zu bringen, unter Inachtnahme einiger gesetzlichen Vorschriften (schottisch-americanisches System).

Ausser Schottland und den meisten der *United states* auch in Preussen, hier freilich mit einigen Abänderungen.

Bei jedem System bedarf man jedoch allgemeiner, vom Staate zu erlassender Regeln. Die hauptsächlichste ist die Verpflichtung zum Veröffentlichen eines monatlichen, oder weit besser wöchentlichen

Etats über den Wirkungskreis der Bank, ihren Umsatz und ganzen Zustand, speciell über das Verhältniss ihres Edelmetalles und Münzmateriales gegenüber ihren ausgegebnen Noten, die ja Schuldscheine sind.

Musterbeispiel. Wöchentlicher *account* der „**Bank of England**", für die Woche Mittw. 1—8 Sept. 1869.

„Issue" Department.

	L.		L.
„Notes issued	34,540630	Government Debt	11,015100 [1]
		Other Securities	3,984900 [1]
[1] Stehende Posto's.		Gold Coin and Bullion	19,540630 [a]
		Silver Bullion	. . . .
			34,540630"

„Banking" Department.

	L.		L.
„Proprietors' [2] Capital	14,553000	Government Securities	14,339928
Rest	3,681928 [b]	Other Securities	14,334091
Public Deposits, including Exchequer, Savings' Banks, Commissioners of National Debt, and Dividend Accounts	4,569973 [c]	Notes	11,155736
Other Deposits	17,552943 [d]	Gold and Silver Coin	1,061420 [a]
Seven-day and other Bills	533330		40,891174"
	40,891174		

Die gleichen Buchstaben bezeichnen gleiche Posto's.
[2] Actionäre.
[3] Geprägtes Geld und Barren.

Dasselbe in „the Old Form."

Passiva (*Liabilities*).	L.	Activa (*Assets*).	L.
„Circulation (including Bank post bills)	23,916225	Securities	29,121019
Public Deposits	4,569973 [c]	Coin and Bullion [3] ([a] + [a])	20,602050
Private Deposits	17,552943 [d]		49,723069"
	46,041141		

The balance of Assets over Liabilities being 3,681928 L. ([b]) as stated in the above account under the head *Rest.*" — *The Economist*, Sept. 11, 1869.

Aus dem ausführlichen Etat der „**Banque de France**", Donn. 2—9 Sept. 1869.

Passiva (*Debtor*).	fr.	Activa (*Creditor*).	fr.
„Notes in circulation and at the branches [4]	1,341,288600	Cash and Bullion [3]	1237,367569
Accounts current at Paris [5]	317,451094	Commercial Bills discounted at Paris [6]	269,061643
Ditto in the provinces [5]	44,925701	Ditto in the branches [6]	244,769887

The discounts ([6]) of the Bank of France have increased since last week by 1,597000 fr., the private deposits ([5]) by the large sum of 29,518000 fr., and the coin and bullion ([3]) by 4,332000 fr. The circulation of notes ([4]) is 17,926000 lower." — *The Economist*, Sept. 11, 1869.

Etat (*verkorte Balans*) der „**Nederlandsche Bank**", Montag 6—13 Sept. 1869.

	Gld.		Gld.
„Capital	16,000000	Discont-rechnung [8]	51,483607
Reservefond	3,344259	„Beleening-rekening" [9]	39,783935

	Gld.		Gld.
Banknoten im Umlauf	128,576975	„Munt en muntmateriaal [3]	62,840770
Bankassignationen i. U.	8662	Angelegter Reservefond	3,110230
Contocurrent [7]	28,311300	Gebäude u. Mobilien d. Bank	437587
Varia	1,490094	Varia	71151
	177,727280		177,727280"

Nederlandsche **Staatscourant** (officieller Staatsanzeiger, „Staatszeitung", Mittw. 15 Sept. 1869).

Wöchentliche „Uebersicht der Preussischen Bank", Dienstag 7—14 Sept. 1869.

„Passiva.	Thl	Activa.	Thl.
Banknoten in Umlauf	145,837000	Geprägtes Geld u. Barren [8]	87,214000
Depositen-Capitalien [7]	21,400000	Cassen-Anweis. u. Priv.-Bankn.	1,980000
Guthaben der Staatscassen u. s. w.	2,073000	Wechselbestände [8]	78,287000
		Lombard-Bestände [9]	16,674000
		Staatspapiere, Forderungen u. s. w.	14,186000"

Kölnische Zeitung von Freitag 17. Sept. 1869, 2tes Blatt.

Respectiv in Pfunden Sterling, Francs, Gulden und Thalern.

Wo es eine octroyirte Bank giebt, sollen ihre Regulative Sorge tragen, dass:

1. der Gemeinnutzen der Bank wegen nicht leide;
2. der nützliche Einfluss der Bank sich soweit nur möglich auf das ganze Land erstrecke;
3. das Bankmonopol nicht missbraucht werde;
4. die Bank in keiner Hinsicht in Abhängigkeit von der Regierung gerathe und
5. also auch die Geldmittel der Bank scharf von denen des Staats unterschieden bleiben.

3. Fernere Bemerkungen über Tausch.

140. Vermeintliche sogenannte allgemeine Ueberproduction (also etwa von Gütern über ... Geld vielleicht, oder was? — vgl. No. 64 am Schlusse). Nun die Lehre vom Gelde vorgetragen ist, wird man verstehen, dass eine allgemeine Ueberproduction nicht stattfinden kann (ein *„general glut"* engl., weil besser umgekehrt allgemeine Absatzstockung bei Roscher).

Mehr Güter zu erzeugen als man kaufen kann ist unmöglich, denn eben je mehr Erzeugnisse es giebt, desto mehr hat man ja zum Austausch, d. h. zum Kaufen selbst[1]. Also vielleicht mehr Güter als man braucht? Nein: solang nämlich die Production fortdauert, beweist das eben, dass der Gütererzeuger seine Waaren entweder selbst braucht oder sie gegen andre austauschen will. Manche glauben an die Existenz einer vermeintlichen Ueberproduction desshalb, weil nach Handelskrisen alle Güter niedrig stehen. Freilich, aber nicht wegen Ueberproduction oder übergrossem Angebot aller Handelswaaren; im Gegentheil, nämlich wegen der sehr grossen Nachfrage d. h. dem zu geringen Angebot der einen Handelswaare Geld. Bei Krisen läuft zu wenig Geld um, Geld ist theuer, alle Preise also niedrig, d. h. der mit Geld verglichene Tauschwerth aller Waaren ist niedriger, denn Geld ist höher, als sonst. Mill xiv S. 336 ff.

[1] J.-B. Say's bekannte „Théorie des débouchés" (Absatzwege): Les produits ne s'échangent que contre des produits (*Traité* I ch. 15), s. Roscher § 216 S. 444 f.

J.-B. Say, 1767—1832. — *Catéchisme d'Economie politique* 1815, *Traité d'E. p.* 1803, *Cours complet d'E. p.* 1829, alle oft neu aufgelegt, vgl. *Dict. de l'E. p.*, art. Say.

147. Ein Werthmassstab. Geld, oder jede andre Waare, misst den Werth aller andern Waaren zu bestimmter Zeit und an einem bestimmten Orte, d. h. es dient zur Vergleichung der Werthe untereinander.

Waaren von 2, 5, 7, 100 Thn. haben Tauschwerthe die sich zu einander wie 2, 5, 7, 100 verhalten, und werden gegen einander in entsprechendem Verhältniss umgetauscht.

Oft aber hat man einen unabänderlichen Werthmassstab gesucht, z. B. ein gewisses Mass Korn, einen gewöhnlichen Arbeitstag (la journée de travail, auch 1789 als Grundlage der Französischen Steuern). Deren Tauschwerth selbst ist aber sehr veränderlich, und z. B. der Tag des gewöhnlichen Arbeiters galt (vor dem Bürgerkriege) in Nordamerica zweimal so viel als in England (Mill xv S. 341 ff., s. auch bei ihm § 2 S. 343 die Widerlegung von Adam Smiths Meinung).

148. Der Stand des Zinses. — Geld also ist das allgemeine Tauschmittel, und Creditgeben das zum Gebrauche Geben des Capitals; dies geschieht auf allerlei Arten und die Banken gehören zu den hauptsächlichsten Credit verleihenden Anstalten (Mill vii. xi).

Geld aber hat seinen Curs: der Zins kann hoch oder niedrig stehen, d. h. man wird viel oder wenig zu zahlen haben, um Capital und namentlich Geld geliehen zu bekommen. Zum Verleihen geeignetes Capital nimmt die Form von Geld an. Um dies nun geliehen zu bekommen, zahlt man gewissen Zins; dieser aber ist erstens aus der Assecuranzprämie zusammengesetzt, des Risico's wegen, d. h. der Gefahr des Verleihers, sein Geld nicht zurückzubekommen, m. a. W. wegen desjenigen, was dem Borger bis zur unbedingten Solidität fehlt.

Zins nach Abzug der Assecuranzprämie ist also der reinen Capitalrente gleich, d. h. der Vergütung für den Gebrauch des geliehenen Geldes, auf absolut solide Bedingungen. Diese Capitalrente hängt nun von Nachfrage und Angebot ausschliesslich ab. Nachfrage existirt nämlich nach soviel Geld, als Jeder neben seinem eignen Capital vortheilhaft in seinem Geschäft anwenden kann, ferner nach soviel als Regierungen und vermögende improductive Verbraucher verlangen. Angebot dagegen ist alles dasjenige Capital, dessen Eigenthümern der Wille oder die Möglichkeit gebricht, es in Geschäften unter ihrer eignen Leitung anzulegen (Mill xxiii § 1 S. 385 f.).

Uebertrifft nun dieses Angebot die Nachfrage, so giebt es Concurrenz der Verleiher, sie bieten ihr Capital für immer geringere Rente an, und zwar so lange, bis soviel Ausleiher sich entmuthigt zurückziehen, dass eben so viel Geld angelegt als nachgefragt ist. Im entgegengesetzten Falle steigt die Rente, bis genug von Denjenigen zurücktreten, welche Geld geliehen verlangen. In beiden Fällen steht aber die eigentliche Rente immer so hoch, dass Nachfrage und Angebot genau gleich werden; beide ändern sich aber unaufhörlich, und deshalb ist auch der Standpunct der eigentlichen Rente stets schwankend: sie sinkt sobald das Angebot überwiegt und befördert dadurch die Nachfrage; bei mehrerer Nachfrage steigt sie und vermehrt eben dadurch das Angebot; ihre Veränderungen wirken immer im Sinne des Gleichmachens von Nachfrage und Angebot und können nur so lange aufhören, als beide wirklich gleich bleiben.

Der Rentestandpunct ändert sich unaufhörlich. Es kann aber vortheilhaft sein zu bestimmen, dass gewisse Gegenstände, z. B. Schuldscheine, jederzeit eine („nominell") feste Rente abwerfen müssen, d. h. immer denselben Betrag an Geld. Dann wird nur die Berechnungsweise anders.

Nämlich der Schuldschein wirft unverändert 5 pCt. ab, wenn auch die wahre Rente bis z. B. 4 Thl. von den 100 sinkt oder bis 6¼ vom Hundert steigt. Dann aber wird der Kaufpreis des Schuldscheines im ersten Falle 125 Thl. statt 100, im zweiten 80, denn 5/125 ist gleich 4/100, und 5/80 = 6¼/100. Man sagt dann nicht: bei unverändertem Capital ändert sich die Rente, sondern: bei (nach stillschweigender Uebereinkunft nominell) unveränderlicher Rente wechselt der („reelle") Werth des geliehenen Capitals, d. h. der wirkliche (augenblickliche) Werth des Schuldscheines, welcher Letztere dann jedesmal auf den Cursnotirungen vorkömmt: diese Rechnungsart ist nämlich die bequemste für den Verkehr. Folglich ist hoher und niedriger Curs der Effecten gleich niedrigem und hohem Stande des Zinses. Diesen vom Hundert findet man, wenn man den Ertrag, der jährlich in z. B. zwei oder vier Terminen ausbezahlt werden muss, mit 100 multiplicirt, und das Ergebniss durch den Tagescurs dividirt.

Freilich findet man so niemals die Capitalrente allein, sondern Rente + Assecuranzprämie, d. h. den Zins. Die reine Capitalrente fände man nur in dem Falle, dass die Anleihe absolut solid wäre, d. h. dass man unmöglich sein Geld verlieren und also die Assecuranzprämie gleich Null setzen könnte (s. No. 118).

149. Einfluss des Tausches auf die Vertheilung der gesellschaftlichen Güter. — Wir haben den Tausch in seinen einfachsten Erscheinungen betrachtet. In seiner Entwicklung zum Geldverkehr bildet er den Unterschied zwischen der jetzigen Geldwirthschaft und der ursprünglichen Naturalwirthschaft (Roscher § 117 mit Anm. 7 S. 221 ff.). Welche ist nun seine Rückwirkung auf die Gütervertheilung, d. h. auf Lohn, Grundrente und Capitalrente (oder Unternehmergewinn)?

Der Tausch ändert daran Nichts. Die Erscheinungen werden mehr zusammengesetzt, bleiben aber gleichartig (Mill xxvi S. 416 ff.).

1. Lohn. Nun Tausch existirt, pflegt der Capitalbesitzer (Unternehmer) die Arbeiter und Grundeigenthümer in Geld[1] zu bezahlen und den übrigen Ertrag für sich zu behalten, s. No. 114. Die Chancen (das Risico) kommen dadurch auf seine Rechnung: dieses Letzte bildet aber eben das Kennzeichen des Unternehmers.

[1] Oder in Geldeswerth. Bei Dienstboten z. B. kömmt es nicht auf ihren sogenannten Lohn an, d. h. die soviel Thaler jährlich, ohne Nahrung und Wohnung mit einzurechnen, sondern auf den Werth in Geld (freilich im Vergleich zu der Menge der Lebensbedürfnisse) ihres vollständigen Verdienstes, baar, Nahrung, Wohnung u. s. w. S. No. 106 am Anfang.

Lohn so weit er dem Lohndienenden bedeutend ist, also die Menge der Lebensbedürfnisse, Lohn „in Natura", Mills „wirklicher Lohn", stimmt mit der Menge seiner „ersten Lebensbedürfnisse" überein, genauer mit seinen „herkömmlichen" Lebensbedürfnissen, den Gegenständen „des Arbeiterverbrauches," Roscher § 161 f. S. 322 ff., § 166 S. 331 ff.). Diese hängen einfach vom Verhältniss zwischen „Lohncapital" und Arbeiterbevölkerung ab („Arbeitseinheiten", s. No. 106); die Existenz des Tausches ändert hieran Nichts.

Dies könnte freilich der Fall sein, in so weit die Lohnhöhe für den Bezahler von Bedeutung ist (für den „Lohngeber", den „Arbeitgeber"), also könnte sie die Arbeitskosten ändern, m. a. W. die Höhe der (in Natura oder baar überhaupt ausbezahlten) Löhne in Geld. Allein dies geschieht nicht, wie folgende Uebersicht zeigt:

Lohn in Geld = dem „Natural"lohn (z. B. Nahrung, Brot u. s. w.), die Preise in Acht genommen, nämlich der durchschnittliche Lohn verschafft die herkömmlichen[2] Lebensbedürfnisse (nach dem *standard of comfort* bei Mill xxvi § 1 S. 417), d. h. bezahlt sie, m. a. W. ist ihrem Preise gleich.

Diese Lebensbedürfnisse, „an welche der Arbeiter gewöhnt ist", bestehen hauptsächlich aus Nahrungsmitteln.

Der Preis der Nahrungsmittel ist von den Productionskosten der mindest vortheilhaften Grundstücke abhängig, die ja bei vermehrter Bevölkerung zunehmen, s. No. 82, 127, und gleich hiernach 2.

Also wird eines Jeden „wirklicher" Lohn (Theil des Lohncapitals) kleiner, je nachdem die Bevölkerung (schneller als das Lohncapital) zunimmt: dann verschafft ja selbst eben soviel Lohn in Geld weniger von den üblichen Lebensbedürfnissen. Also ebenso als ob es keinen Tausch und kein Geld gäbe.

„In any given state ... of the labourers' habits, their „money wages" „depend on the productiveness of the least fertile land, or least productive „agricultural capital", Mill a. a. O. Vgl. dazu Malthus' Lehre, s. No. 80.

[2] In der holländischen Provinz Gröningen ist Roggenbrot so allgemein, dass man ausdrücklich Weissbrot fordern muss, um Weizen zu bekommen: mit Brot meint man dort Roggenbrot. Dasselbe gilt, wenn auch minder, für ganz Holland im Osten der Yssel. Dagegen in Seeland, wie jetzt in England, würde sich der Arbeitsmann oft durch das Anerbieten von Roggenbrot gekränkt fühlen. In Schottland aber, wenigstens in den Hochlanden, war vor weniger als einem Jahrhundert Haferbrot die gewöhnliche Nahrung: Gerstenbrot im wohlhabenden Altgriechenland sehr gewöhnlich.

Wer auf Boden, der Weizen ertragen kann, Roggen baut, benachtheiligt sich: diese Frucht hat weniger Werth, erschöpft aber den Boden wie Jene. Das Verschmähen des Roggenbrotes ist aber auch verkehrt: wer dann keinen Weizen bekommen kann, wird so zu der viel unvortheilhafteren Kartoffelnahrung genöthigt.

2. Grundrente. Vgl. No. 62, 115, 127. Nun es Tausch (und Geld) giebt, wird bei Mangel an Bodenproducten ihr Preis steigen. Dieses dauert so lange, bis es vortheilhaft wird, selbst für grössere Kosten z. B. neuen Boden anzubauen: es hört aber auf, sobald dieser neue Boden den üblichen Capitalgewinn abwirft (also noch gar keine Grundrente, s. No. 115). Jeder andre Boden bringt also, als Grundrente, den Geldbetrag (d. h. den Preis) von soviel ein als die „Productions"-kosten hier geringer sind, als auf jenem wenigst vortheilhaften Boden. Allein genau dasselbe, nur nicht in Geld, findet ja auch ohne Dazwischenkunft des Tausches (und des Geldes) statt, s. No. 115, 127 S. 74 f.

3. (Capital- und Unternehmer-)Gewinne, engl. „profits". Auch hierin ändert der Tausch nichts. Nämlich mit oder ohne Tausch bleibt Ertrag = Lohn + Grundrente + Gewinn, bei gleichem E bleiben aber L und Gr gleich, ob es Tausch giebt oder nicht. Also Ge auch.

Directe Betrachtung zeigt dasselbe. Wir fanden (No. 114 S. 59, No. 124 S. 68 f., Mill II. xvi. S. 255 ff.; die Grundrente kommt hier nicht in Berechnung, s. No. 127 Schluss):

Ertrag = Unternehmervorschuss + Gewinn = Gewinn + Lohn + frühern Gewinn,

oder $E = L + L' + L'' +$ u. s. w. $+ G + G' + G'' = L + G$,

oder $G = E - L$, d. h. bei gleichem Ertrage: je höhere Arbeitskosten um so niedrigere Gewinne, und umgekehrt. Die Arbeitskosten sind (bei gleichen Preisen) der Betrag der Löhne selbst, in Geld. S. oben 1, Lohn, viertes Alinea, und No. 114 Schluss.

Detaillirter: Steigen der Arbeitskosten (Geldbetrag der Löhne) kann statt finden, weil in der That der Wohlstand des Arbeiters[*] zunimmt, weil er wirklich mehr „Arbeiterbedürfnisse" erhält. Wenn nämlich diese Lebensbedürfnisse nicht wohlfeiler geworden sind, kann der Arbeiter unmöglich mehr davon kaufen, ohne mehr Geld dafür zu zahlen und also auch höhern (Geld)lohn zu bekommen. Dadurch vermindern sich die Gewinne, denn $G = E - L$, also kleiner (bei gleichem Ertrage) je grösser L wird.

[*]Sein „standard of comfort" bei Mill. S. oben S. 96 unter 1. Lohn. — Wenn dagegen die Lebensbedürfnisse wohlfeiler sind, werden die „wirklichen" Löhne höher, die in Geld aber, die Arbeitskosten, also auch die Gewinne, ändern sich nicht. — Man wird beachtet haben, dass L, hier oben, den (in natura oder baar) auszuzahlenden Lohn, die Arbeitskosten, vorstellt, s. 1, 4. Alinea.

Wenn hingegen die Arbeiterbedürfnisse weder mindere noch gleiche Preise erzeugen, sondern höhere, so müssen die Arbeiter auch höhern Geldeswerth als Lohn erhalten, oder es geht ihnen schlimmer als zuvor. Dann wird die Formel:

$G = E -$ Lohn (in Geldeswerth) $= E -$ Arbeitskosten.

Aber der Lohn (in Geldeswerth), m. a. W. die Arbeitskosten, nimmt zu, also vermindern sich die Gewinne, wenn es dem Arbeiter nicht schlechter als zuvor gehen soll,

oder sonst: die Gewinne nehmen nicht ab, dann aber trifft die Verminderung den Arbeiter, da er zwar eben so viel (vielleicht sogar etwas mehr, z. B. 20 statt 18) Groschen nach Hause bringt, dafür aber viel weniger erreichen kann als früher (z. B. seine erhöhte Wochenmiethe von 22 Groschen mit den 20 nicht bezahlen kann, während ihm die 18 genügten so lange die Miethe 16 betrug). — Auch dies ist wieder dasselbe als wenn es keinen Tausch (und kein Geld) gäbe, nur die Erklärung ist complicirter: Geld pflegt die Geschäfte zu erleichtern, deren Erklärung aber zu erschweren.

Im Verhältniss zu einander also kann der Antheil des Arbeiters sich nur auf Kosten des (Capitalist-) Unternehmers vermehren, und umgekehrt. Dies ist der (hauptsächlich von Socialisten) oft hervorgehobene sogenannte Streit zwischen Arbeit und Capital.

Glücklicherweise giebt es dafür einen genügenden Ausweg. Wenn sie nur das Gesammtproduct vermehren, so nimmt Beider Antheil absolut zu, selbst während das Schwanken der (Geld-)löhne dann dem Einen, dann dem Andern Etwas (verhältnissmässig zu einander) mehr oder minder giebt. S. auch Roscher § 148 Anm. 8 S. 301.

„Die wirklichen Löhne", sagt Mill, „sind meistens zu den „Orten und Zeiten am höchsten" (z. B. in Nordamerica vor der „Great Rebellion" von 1861), „wo der Boden für wenig intensive Cultur soviel „Product abwirft als man für's erste davon fordert, wo also Nahrung „niedrigen Tauschwerth und Preis hat, wo zwar die Arbeit reichlich vergütet wird, aber des Unternehmers Arbeitskosten doch verhältnissmässig „niedrig, und also die Gewinne hoch sind" (xxvi § 3 S. 419).

III. Verbrauch.

Vgl. fortdauernd Roscher, viertes Buch, Consumtion der Güter, I § [illegible].

150. Verbrauch im eigentlichen, strengen Sinne des Wortes ist Werthvernichtung: dem verbrauchten Gegenstande ist durch den Verbrauch sein Nutzen verloren gegangen.

Stofftheile, selbst die kleinsten, gehen in der Natur vermuthlich überhaupt nicht unter. Allein der Nutzen hört auf, sobald der Stoff solche Formen annimmt, dass er sich dem menschlichen Gebrauche entzieht.

Beispiele: nicht blos genossene Speise und Trank, sondern auch verdampftes Wasser, verbrannter Leucht- oder Brandstoff, verflüchtigtes Räucherwerk oder Kohlensäure aus Mineralwasser, verklungene Musiktöne.

151. Man unterscheide eigentliche Consumtion (endgültigen Verbrauch, Schlussverbrauch, Finalconsumtion, letzten Verbrauch) und solche die nur transformirt (reproductive Consumtion)[1].

Erstere entzieht den Stoff (und den Werth) endgültig der menschlichen Benutzung.

Letztere zwar den Stoff (nicht den Werth), aber so, dass an dessen Statt ein andres gesellschaftliches Gut tritt. Dieses ist grossentheils eine neue Form desselben Stoffes.

Jeder Stoff (und jeder Werth, jedes Gut) durchläuft allerlei Formen von der ersten an in welcher er für Menschen brauchbar wird, bis zu der letzten in welcher man ihn noch benutzen kann.

Z. B. Die im Boden befindlichen Stoffe entwickeln u. A. Flachs aus Saamen. Durch eine Reihe von Bearbeitungen bildet man Garn daraus. Aus Garn erhält man nach einander Gewebe, Lumpen, Papier, welches schliesslich zerfällt.

[1] „Von jeher ist die wirthschaftliche Leitung des Genussgebrauches „ebenso vorwiegend Sache der Frauen gewesen, wie die des Erwerbgebrauches Sache der Männer." Roscher § 207 S. 427. Nicht gleichbedeutend mit Schluss- und reproductiver Consumtion: der Werth wird durch den Erwerbgebrauch meistens vermehrt, der Stoff dagegen oft eben so gänzlich vernichtet als beim Genussgebrauche. Z. B. das Wasser einer Dampfmaschine wird genau wie in einem Theekessel zu Dampf, das Korn, wovon sich das Arbeitspferd nährt, geht genau ebenso unter wie das Futter

des Schoosshundes. Was in beiden ersteren Fällen reichlich vergütet wird, in letztern nicht, ist der Werth.

Oft sagt man improductive und productive Consumtion. Ungenau, wie schon aus dem eben Gesagten hervorgeht.

152. Hierbei muss man gemeinschaftlichen Gebrauch beachten.

Es ist weit vortheilhafter z. B. in Einer grossen Restauration oder mit Einem anhaltend geheizten Backofen zu arbeiten. Die Anwendung davon zeigt sich bei Suppenanstalten, soweit diese nicht zu blossen Almosen dienen, bei den sogenannten Brotfabriken u. s. w., überhaupt bei Engros-Einkäufen. — Dies ist der Grund der Wahrheit in Fouriers arg übertriebnem „Phalanstères"system. — Auf Erwägungen dieser Art beruhen die cooperativen Vereine.

153. Auch der Verbrauch hängt von unsern Wünschen ab. Wir wünschen aber Dasjenige zu befriedigen, was wir für unsere Bedürfnisse ansehen.

Kommt also eine Aenderung in solche Meinung, sei es auch nur in der Mode, so folgt daraus grosse Werthverminderung des unter dem Einfluss der veralteten Meinung Erzeugten.

154. Zu dem (Schluss-)Verbrauche gehört auch die Werthvernichtung durch die Natur.

Oft sagt man „Capitalvernichtung", wie Capitalbildung. Nach der strengen Bedeutung des Wortes Capital (s. No. 56) ist dies ungenau: nur „Werthbildung" und „Werthvernichtung" sind exact.

Starke Beispiele bei Ritter, *Erdkunde* VI S. 1160 ff., Schomburgk in der Zeitschrift *Ausland* 1843 No. 274 bei Roscher § 209 S. 431 f.: „offenbar ein gewaltiges Hinderniss für die Anwendung von Maschinen".

155. Man muss sich genau Rechenschaft geben was eigentlich consumirt wird, und an welchem Zeitabschnitte.

Die Consumtion (Schlussverbrauch) unserer Ausgabe z. B. an Kleidern läuft dann erst ab, wann die Kleider als solche ganz abgenutzt sind — abgesehen von ihrem geringen Werthe als altes Leinen, Charpie, Rohstoff für Papier u. s. w.

Bei Privatpersonen pflegt man sich jedoch die Verschwendung als in dem Augenblicke vorfallend zu denken, in welchem z. B. der verschwenderische Kauf gethan und also das Geld für Gut (Geldeswerth) hingegeben wird. Und mit gewissem Rechte, denn meistens wird schon dadurch die Verschwendung unvermeidlich: man entledigt sich der überall cursirenden Waare Geld für eine sehr wenig cursirende Waare. Der Verbrauch ist also improductiv und unvermeidlich: dennoch hat er in dem Augenblicke noch nicht stattgefunden.

Letztgenanntes hat bei dem Irrthum mitgewirkt, dass Verschwendung von Seiten der Staaten (Regierungen) oder Fürsten unschädlich sei, wenn nur „das Geld im Lande bliebe". Erstens verwechselte man Capital mit Zins, und Staatskasse mit Staatsterritor: nur was der Schneider z. B. für überflüssige Uniformen am Staate verdient, z. B. 16 pCt., kommt ihm und seinen Arbeitern u. s. w. zu Gute: die Staatskasse aber, d. h. sämmtliche Staatsbürger, verlieren das ganze Capital (genauer den ganzen Werth). — Ausserdem aber bemerkt Roscher § 210 S. 435 f. mit Recht: ein bei einem ausländischen Fabrikanten bestelltes Feuerwerk vermindert beim Abbrennen das gesammte Volksvermögen mit einem Werthe von z. B. 1000 Thln., nämlich mit dem ausser Landes gegangenen Gelde: die Nation hat 1000 Thl. Silber weniger als vor dem Ankauf, aber eben soviel Schiesspulver. Wer aber bei einem inländischen Fabrikanten

kauft, vermindert das nationale Vermögen gleich sehr mit 1000 Thlr., zwar nicht an Silber, aber doch an Schiesspulver.

156. Gütererzeugung führt schliesslich immer zum Verbrauch.

Production ist ja Werth- oder Güterproduction. Güter nennen wir aber das, was unsere (wahre oder vermeintliche) Bedürfnisse befriedigt. Bedürfnisse wozu? Jedenfalls zum Gebrauche.

„Consumtion is the sole end and purpose of all production." Adam Smith IV ch. 8. Wenn Roscher dagegen anführt: „Arbeit und Sparsamkeit „hat neben ihrem wirthschaftlichen Zwecke noch einen höhern, unver-„gänglich persönlichen", § 219 Anm. 1 S. 438, so ist dies viel mehr eine Bestätigung als Widerlegung: man betone nur das neben, also ausser, ihrem wirthschaftlichen Zweck. Und diese Auffassung ist richtig: die Volkswirthschaft soll das Moralische freudig anerkennen und ihm gern dienen, es aber nicht als Gegenstand begehren.

157. Gütererzeugung kann nur bei wachsenden Bedürfnissen, d. h. bei grösserem Begehr nach Verbrauch, zunehmen.

Jeder Ascetismus also, jener spartanische sowohl als der mancher Mönchsorden, hemmt die Production und dadurch die Cultur. Gewiss sähe es mit Tugend und menschlicher Gesellschaft schlimm aus wenn man nicht zu entbehren wüsste. Entbehrung soll aber höchstens ein nothwendiges Uebel, und ja kein Zweck sein.

158. Damit entschuldige man keine Verschwendung. Verschwendung ist die improductive Consumtion (Schlussverbrauch) von Werthen ohne vernünftigen Grund dazu.

Dem verschwendrischen entgegen steht das haushälterische Wesen (besser als der übliche Name Sparsamkeit = dem nicht Ausgeben von Geld: nur in den gewöhnlichen Haushalten des kleinern Mittelstandes, und auch dort nicht immer, läuft dieses auf dasselbe hinaus; darum spricht man zuweilen von der „wahren" Sparsamkeit). — „La vraie économie „consiste dans l'emploi des meilleurs matériaux" ist eine grosse Wahrheit, freilich bei gêne nicht anwendbar, eine certaine aisance muss schon vorhanden sein.

Franklin's (1706 bis 17 Apr. 1790) berühmter *Poor Richards Almanach* (1757), um nicht gar auf Hesiods *Werke und Tage*, wohl das älteste ökonomische Werk, zurückzugehn.

„Wer das Ueberflüssige kauft, muss meistens schliesslich das Noth-„wendige verkaufen", lehrt Franklin. S. auch unumgänglich Anm. 8 bei Roscher § 219 S. 450, nach *Journ. d. Econ.* vom März 64.

159. Streng genommen verbraucht man auch Dasjenige improductiv, was selbst bei productivem Verbrauche mehr untergeht als zur Reproduction unvermeidlich ist.

Gesetzt ein Product a' fordre absolut gewissen Werth a zu seiner Erzeugung, aber nicht mehr. Die Anwendung dazu eines Werthes $a+b$ wäre dann ja einer Werthvernichtung von b gleich.

160. Luxus ist völlig relativ.

Es giebt ein gewisses, freilich nicht genau zu bestimmendes Verhältniss zwischen den Genüssen (Genussausgaben) eines Jeden und seinem Vermögen. Luxus nennen wir, was die erstern über jenes Verhältniss betragen.

„Wie fast jede alte Mode von der Jugend als Pedanterie verlacht „wird, so wird fast jede neue Mode von den Alten als Luxus getadelt." Roscher § 224 S. 457 f., § 228 S. 464, mit interessanten Beispielen wie

Gabeln, Schornsteine, Hemden u. s. w. noch im 16. Jahrhundert für Luxus galten, theils nach Mac Cullochs *Principles of P. E.* ed. 1849 S. 577.

161. Geschichtlich zeigt sich der Luxus in drei Formen (Roscher § 226 ff. S. 459 ff.):

1. Mittelalter und damit zu vergleichende rohe Zeiten: Wenig Bequemlichkeit, rohe Pracht und Fürstenprunk, hauptsächlich in dem Ausstellen grosser Massen unverarbeiteter Bodenerzeugnisse[1].

2. Blüthezeit der Staaten: Comfort, wenig Prunk[2].

3. Zeiten des Staatenverfalles (falsch „Uebercultur" genannt). Das Beispiel der Römischen Kaiserzeit ist deutlicher als jede Umschreibung[3].

[1] Folgende Beispiele sind um so schlagender, weil sie intellectuell und sittlich hochstehende Personen betreffen. Wilhelm I. von Oranien bewirthete 1561 bei seiner Hochzeit mit Anna von Sachsen Gäste mit 5617 Pferden, sein eignes Gefolge hatte 1100 Pferde: man verbrauchte 25,000 Scheffel Korn, 3600 Eimer Wein, 1600 Fässer Bier u. s. w. Wenn der „king-maker" Warwick nach London kam, durfte jeder Bekannte sich täglich soviel zubereitetes Fleisch holen, als er auf seinem langen Dolche wegtragen konnte (Stow in Schlossers *Weltgeschichte* X. 339). Dergleichen Zustände, freilich bei viel weniger Reichthum, findet man bei den schottischen Clans. Daran erinnert, dass selbst in sehr gesitteter Zeit Kimon Miltiades' Sohn, seinen sämmtlichen Dorfgenossen (allen *Λακιάδαις*, Arist. d. bei Plut *Kimon* 10) seine Tafel ohne Vergütung offen hielt und ihnen selbst Oberkleider gab.

[2] Bequeme, wenn auch unelegante jetzige Männerkleidung. In England ist in einer Equipage oft der einzige einfach gekleidete der Herr selbst. Reinlichkeit, feinere Nahrungsmittel, bequemere Möbel und Reisegelegenheiten, Luxus fast nur z. B. in der grösseren Feinheit der Kleiderstoffe.

[3] Horaz *Sermones* II. 4, ibid. II. 8 das Gastmahl Nasidiens, und das berüchtigte Trimalchio's bei Petron. Bekannt sind Cicero's Sohn, Hortensius' Sohn, der Schauspieler Aesopus mit seinem Sohne, Vedius Pollio u. A., um nicht gar Caligula, Vitellius, Elagabal u. A. anzuführen. — Allein das Zeitalter des Régent, das Ludwigs XV., des französischen Directoire, Augusts des Starken in Sachsen, Carls II. in England, ja mancher Zug des gegenwärtigen zweiten französischen Kaiserthumes sind nicht besser.

162. Gesetze gegen den Luxus (lois somptuaires) sind ungereimt. Gesetze sollen für Alle gleich sein: was aber Luxus ist hängt von eines Jeden Vermögen ab. Sie sind auch machtlos.

Ehe man dies wusste, haben Lykurg, der ältere Cato und Andre im Namen der Sitten solche Gesetze stark befürwortet und sind deshalb, mit mehr Sentimentalität als Verständniss des Staatslebens, oft gelobt. — S. Livius 34, 1 ff.

163. Man hat auch wohl Steuern eingeführt, um als verschwiegene loi somptuaire zu wirken. Dadurch entsteht eine schlechte Steuer oder eine schlechte gesetzliche Bestimmung, meistens Beides (Roscher § 237 S. 479).

„Luxussteuern entsprechen weder einer gesunden Finanzpolitik, noch einer verständigen Volkswirthschaft. Sie bringen verhältnissmässig wenig ein und wirken auf die Gewerbthätigkeit nachtheilig zurück. Mit dem Zweck, der Bevölkerung unnützen Aufwand zu verleiden, also mit einem moralischen Motiv, hat es die Staatsgesetzgebung nicht zu thun, und der Verschwendung weniger Einzelner wird durch Luxussteuern niemals erfolgreich entgegengetreten." W. A. Lette in R und W.'s *Staats-Lex.* XIII (1865) S. 787, Art. *Steuern*.

III. Einfluss der Regierung auf die menschliche Gesellschaft.

Vgl. Mill, *Book* V, On the influence of Government, Rotteck und Welcker, *Staats-Lexikon*, 3. Aufl., die Artikel *Auflagen*, *Steuern*, und die in Letztern und im Art. *Abgaben* aufgeführten Artikel.

1. Auflagen, Steuern.

164. Die menschliche Gesellschaft überhaupt existirt in solcher Form, dass sich in ihr eine Anzahl Staaten finden. Die Regierungen dieser Staaten machen Gesetze und nehmen andre Massregeln welche Einfluss auf die Gesellschaft ausüben.

Man kann meinen, dass der Einfluss dieser Regierungen sich mehr oder minder weit erstrecken müsste als es jetzt der Fall ist, z. B. in England, Frankreich, Nordamerica, Russland, Holland oder Norddeutschland.

Gewiss aber soll jede Regierung:

1. Schützen gegen Gewalt und Arglist.
2. Bestimmen, was als Eigenthum gelten soll.
3. Das Erbrecht festsetzen und aufrecht erhalten.
4. Die eingegangenen Verpflichtungen sichern, und das Eingehen einiger Verpflichtungen verhindern.
5. Für die bürgerliche Rechtspflege, d. h. für das Entscheiden vorhandener Zwistigkeiten sorgen.
6. Ebenso für die Gesetzgebung selbst, auch insofern diese dem Entstehen von Zwistigkeiten vorbeugt,
7. für diejenigen, die sich selbst nicht versorgen können, Kranke, Kinder, bejahrte Arme u. s. w.,
8. für Münze, Maass und Gewicht,
9. für den Unterhalt und die Erleuchtung von Gassen, Fahrwegen u. s. w. (oft als Pflicht der localen Obrigkeit),
10. für Deiche, Häfen, Leuchtthürme u. s. w., das Anfertigen von Karten z. B. für den Kataster, und manches Andre (Mill V. 1 S. 479 ff.).

165. Dazu braucht jede Regierung Geld. Dieses erhält sie grösstentheils aus den Auflagen überhaupt, vorzüglich aus den Steuern, deren Betrachtung hier genügt.

„Auflagen sind diejenigen Einrichtungen, welche der Staat seinen Angehörigen auflegt, also Steuern und Gebühren." Rotteck im *S. L.* II (1858) Art. *Auflagen*. Ausführlicher findet man „die Unterscheidungen, wie sie hier aufgestellt sind und wie sie von der neuern Wissenschaft in Deutschland fast durchgehends anerkannt werden", bei Rotteck u. K. Mathy im *S. L.* I (1856) Art. *Abgaben*. Populär das „*Politische Handbuch, Staats-Lexikon für das deutsche Volk* 1869 (3 von den 16 Heften lagen mir schon vor), Art. *Auflagen*, ganz im Sinne von Rottecks angeführter kurzer Aeusserung. — „Den deutschen Auflagen entsprechen die französischen *impôts*, den

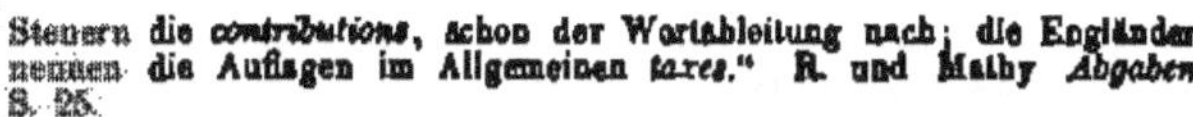

Steuern die *contributions*, schon der Wortableitung nach; die Engländer nennen die Auflagen im Allgemeinen *taxes*." R. und Malby *Abgaben* S. 25.

Die Haupterfordernisse eines guten Steuersystems hat schon Adam Smith [1] aufgeführt, nämlich:

1. Jeder bezahle nach Verhältniss seines Einkommens[2]. Nur dies ist die nothwendige (und gerechte) Gleichheit der Last.

2. Bestimmtheit, keine Willkür. Der Steuerpflichtige selbst muss wissen, wann, wie und wie viel er zahlen muss; das muss Jedem bekannt, es muss öffentlich sein.

3. Zeit und Art der Zahlung müssen so unbeschwerlich für den Pflichtigen als nur möglich gewählt werden.

4. Es muss so wenig wie möglich mehr[3] von dem Volke erhoben werden als der Fiscus erhält.

[1] *Wealth of Nations* V. 2, auch bei Mill II S. 483 ff.

[2] So ganz entschieden auch Rotteck *Auflagen* z. B. S. 19, 21. S. gleich No. 166.

[3] Z. B. es können die Erhebungskosten zu hoch sein. Oder die Steuer kann einen nützlichern Betrieb zu Gunsten eines weniger productiven benachtheiligen. Die Formalitäten bei der Erhebung von Steuern auf Handel und Industrie können oft einen Erwerb lähmen oder selbst dessen Betrieb verhindern.

166. Die einzige bedeutende Schwierigkeit ist beim ersten Punct. Was ist gerecht? Die zuweilen gehörte Behauptung, dass die Reichen den meisten Schutz geniessen, ist falsch, denn Reichthum giebt Macht, und ohne Staatsschutz würden die ärmeren Classen vielleicht selbst der Sclaverei verfallen.

So im alten Rom zu der Zeit Stolo's und der der Gracchen, vgl. Mommsen *Röm. Gesch.* 3. Aufl. I. S. 261, 856, II. 75, 82. Die „*mean whites*" in den *Südstates* Nordamerica's. Ueberhaupt sind ja in diesem Jahrhundert die Negersclaven u. A. überall, nicht bloss neuerdings in Nordamerica, und ebenso Russlands Leibeigne, nur durch den Staat frei geworden.

Wenn aber grösseres Vermögen nicht den Genuss eines verhältnissmässig grössern Staatsschutzes bedingt, soll denn doch ein verhältnissmässiger Vermögensantheil eines Jeden auch billigerweise eines Jeden Antheil in der Steuerlast sein?

„Die früher insbesondere häufig vertretene Ansicht (Jacob, Rotteck, Garnier), dass auch die Vertheilung der Steuerlast auf die einzelnen von ihrem verhältnissmässigen Antheil am Genuss der Vortheile des Staatslebens bedingt sein müsse, und dass daher nur das den Gebühren zu Grunde liegende Princip verallgemeinert werden müsse, hat mit Recht vielen Widerspruch in der Theorie gefunden und ist nirgends zur praktischen Ausführung gekommen." Vgl. auch das Folgende. *Polit. Handb.* I. 91, Art. *Auflagen*.

Wie dem auch sei, im Allgemeinen empfiehlt sich eine Regel welche vorzüglich durch Bentham [1] Eingang gefunden hat: ein Theil des Einkommens (oder Vermögens), hinreichend für die allerersten

Lebensbedürfnisse, bleibe bei Reichen und Armen unbesteuert (z. B. auf die Familie 200 Thl. jährlich). Alles Uebrige werde verhältnissmässig[2] besteuert.

[1] S. No. 90. Dagegen Rotteck, *Auflagen* S. 19 (nicht im Widerspruch mit der richtig verstandnen einen Aeusserung S. 22). — Ueber B.'s Lehren ist Marquardsen, *Bentham'sche Schule*, gerechter als J. Weitzel und Welcker, *Bentham*, beide *S.-L.* II. 616 ff. Den edlen Sinn des Mannes erkennen verdientermaassen auch Diese rühmlichst an.

[2] Mill § 2, 8 S. 481 ff. — Gegen den „*impôt progressif*" und für verhältnissmässige Besteuerung Thiers, *de la Propriété* IV. III S. 310 der Ausgabe Lheureux: dem gewandten, sonst bei dem Schutzzollsystem vielfach interessirten Dialektiker ist hier ruhig zu trauen.

Nach Obengenanntem streben in England Gladstone in seiner vorigen Stellung als Finanzminister der Whigs 1859—66, in Holland die Liberalen unter Thorbecke's Führung, vorzüglich 1853—66. Das in beiden Staaten sehr zusammengesetzte Steuersystem macht jedoch eine principielle Uebersicht sehr schwierig.

Zeitweilige Einkünfte als solche müssen mit bleibenden Einkünften gleich hoch besteuert werden, denn mit dem Aufhören des zeitlichen Einkommens hört auch die Steuer auf. Jedoch kommen sie (z. B. Besoldungen) meistens bei minderm Wohlstand als die bleibenden Einkünfte gleichen Betrages vor, und aus diesem Grunde verlangt man also mit gewissem Rechte dass sie minder belastet werden sollen (z. B. 1/4 oder 1/3 minder. Wo ist aber der Maasstab zu dieser Beurtheilung?). — Rotteck *Auflagen* 23 f., der die Grundsteuer nach dem mit 20 oder 25 zu multiplicirenden Pachtschilling anschlagen will, sagt gleich darauf: „selbst bei lebenslänglichen und durch einen festen Rechtstitel gesicherten Renten, z. B. Besoldungen oder Pensionen von Staatsdienern, wird mit Billigkeit kaum die Hälfte zur Grundlage der Capitalisirung zu nehmen, also das Ganze etwa blos mit 10 zu multipliciren sein."

Die wechselnden Einkünfte aus Handel und Industrie sind letzterer Art. Hier ist aber die Anwendung weit schwieriger und complicirter.

Ersparnisse sollten frei sein, wenn man nur ihren Betrag auffinden könnte. Jetzt würden sie, bei Einkommensteuern, zweimal zahlen, einmal als Theil des Erwerbes (Vermögens), und ferner anhaltend in ihren Früchten, wie das übrige Capital.

Für die Theorie ist es gleich ob die Steuer nach dem Einkommen oder nach dem Vermögen (und capitalisirten Einkommen) berechnet wird. Natürlich muss in ersterm Falle von jeden 5 Thln. (oder 4, oder 4½, je nach dem durchschnittlichen Zinsfusse) als im andern von jeden 100 veranschlagt werden. — Für die Praxis empfiehlt Rotteck (*Auflagen* 23) wohl mit Recht Capitalisirung des Einkommens als Grundlage der Berechnung und Vergleichung.

167. Steuern sind direct oder indirect.

Direct nennt man solche Steuern, welche unmittelbar Denjenigen selbst abgefordert werden, welchen man die Last auferlegen will.

Indirect heissen alle solche Steuern, die man Einzelnen (und ihnen auch unmittelbar) abfordert, von welchen man weiss, dass sie den Betrag von Andern zurück erhalten werden: jenen Andern, d. h. allen Steuerpflichtigen ausser den wenigen Obengenannten[1], werden sie mittelbar abgefordert (Mill III S. 495 ff., Rotteck *Steuern (indirecte und directe) S.-L.* XIII [1865] S. 788 f.).

[1] Z. B. bei der Schlachtsteuer Allen ausser den Fleischern, Allen ausser

den Müllern bei der Mahlsteuer, den Schenkwirthen u. dgl. bei der Getränkesteuer.

Directe (unmittelbare) Besteuerung kann entweder das Einkommen (Vermögen) oder die Verzehrung (den Verbrauch) treffen. Einkommen besteht aber immer aus **Grundrente**, **Capitalprofit** oder **Arbeitslohn** (Schenkungen ausser Rechnung gelassen): also könnte man jeden dieser drei Erwerbszweige gesondert besteuern.

168. Mit dem Wort **Einkommensteuer** meint man aber eine Steuer welche diese Einkommenszweige sämmtlich trifft, wie die „*income-tax*" in England [1] und die holländischen Umlagen („*hoofdelyke omslagen*", locale Besteuerung nach Verhältniss des veranschlagten reinen Gesammteinkommens), auch in Deutschland Gemeinde- und Kreis-**Umlagen**.

[1] Vgl. *Einkommensteuer* im *S.-L.* IV (1860) S. 770 ff., von W. A. Lette, *Grossbritannien und Irland* (*Politische Statistik*), VII (1862) S. 29 f., 38, von G. F. Kolb.

Derartige Steuern sollten, aus Billigkeits- und Vorsichtsgründen, ein gewisses Minimum frei lassen (s. No. 166).

Für England wäre nach Mill zu S. 486 per Familie 350 Thl. jährlich zu niedrig.

Selbst in diesem Falle, und mit Beachtung der übrigen Billigkeitsregeln von Regierungsseiten, hat solche Steuer grosse Schwierigkeiten bei der Erhebung. Dies macht es unwahrscheinlich, dass sie vorerst als einzige Steuer („**impôt unique**") eines nicht sehr kleinen Staates Anwendung finden wird.

Rotteck *Auflagen* 22, 24 f. Selbst bei Nationen wie der englischen und holländischen besteht ein grosser Widerwille der Privatpersonen gegen das Mittheilen ihrer Vermögensumstände („Scheu vor Vermögensfassion oder gar Vermögensuntersuchung", Rotteck a. a. O.) und grosse Schwierigkeiten für die Obrigkeit, diese dennoch kennen zu lernen. Ganz praktisch ist dazu die holländische Methode: Anweisung der Gemeinden auf solche Steuern (wogegen die indirecten nur vom Staate selbst erhoben werden), da eines Jeden Vermögen weit genauer an seinem Wohnort als in der Hauptstadt ermittelt werden kann, ferner Eintheilung in zahlreiche Vermögensclassen, welches Letztere auf die Dauer auch folgenden Nachtheil wenigstens theilweise aufhebt: bei dem Abschätzen der Antheile eines Jeden wird man sich nicht leicht von den eignen Angaben der Steuerpflichtigen über ihr Vermögen losmachen und also nicht leicht verhindern können, dass eben die sich selbst redlich abschätzenden nach Verhältniss schwerer betroffen werden.

Doch verursachen alle diese Schwierigkeiten, dass man nicht sagen kann, diese Steuer sei auch in der Praxis die gerechteste und müsse als einzige Besteuerungsart („**impôt unique**") statt der andern Steuern eingeführt werden. — So auch Lette, *Steuern*, *S.-L.* XIII. 784.

169. **Abstract** kann man die directen Steuern eintheilen in die auf:

1. die **Güterproduction** (z. B. Gewerbesteuer),

2. das erworbene Vermögen (Einkommen), den Erwerb (z. B. Grundsteuer, Besoldungssteuer, [nicht alleinige] Einkommensteuer) und

3. die Verzehrung (den Verbrauch), wie die Fenstersteuer in England, eigentlich Wohnungssteuer, derartig auch in Frankreich, Belgien und Holland. Die Ausgaben werden jedoch überwiegend indirect besteuert (Vgl. Rau, *Consumtionssteuern, S.-L.* IV [1860] S. 126 ff.).

170. Grundsteuer ist eine der bedeutendsten Einnahmequellen im Budget der meisten geordneten Staaten.

„Unter den directen Steuern .... ist die Grundsteuer die wichtigste sowie die natürlichste und allgemeinste." Rotteck *Grundsteuer, S.-L.* VII (1862) S. 154.

Sie unterscheidet sich in die Gebäudesteuer und in die eigentliche, Baulichkeiten nur gelegentlich betreffende Grundsteuer. Letztere ist in jeder Hinsicht eine wirkliche Steuer: es ist eine falsche und schädliche Ansicht dies zu bestreiten.

Rotteck hat im Artikel *Grundsteuer* die genannte verkehrte Ansicht bündig widerlegt. Hier ein sehr kurzer Auszug aus seinem Beweise (*S.-L.* 159 ff.):

1. „Die allgemeine Belastung der Gründe für den öffentlichen Bedarf ist dahin zu erklären, dass die Steuerschuldigkeit der Grundeigenthümer als eine ihnen als Mitgliedern der Gesellschaft obliegende Pflicht statuirt und anerkannt worden sei.

2. „Die Belastung wird nicht (wie bei einer privatrechtlichen, vertragsmässig verschuldeten Reallast der Fall sein müsste), genau bestimmt für jedes einzelne Grundstück, sondern theils nach dem in der Regel vorhandnen, theils nach dem jeweiligen öffentlichen Bedarfe – in Krieg und Frieden — festgestellt.

3. „Sollte man selbst annehmen, bei der ursprünglichen Statuirung der Grundsteuer sei wirklich eine Reallast auf Grund und Boden zu legen beabsichtigt worden (was übrigens eine bare Fiction wäre), so konnte diese Verfügung doch niemals bindend für die gesetzgebende Gewalt sein.

4. „In jener frühern Zeit, aus welcher sich die Einführung der angeblichen Reallast herschreiben soll, war erst ein kleiner Theil der Gründe angebaut. Der Werth der seitdem weiter beurbarten Gründe (jedenfalls der weitaus grösste Theil des jetzigen Privatgrundeigenthums) kann nie und nimmer als den Besitzern von dem Staate verliehenes Gut betrachtet werden, sondern er ist ihr naturrechtlich vollgültig erworbenes, weil von ihnen erschaffenes Gut.

5. „Nach solcher Eigenschaft, nämlich als staatsbürgerliche Leistung, d. h. als eigentliche Steuer, wird auch in der vorherrschenden Praxis die Grundsteuer betrachtet und behandelt.

6. „Die Behauptung, dass durch Aufhebung oder Milderung einer bereits längere Zeit hindurch bestandenen Grundsteuer eine Klasse der Nation, nämlich die Grundbesitzer, auf Unkosten aller andern, mithin ungebührlich bereichert werde, zerfällt in nichts. Es heisst nicht auf Unkosten andrer bereichert werden, wenn man blos einer gegen Recht getragenen Last entledigt wird, mithin blos erhält, was man von Rechts wegen zu fordern hat; und es ist hierin zwischen der Grundsteuer und andern Steuern gar kein wesentlicher Unterschied.

7. „Was von der (Aufhebung oder) Ermässigung der Grundsteuer (so wie irgendeiner andern Steuer) gilt, das gilt auch von ihrer Erhöhung und also auch von ihrer Peraequation oder thunlich gleichheitlichen Regu-

lirung, mit welcher natürlich eine Menge von Ermässigungen und Erhöhungen jeweils verbunden ist.

8. „Ist die Grundsteuer, wie wir behaupten, eine wirkliche Steuer, nicht aber eine privatrechtliche Reallast, so kann die Aufhebung bisher bestandener Steuerfreiheiten, ohne Unterschied, ob nur bestimmten Gründen, oder ob ganzen Klassen oder Corporationen, z. B. dem Adel oder der Kirche, in Ansehung ihres Grundbesitzes zustehend, durchaus keinem Rechtsbedenken unterliegen, und es ist die hier und dort erhobene Forderung, dass den Betheiligten in solchem Falle eine Entschädigung für die Aufhebung der Steuerfreiheit von Staatswegen müsse gereicht werden, eine wahre Unverschämtheit und zugleich Abgeschmacktheit.

9. „Die Idee einer zu erlaubenden oder gar zu fordernden Ablösung der Grundsteuer ist eine rechtlich wie politisch gleich verwerfliche."

171. Gebäudesteuer (engl. *house-tax*), Miethsteuer[1], Fenster- und Thürsteuer (franz. *contribution personelle*). Vergl. *Staats-Lexikon* Art. *Grundsteuer*, und zwar Rotteck S. 167 f., W. A. Lette S. 177. Soweit nicht diese Steuern, weil von Baulichkeiten erhoben, als Grundsteuern gelten, treffen sie den Verbrauch, die Ausgaben eines Hausbesitzers oder Hausbenutzers, und zwar nicht indirect wie die Accise, sondern unmittelbar.

[1] Als städtische Communalsteuer sehr empfohlen von W. A. Lette, *S.-L.* Art. *Steuern* S. 786 f.

172. Gewerbesteuern (fr. *la patente*, vgl. die englischen *licenses*) treffen die Arbeit, den Erwerb. Wer einen Betrieb ausübt muss ein Patent nehmen, gewissermassen einen Erlaubnissschein zur Ausübung seines Berufes. Wo darunter eine wirkliche Erlaubniss und nicht bloss eine Besteuerungsart gemeint ist, so kann man solche mittelalterliche und ungerechte Beschränkung der natürlichen und nothwendigen Gewerbefreiheit nur bedauern.

In der Zeit der Zünfte (also in Frankreich bis 1791) musste man unter andern Bedingungen und gegen gewisse Bezahlung die sogenannte Meisterschaft erwerben, *la maitrise*. Die Constituante schaffte die Zünfte ab, und erhob fortan eine „*patente*" statt jener Gebühren für die *maitrise*. — S. unten Zünfte, No. 217.

Ein schöner wenn auch kaum befolgter Spruch aus der Zunftzeit verdient bekannt zu sein:

„Wer soll Meister sein? — Der was ersann.
„Wer soll Geselle sein? — Der was kann.
„Wer soll Lehrling sein? — Jedermann."

Vgl. für Preussen das Finanzedict vom 7 Sept. 1811 und die gesetzliche Revision desselben von 1861. W. A. Lette im *S.-L.*, Art. *Grundsteuer*, und zwar IV, Gewerbesteuer, namentlich S. 181 ff.

173. Noch viele andere directe Steuern sind denkbar: manche davon existiren in verschiednen Ländern.

So Capitalien-, Besoldungs-, Mobilien-, Gefällsteuer u. s. w.

Eine der meistgenannten ist die Rentensteuer (Couponsteuer), womit man auch das Vermögen „*en portefeuille*" zur Zahlung herbeiziehen will.

Dagegen wäre somit, wenn die Steuer übrigens billig ist und keinen

Theil der Staatsangehörigen über Gebühr belastet, nichts zu sagen. Allein gewöhnlich wird solche Steuer von Staaten in Finanznoth angeregt, als „Besteuerung“ (!) des Zinsertrages ihrer eignen bereits ausgegebnen Schuldscheine. Als solche ist sie einfach Raub, oder will man es lieber so nennen: betrüglicher („theilweiser“, d. h. ganzer) Bankrott. Der Inhaber des Coupons, selbst wenn er Angehöriger des betreffenden Staates selbst ist, hat als Gläubiger Recht (aus „Privat“verpflichtung) auf den vollen vertragmässig bestimmten Werth, den sein Schuldner der Staat ihm weder ganz noch theilweise vorenthalten darf, auch nicht unter dem (kaum mehr) trügerischen Vorwande des Namens Besteuerung.

Für Preussen (und einige andre Staaten) verdient noch die sogenannte Classensteuer Beachtung.

Hier genügen ein Paar Auszüge aus Brockhaus' allgemein bekanntem „*Conversations-Lexikon*“, 10. Aufl. IV (1852) Art. *Classensteuern:* „Dieser Ausdruck hat eigentlich keine wissenschaftliche Basis, sondern ist nur von der Gesetzgebung einzelner Staaten nach der Modalität der Einrichtung gewisser Steuern eingeführt worden ... Speciell hat man zuweilen namentlich die Personalsteuern ... Classensteuern genannt. Bei der preussischen Classensteuer werden 4 Classen mit 12 Stufen angenommen, wobei in die erste Classe besonders wohlhabende und reiche Einwohner, in die zweite wohlhabende Grundbesitzer, Kaufleute u. s. w., in die dritte geringere Bürger und Bauern, in die vierte Tagelöhner und Dienstleute gewiesen werden“ (Die neueste, 11., Aufl. ist beide male verglichen).

Ein andrer Auszug (Art. *Steuern und Abgaben* XIV, 1854): „Als das immer noch einfachste System stellt sich dasjenige dar, was sich aus Grundsteuer, Gewerbsteuer, Personalsteuer und den anwendbaren Verbrauchssteuern und Zöllen zusammensetzt, wozu allenfalls noch kleinere Gebühren und Stempelabgaben kommen mögen“, genüge dem deutschen Leser auch als fast ganz genaues Bild des holländischen Steuerwesens, wobei nur noch die Communalsteuern (und die geringen Provincialsteuern) zu beachten sind. Auch ist „Personalsteuer“ für Holland nicht im deutschen Sinne, sondern in dem der französischen *contribution personnelle* aufzufassen.

174. Indirecte Steuern, sahen wir (No. 167), sind solche, bei denen nur Einzelnen direct abgefordert wird, was sie, wie man weiss, von vielen oder allen zurück erhalten. Dadurch also erreicht man Alle, aber fast ausschliesslich indirect, d. h. nur Wenige haben unmittelbar mit dem Steuererheber zu schaffen.

Diese Steuern werden so erhoben, dass man sich an den besteuerten Gegenstand hält, gleichviel wer die Steuer zahlt. Also hauptsächlich

1. Ein-, Aus- und Durchfuhr-Zölle (engl. *customs*).

2. Accisen (engl. *excise*).

175. Ueber Ein- und Ausfuhrzölle s. man die kleine Tabelle No. 197 Anm. 2 als Beispiel.

Im Norddeutschen Bunde befindet sich gegenwärtig das Zoll- und Steuerwesen in fortdauernder Umarbeitung. Also giebt man hier wohl am Besten keine Zahlen. Erfreulich ist das Durchdringen der Freihandelslehre.

Als Beispiel diene noch einiges aus dem neuen (seit 1869 geltenden) Tarife für die holländischen Colonien:

Ausfuhrzölle aus den Nied. Colonien: Häute 2 pCt., Vogelnester 6 pCt. vom Werthe, Kaffee nach Holland 6, sonst 9 pCt., Zucker nach Holland frei, sonst 3 pCt., Taback 1 Gld. ($^{4}/_{7}$ Thl.), die 100 Kilogramm, Indigo nach Holland 1 Gld., sonst $1^{1}/_{2}$ Gld. die 10 Kilogramm (für ostindischen Markt sind Tabak und Indigo frei), Zinn nach Holland $3^{1}/_{2}$, sonst 6 Gld. die 100 Kilogramm.

Einfuhrzölle. Geistige Getränke 20 bis 40 Gld., Wein 9 Gld. der Hektoliter, „Krämereien" 6 pCt., Faience, Manufacturen, Papier und Fleisch jedes aus Holland 10, sonst 16 pCt., Gambir (= Catechu, ein Gerbestoff) 20 Gld., Taback 8 bis 40 Gld. die 100 Kilogramm, Bier aus Holland $2^{1}/_{2}$, sonst 4 Gld. der Hektoliter, Opium 200 bis 350 Gld. der „Pikol" (ostindisches Gewicht von $62^{1}/_{2}$ Kilogramm).

Zölle u. s. w. sollen niemals Prohibitiv- oder **selbst sogenannte** Schutz-zölle sein, sondern reine „Finanzzölle.

D. h. der Kaufmann, wie jeder andre Staatsangehörige, **soll seinen** billigen Antheil an der allgemeinen Last tragen.

Das System (s. No. 63, 186 Anm. 1) nach welchem man Einfuhr von ausser Landes aller oder einiger Waaren am liebsten ganz verbieten (franz. *prohiber*, daher *Monsieur Prohibant* als ideelle Person in Bastiat's *Sophismes économiques*) würde, wenn man sich das auch nicht rund heraus zu sagen traut, hat oft so hohe Eingangszölle gefordert, dass die Einfuhr (der hohen Zölle wegen) in der Praxis unterblieb. Dies verdient Tadel.

Ein protectionistischer Tarif schützt, behauptet man, die heimische „Industrie". D. h. höchstens den einheimischen Producenten derjenigen Waaren, welche man besser, d. h. wohlfeiler (= mehr um denselben Preis), von ausser Landes kommen lassen kann (s. No. 60, 193 ff.). Wer unter diesem „Schutze" leidet, ist aber der Consument oder Verbraucher (Abnehmer), namentlich eben der einheimische, d. h. alle Einwohner mit Ausnahme jener wenigen, welche den betreffenden Handelsartikel zu theuer produciren[1].

Die Regierung, welche solcherart den (producirenden) Fabrikanten „schützt", kann das auf keinem andern Wege als durch das Wegnehmen der dazu nöthigen Gelder aus dem Eigenthume der Benutzer, d. h. der Gesammtheit, also durch Schädigung des Rechtes Aller zu Gunsten Weniger (s. No. 194).

Ein Staat mit Schutzzöllen schädigt also (vielleicht auch andre, aber hauptsächlich) sich selbst. Es ist also unvernünftig zu sagen: wir wollen zwar aufhören, durch das mit schweren Zöllen belegen z. B. nordamericanischer Waaren uns selbst zu benachtheiligen, allein nur in dem Falle, wenn Nordamerica aufhört durch seine schweren Zölle auf unsre Einfuhrartikel sich selbst zu benachtheiligen. Doch fordern solche Handelsweise die Vertheidiger einer sogenannten Reciprocität (wenn z. B. gewisse holländische Waaren bei der Einfuhr in die Schweiz so hoch verzollt sind, dann solle man auch in Holland etwa denselben Betrag aus der Einfuhr schweizerischer Waaren in Holland erheben). Eigentlich sind das Protectionisten ohne es zu wissen, oft auch solche die das recht gut wissen. Durch solche Chicanen sucht man nämlich protectionistischen Einrichtungen die Existenz zu fristen.

[1] Wer gleich wohlfeil (gleich gut) als der **Ausländer producirt, bedarf** keines Schutzzolles.

Die grosse Leichtigkeit des jetzigen Verkehrs hat mehr als die stärksten Vernunftschlüsse die Schutzzölle (und die verwandte politische (!) Massregel, das Passystem) gestürzt: je nachdem Jeder öfter selbst auf Reisen ging und Waaren versendete zeigte sich Beider Ungereimtheit deutlicher. Doch ist das Werk noch bei Weitem nicht vollendet; auch die Theorie des völlig freien Handels, wie fest ihr Princip auch stehe, muss noch in mancher Hinsicht entwickelt und angewandt werden, oft eben in Folge des beschleunigten und gewaltig vergrösserten Güterverkehrs[1]. Das Beispiel Cobdens und Rob. Peels (1846) in England bleibt der Wendepunkt zum Guten in Europa's Handelspolitik. Jetzt scheinen Napoleons Initiative, die Ausbreitung der Eisenbahnnetze, und das Wegfallen so mancher Staatsgränze in Italien und Deutschland gegründete Aussichten auf eine baldige Herrschaft des Freihandelsystems in ganz Westeuropa zu eröffnen.

Vgl. No. 200. — [1] Z. B. Eisenbahn- und Fabriks- (natürliche oder halbwegs natürliche) Monopole, Handwerksmonopole und Handwerkszwang in den *Trades' Unions* (s. No. 214 ihre 8 Zwangsforderungen) und sonst.

176. Accise (Verbrauchssteuer) sind diejenigen indirecten Steuern, welche der Consumtion, m. a. W. gewissen Verbrauchsgegenständen auferlegt werden. Diese kann man eintheilen in

1. Gegenstände erster Lebensbedürfnisse, nicht bloss Speise und Trank, sondern auch z. B. Seife, Brennmaterial u. s. w. Diese sollen möglichst unbesteuert bleiben.

2. Luxusgegenstände. Davon kann als Steuerertrag nur wenig erhoben werden: die Steuer auf diese Art Gegenstände kann sehr leicht umgangen werden. Soweit man sie anwenden kann verdient sie Empfehlung. Vgl. aber No. 162 f.

Die Hundesteuer, wiewohl sonst wünschenswerth, ist schon wegen ihres geringen Ertrages das Geschreie gegen ihre Urheber und deren so erzeugte Inpopularität (!) nicht werth.

3. Zur Noth entbehrliche Gegenstände allgemeinen Gebrauchs. Diese sind die geeignetesten Steuerobjecte. Sehr viele Staaten, wie England, Holland u. s. w., werden die „Position" Accise aus ihrem Steuerwesen noch lange nicht entbehren können. Eins der allergeeignetesten Steuerobjecte sind die destillirten Getränke (die im Norddeutschen Bund unbegreiflicher Weise sehr niedrig, in England dagegen mit Recht ganz ordentlich taxirt sind).

Accise wird grösstentheils wie folgt erhoben:

1. Bei dem Ursprunge, d. h. dem im betreffenden Lande, also auswärtiger Waaren bei der Einfuhr.

Dadurch kommt denn zwar nicht der fiscalische (also Anschlags- und Tarifs-, d. h. Betrags-) Unterschied, aber doch der principielle Unterschied von Eingangszöllen für auswärtige Waaren in Wegfall.

2. Bei der Lieferung zur Consumtion. Die billigste Art, wäre sie nur öfter möglich.

Z. B. bei Taback, Schlachtsteuer u. s. w. nicht.

177. Localsteuern, also Gemeinde-, Kreis- und Provincialsteuern[1] überhaupt werden am Besten nach denselben Regeln als die Staatssteuern eingerichtet; man kann aber hier weit einfacher handeln, namentlich direct besteuern, durch „Umlagen".

[1] U. s. w. Z. B. die englische Armensteuer (*poor-rate*) wird an die *parish*, die kirchliche Gemeinde, oder an die aus mehreren *parishes* (Pfarreien) bestehende *union* gezahlt, wobei Staat und Kirche noch völlig vermischt sind. In Holland erheben die Deichverwaltungen (*Waterschapsbesturen*, unter zahllosen Namen und Verschiedenheiten) ganz ordentliche Gefälle.

2. Staatsschuld.

178. Anleihen. Auf die Dauer erhält der Staat die Gelder deren er bedarf, hauptsächlich aus Steuern. Gar oft deckt man aber einen Bedarf aus Anleihen, d. h. aus dem Contrahiren einer Schuld für oft sehr lange Zeit.

Anleihen auf kurzen Termin können financiell recht nützlich aber ökonomisch kaum wichtig sein.

Anleihen, die erst nach langer Zeit getilgt werden, sind in denjenigen Fällen schädlich, wo sie der Gütererzeugung Capital entziehn. Sie können nützen, wenn sie Capital von ausser Landes anziehen, oder denjenigen Theil des heimischen Capitals, welcher sonst improductiv liegen bliebe oder ausser Landes verwendet würde.

Mit „schädlich" und „nützlich" wird hier gemeint: weniger oder mehr anzurathen als das Erheben von gleichviel Geld durch Besteuerung.

Welche Art Capital in Anleihen angelegt wird, kann man wissen. So lange nämlich bei Regierungsanleihen der durchschnittliche Zinsstand nicht steigt, so folgt daraus, dass die Regierung nur solches Capital anzieht, welches bei jenem Stande keine sonstige Anlage fand. Sobald er aber steigt, ist erwiesen, dass die Regierung nach schon productivem Capital in Concurrenz tritt, dass nach solchem Capital die Nachfrage zunimmt, also dessen Angebot, m. a. W. dessen sonstige nützliche Anwendung, darunter leidet. Mill VII § 1 S. 526 ff.

179. Der Staat, und jeder Borger, macht von seinem Credite sehr verschiedenartigen Gebrauch. In mancher Hinsicht kann der Staat vortheilhafter borgen als Privatpersonen.

Die hauptsächlichen Formen der Staatsanleihen sind:

1. Promessen. Der Staat giebt Zahlungsversprechen aus, „Schatzbons" (engl. „*exchequer bills*"), welche bis zu einem im Voraus bestimmten Ablösungstermin Zins tragen. Oder solche Zahlungsversprechen geben keinen Zins, können aber jeden Augenblick von jedem Inhaber für den vollen („Nominal-")werth eingelöst werden, also „Staatsnoten".

So z. B. die preussischen Thalerscheine, die holländischen *Muntbilletten*. — Banknoten (*Billets de la Banque de France* u. s. w.) sind dasselbe, ausser dass nicht der Staat, sondern eine Bank sie ausgiebt und dafür einsteht. S. No. 143, 144. 6. Dass die *Bank of England notes* als *legal tender* cursiren, also im Nothfall mit Zwangscurs, schadet praktisch seit 1819 nicht mehr, ist aber doch principiell falsch.

2. Gewöhnliche Anleihen. Der Staat verspricht für jede geborgten 100 Thl. einen bestimmten Jahreszins zu zahlen.

Zuweilen bestimmt man, innerhalb oder an welchem Termine das Capital völlig getilgt, d. h. zurückgegeben sein soll, oder eine allmälige Zurückgabe des Capitals, so dass nach gewisser bestimmter Zeit Alles zurückgegeben sei.

Oft aber kommt man überein, das Capital überhaupt nicht zurückzugeben, wogegen der Zins immerfort bestehen bleibt. Staaten, weil ihre Dauer ja unbestimmt ist, finden keine Schwierigkeit in solchen Anleihen; für Privatpersonen sind sie kaum möglich. Verlangt nun der Ausleiher sein Capital zurück, so verkauft er einfach seinen Schuldschein an der Börse zum Tagescurse (für den „reellen" Werth); er wird das etwa *al pari*[1] thun können, so lange der Staat seine Verpflichtungen erfüllt.

[1] Freilich nach reducirtem Pari, z. B. 2½procentige Rente etwa zur Hälfte als 5procentige, bei sonst gleichen Bedingungen.

3. Pfand oder Hypothek. Der Staat giebt Anweisungen auf gewisse Güter oder Einnahmequellen als Unterpfänder der Erfüllung seiner eingegangnen Verpflichtungen.

Die Ausleiher einer so gesicherten Anleihe wissen nun, dass sie aus jenen Einnahmequellen bezahlt werden, selbst wenn der Staat andern Verpflichtungen nicht gerecht wird. Diese Form war früher üblicher als jetzt — bei Staaten mit ganz schlechtem Credit geht es oft sonst gar nicht.

Provinzen und Communen (Kreise) sind nicht so mächtig zum Zwingen ihrer Gläubiger als der Staat. Sie haben auch als solche manchen dringlichen Bedarf nicht welcher den Staat drückt, z. B. für Heer und Flotte. Sie leihen kaum anders als für öffentliche Anlagen.

180. Man kann Anleihen auf verschiedne Weise schliessen, z. B. 1. durch Zwang oder freiwillig. Ersterer kann nur Unterthanen auferlegt werden. Dadurch nimmt ihnen der Staat immer einen grössern oder kleinern Theil ihres Vermögens ab, denn wäre die Anleihe nicht nachtheilig oder unsolid, so hätte der Staat freiwillige Darleiher gefunden.

Einfordern von noch nicht fälligen Steuern, Bezahlen der Staatsgläubiger (ohne Wahl) mit Schatzbons, oder, was ärger ist, mit sogenanntem Papier-Geld (uneinlösliche Stücke mit Zwangscurs) ist auch Zwangsanleihe.

Freiwillig kann man auf allerhand Art leihen, z. B. durch öffentliches Einschreiben, bei dem Staate selbst, oder durch Dazwischenkunft grosser in- oder ausländischer Bankiers.

Anleihen al pari, Schuldscheine von (Multiplen von) 100 Gld, Thlr., Dollar u. s. w. für ebensoviel erhaltnes baares Geld, à 4, 5, 6 pCt. u. s. w. — Oder zu einem durch Reduction zu findenden Zins, also z. B. 100 Thlr. „nominell" für 4 pCt., „ausgegeben gegen 80 pCt." („reeller" Werth bei der Ausgabe), m. a. W. ein Schuldschein von 100 Thlrn. für jede empfangene

60, welche also in Wirklichkeit 4 per 80, d. h. 5, nicht 4 die 100, abwerfen. Letzteres ist üblicher. Vgl. No. 113 S. 55.

2. „Schwebende" oder consolidirte Schuld. Staatsnoten wie „Thalerscheine" können täglich eingelöst werden, Schatzbons u. s. w. laufen nur kurz, z. B. 3 bis 6 Monate. Solcher Staatsschulden Betrag ist also stets wechselnd.

Consolidirte Schuld wird für unbestimmte, längere Zeit eingegangen, sowohl auf den eignen Namen als auf den Inhaber lautend, Letztere die bekannten Staats- (und andre) Papiere, welche täglich leicht an der Fondsbörse verhandelt werden.

Hier ist meistens Zinszahlung von Staatswegen Hauptsache. Viele Staaten hatten so gewaltig hohe Schulden eingegangen, dass Capitaleinlösung einfach nicht mehr möglich war. So kam man (z. B. England und Frankreich) dazu, bei dem Schliessen einer Anleihe ausdrücklich zu bedingen, dass der Staat nur für die Zinszahlung einzustehen brauchte. Die Erfahrung zeigte, dass Staaten auf diese Art etwa eben so vortheilhaft als mit Capitalbildung borgen können. — Ueber die englische Staatsschuld ist interessant Macaulay *Hist.* VII S. 131—144, namentlich 139—142 Tauchn. — Die nordamericanische, früher unbedeutende Staatsschuld ist durch den Bürgerkrieg in 4 Jahren zu mindestens gleicher Höhe mit der englischen angewachsen, nämlich was den Jahreszins betrifft, der hier entscheidend ist. (*the Econ.*, Sept. 11., 1869).

181. Man unterscheidet zwischen

1. eigentlichem Tilgen, d. h. geradezu Auszahlen des vollen Nominalwerthes gegen welchen ursprünglich die Schuld eingegangen ist, und

2. Amortisiren, gewöhnlich durch Einkauf der eignen Schuldscheine auf offnem Markte. — Bei unter *pari* eingegangenen Anleihen ist letztere Art die einzig mögliche.

Tilgung (in engerm Sinne) kann folgendermassen stattfinden:

1. Nach gewisser Zeit zahlt man das Ganze, in Einem Mal oder zu bestimmten Zeiten in verhältnissmässigen Theilen.

2. Annuitäten. Jährlich wird (für Zins und Tilgung) so viel ausbezahlt, dass nach einer bestimmten Anzahl Jahre der Werth von Capital und Zinsen rückerstattet ist.

3. Leibrenten, lebenslängliche „Renten". Jährlich soviel, nämlich bis zum Tode des Gläubigers. Die Summe wird nach der wahrscheinlichen Lebensdauer berechnet (und zwar nach Sterblichkeitstabellen) wie bei Lebensversicherungen. Lebt der Gläubiger länger oder kürzer, so kommt der Unterschied ihm oder dem Staat zu Gute. Diese beiden Arten kommen ausser Gebrauch.

4. Lotterie-anleihen, erst in jüngster Zeit in grossem Maasstabe eingeführt. Die Gläubiger erhalten Loose, worauf dann wie bei einer gewöhnlichen Lotterie Preise oder Nieten fallen, und zwar zum Schaden beider Theile, hauptsächlich weil hohe, wenn auch nur wenige, Preise die Spielsucht wecken und oft die Geringfügigkeit der Chancen der Beachtung entziehen.

182. Amortisation. Wenn auch nicht dazu verpflichtet, kann der Staat oft wünschen sein Schuldcapital zu verringern, m. a. W. lieber auf einmal eine grosse Capitalausgabe als fortwährend Jahreszins zu zahlen.

Wenn z. B. Schuldscheine und Capitalmarkt gedrückt sind, so kann ein Staat — wenn er in solchem Fall nur Geld disponibel hätte — seine eignen Schuldscheine auf offnem Markt wohlfeiler einkaufen. — Auch Domänen bieten gewöhnlich mindern Zinsenertrag als der Zins der Staatsschuld kostet: es ist also vortheilhaft, sie allmählich abzusetzen und dafür Schuldscheine einzukaufen.

Tilgen, es sei denn aus wirklichen Ueberschüssen, ist verwerflich.

Die besondere Existenz eigener Tilgungsfonds (*sinking funds* engl., *fonds d'amortissement* franz.) ist verwerflich.

183. Es giebt verschiedene Arten von Schuldenconversion, d. h. man „convertirt" die Schuld zu einer andern Form.

Dazu kann man z. B. selbst die preussischen Thalerscheine rechnen, indem man sonst zu demselben Betrage zinsgebende Schuld hätte cursiren lassen müssen.

„Repudiation", wie einige Nordamericanische *states* sie begangen haben, ist einfach Treubruch und Bankrott. Man weigerte sich, von der einmal eingegangenen Schuld das Capital (falls das versprochen war), oder den Zins, oder Beide, zu zahlen. Ein solcher Staat handelt eben so unrecht als jeder andre schlechte Schuldner.

9. Freiheit des Verkehrs und dessen Beschränkungen.

184. Zwei Personen oder mehrere, wie wir sahen, können tauschen.

S. No. 10 ff. — Gegenstand um Gegenstand, oder um Dienst, oder Dienst um Dienst.

Falls sie keine andern Interessen berücksichtigen und die nöthige Vernunft und Kenntniss anwenden, tauschen sie gleiche Werthe.

Also muss man beurtheilen, ob die Werthe gleich sind. Wenn dieses die Tauschenden allein beurtheilen ist das Freiheit des Handels, freier Verkehr.

Ein Jeder also rechnet und handelt so: meine Waare oder Arbeit schätze ich so hoch, z. B. soviel Thalern gleich. Dafür bietet man mir jene andre Waare oder Arbeit. Ich schätze sie der Meinigen gleich oder höher als sie, und tausche also. Oder ich schätze sie minder werth als die Meinige und tausche deshalb nicht.

185. Diese Freiheit des Handels oder des Tausches ist allezeit von den verschiedensten Seiten angegriffen geworden.

Jeder Stärkere will den Schwächern zu solchen Tauschen bringen, welche Erstern den grössern Vortheil zuwenden. Also mit Gewalt oder List, m. a. W. durch Raub oder Betrug.

Auch von den Regierungen selbst, wenn sie sich durch den Handel einschränkende Massregeln Geld verschafften.

166. Etwa seit zwei Jahrhunderten hat man aber die Einschränkung des Handels (Tausches) aus vermeintlich der menschlichen Gesellschaft selbst zuträglichen Gründen begonnen. Aus ihnen entstand eine Gewohnheit oder Routine, aus welcher man sehr unwissenschaftlich Sätze ableitete und zu einem Ganzen zusammenfügte, welches man erstlich Handels- oder **Mercantilsystem**[1] nannte.

[1] Vgl. J. H. G. v. Justi, *Staatswirthschaft*, z. B. 2. Ausg. Leipz. 1758; Adam Smith, *Book* III *ch.* 1. — Die prohibitiven oder Verbotsbestimmungen (s. No. 63) sind wohl kaum zu einem wissenschaftlichen Systeme vereinigt. Vgl. jedoch Melon, *Essai politique sur le Commerce*, bei Travers Twiss, *Progress of Pol. Econ.* S. 187 f.

167. Die Mercantilisten (s. No. 132 Anm. 1) schlossen so: Je mehr Gold und Silber in einem Lande, um so reicher ist es.

Also soll dieses Land Güter über die Staatsgränze exportiren und gegen Gold und Silber umtauschen. Je mehr Ausfuhr, um so reicher das Land.

Ganz aber ohne Einfuhr in das Landesgebiet ging es nicht: nicht ganz ohne den Umtausch Goldes und Silbers gegen andre ausländische Waaren.

Man dünchte sich also reicher, je nachdem der taxirte Geldbetrag der Ausfuhr den der Einfuhr übertraf. Diesen Ueberschuss nannte man eine günstige Handelsbilanz.

Vgl. darüber Mills wahre Bemerkung (III. XVII § 4 S. 350): „This notion is intelligible, when we consider that the authors and leaders of opinion on mercantile questions have always hitherto been the selling class." Ferner ibid. *Preliminary Remarks* S. 1 ff.

168. Damit ein Land mehr exportiren könne, muss es durch seine Landwirthschaft und seine Fabriken mehr hervorbringen. Bodenertrag kann durch directe Regierungsmaassregeln nicht leicht vermehrt werden. Fabriken dagegen können mehr hervorbringen, wenn sie z. B. wohlfeilere Rohstoffe anwenden.

Also belegte man fremde Fabrikate mit schweren Eingangszöllen, und liess fremde Rohstoffe bei der Einfuhr so gut als frei[1]. Die Ausfuhr einheimischer Rohstoffe ward durch Zölle möglichst erschwert, Fabrikate aber genossen bei der Ausfuhr manches Vorrecht, oft selbst Prämien (aus der Staatscasse, also aus dem Gesammtvermögen der Einwohner).

[1] Z. B. Colbert, s. No. 132 Anm. 1. Hauptsächlich in seinem Tarife von 1667, „equivalent to a declaration of war against the Dutch." Travers Twiss S. 71. Vgl. Mill V. X § 1 S. 553 ff., und über Colbert C. Arens, *Colbert*, Prag 1865.

189. Wäre diese die wahre Handelspolitik, so würden alle Staaten danach streben sie zu verfolgen, und zwar um so mehr, je nachdem

sie ihr Interesse besser verstehen (Cohen in Rotteck und Welckers *Staats-Lexikon*, 3. Aufl. VII (1862) S. 389, Art. *Handelspolitik*).

So wurden früher von jedem Staat an seiner Gränze eben die Gegenstände belastet, welche der Nachbarstaat wohlfeil einzutauschen strebte.

Der eine Nachbar wollte nämlich gegen diese Waaren Gold und Silber eintauschen, d. h. vermeintlich um den ganzen Betrag reicher werden. Wäre das aber so, dann würde der andre Nachbar um denselben Totalbetrag ärmer: er erschwerte also diesen Handel. Holland belastete schon 1671 französische Weine, als Repressalie gegen Colberts erhöhte Tarife.

Das Interesse und Wohlergehen eines jeden Staates wären also in dem Nachtheile und der Armuth jedes Andern gelegen.

Nun nahm man Massregeln zu gegenseitigem Nachtheile[1], führte Kriege um einander Handelsvortheile zu entziehen[2], verschaffte sich Colonien zur ausschliesslichen Ausnutzung[3] nach demselben Grundsatze, dass nämlich der Vortheil des einen Händlers (z. B. des Mutterlandes) nur im Nachtheil des Andern (z. B. der Colonie) begründet sein könne (vgl. Heeren, *Gesch. des Eur. Staatensystems*, z. B. 8 [und 9.] Theil seiner *Historischen Werke*, 4. Ausg. Gött. 1822 S. 206 ff., ganz besonders).

[1] Cromwells bekanntes Schifffahrtsgesetz von 1651 („*Navigation Act*", erst 1849 abgeschafft, die Abschaffung wirkt seit 1. Jan. 1850), Colberts Tarife von 1664 und 67, alle drei hauptsächlich gegen „die Republik" (der Niederlande) gerichtet. Heeren VIII S. 171, 219, Mill 556.

[2] Englisch-spanischer Krieg 1739—48, englisch-französischer schon zwei Jahre vor der Kriegserklärung 1756—63, nordamer. Unabhängigkeitskrieg und dadurch Krieg Englands gegen Frankreich, Holland u. s. w. 1775—83. Heeren VIII. 331 f. IX. 23 f. 33 f. 94 ff.

[3] Jeder Staat verbot jedem Andern den Handel mit seinen Colonien. Der Asiento[1] (das Wort selbst bedeutet Vertrag), den England 29 März 1713 noch vor dem eigentlichen Utrechter Frieden Spanien abzwang, war die erste bedeutende Abweichung von diesem Systeme. Schleichhandel umging dies oft; auch die Engländer haben dadurch die engen Gränzen des Asiento stark erweitert. — [1] Nicht die alte Hauptbestimmung über Sclaven, sondern die damals neue jährliche Zulassung in Portobello Eines Schiffes von 500 Tonnen mit allerhand Waaren.

190. Die politischen Folgen des Mercantilsystems sind also verderblich. Selbst ohne Krieg zu führen sieht jeder Staat in all Demjenigen seinen Vortheil, was andre Staaten benachtheiligt: die Staaten und ihre Angehörigen werden einander zu bittern natürlichen Feinden.

191. Aber auch rein financiell ist die Handelsbilanz einfach Unsinn. Man pflegt dies an einem bekannten Beispiele zu zeigen. Ein Schiff verlässt z. B. den Hafen von Bordeaux mit einer Ladung im Werth von 100,000 Francs. Diese Ladung wird vortheilhaft verkauft, und die Retourfracht, gleichfalls vortheilhaft verkauft, giebt ein schliessliches Resultat von 150,000 Franc. Also 50,000 Franc Ueberschuss

der Einfuhr über die Ausfuhr: also hat das Land, nach dem Mercantilsystem, diese 50,000 Franc verloren!

Wäre aber jenes Schiff mit seinen 100,000 Franc an Waaren völlig untergegangen, dann hätte, was diesen Posten betrifft, umgekehrt die Ausfuhr 100,000 Franc über der Einfuhr gestanden, und diese versunknen 100,000 Franc sind also, immer im System der Handelsbilanz, reiner Gewinn.

„Das Geheimniss der Handelsbilanz . . . (der Gipfel der Thorheit)." Heeren 250.

192. Schon der Grundgedanke ist geradezu falsch. Wenn der Satz wahr wäre: je mehr Gold und Silber in einem Lande um so reicher ist es, dann wäre auch diese Ungereimtheit wahr: es giebt keinen Reichthum ausser Gold und Silber, alles Andre ist kein Reichthum[1].

[1] Rott. u. Welck. a. a. O. S. 388, 889. Nämlich: das Eine Land hat z. B. 600 Millionen Werth an Gold und Silber, das Andre nur 400. Man sagte: also ist Ersteres um soviel reicher, also hier um 100 Millionen. Ist das aber wahr, so gelten alle andern Waaren einfach für Null, selbst wenn das eine Land, z. B. Mexiko, nur 100 Millionen andrer Waaren besässe, das Andre, z. B. England, Tausende von Millionen.

Man beachte nur das öfter hervorgehobene: Geld, oder Gold und Silber, ist nicht das einzige Vermögen, der einzige Reichthum. Gold und Silber, oder Geld, in sofern es seinen Werth betrifft, ist nur die am meisten courante Waare, die Waare welche man jederzeit ohne Mühe gegen jede Andre vertauschen kann. Vgl. No. 52, 56, 57, 130, 132, 155.

193. Als man einmal begonnen hatte Rohstoffen den zollfreien Eintritt über die Gränze zu gestatten und einheimische Fabrikate bei der Ausfuhr zu begünstigen, während man umgekehrt ausländisches Fabrikat bei der Einfuhr, einheimischen Rohstoff bei der Ausfuhr belastete, war dies, innerhalb des Landes, eine Begünstigung der einheimischen Fabriken.

Bald also erbaten sich Fabrikanten und Andre diese Begünstigung für ihr Product als Schutz gegen diejenigen Fabrikanten welche sonst, von ausser Landes, dieselbe Waare um geringeren Preis oder mehr oder bessere Waare für denselben Preis geliefert haben würden. Solche Begünstigung nennt man das protectionistische oder Schutzzollsystem (auch kürzer Schutzsystem).

Belgien „schützte" dumme und träge Belgier gegen die Gefahr, dass die Belgier lieber bei einem tüchtigen und eifrigen Franzosen zu Markt gehn möchten. Ebenso „schützte" Frankreich innerhalb seiner Gränzen die Erzeugnisse unkundiger und fauler Franzosen gegen die bessern des kundigen und fleissigen Belgiers. „Der Grundgedanke des Schutzzollsystems ist also der, durch Zölle die Concurrenz der ausländischen Industrie abzuwehren." Rott. u. W. a. a. O. S. 391.

194. Die Protection, gleichgültig in welcher Form, läuft also immer darauf hinaus, dass wer zu theuer (zu schlecht, s. No. 78

1. Alin., 175 mit der zweiten Anm. 1) producirt, Geld aus dem Vermögen der Einwohner erhält, z. B. oft aus der Staatscasse.

1. Fall. Die Regierung giebt bei der Ausfuhr eine Prämie (in Geld, engl. *bounty*). Diese muss sie direct der Staatscasse entnehmen.

2. Fall. Die Regierung giebt dem Exporteur von Fabricaten sogenannte Restitution wegen bezahlter Steuern, z. B. für Rohstoffe, für Brandstoff u. s. w., so den *draw-back* bei der Wiederausfuhr roh eingeführten, inner Landes raffinirten Zuckers. Sie zahlt ihm also einen Theil Desjenigen „zurück", was er, wie jeder Einwohner, für seinen Theil der Staatscasse gezahlt hat. Was dadurch zu kurz kommt, muss durch alle Einwohner ersetzt werden. Roll. u. W. S. 397.

3. (und häufigster) Fall. Nicht dem einheimischen Exporteur oder Fabrikanten wird direct Geld ausbezahlt: man besteuert aber das ausländische Product. Dann folgt:

Irgend ein inländisches Product liefert man für z. B. a Thlr.

Der Ausländer kann von derselben Waare gleich viel, gleiche Qualität, zu derselben Zeit und Ort für minder liefern, z. B. für $a - b$

Die Regierung fordert aber einen Eingangszoll, der höher ist als jener Unterschied, also $b + c$

Diese Maassregel macht nun das auswärtige Product theurer, al. $a + c$

Und das Publicum wird gezwungen, die Summe a für ein Product hinzugeben welches sonst für $a - b$ zu bekommen wäre. Die Summe b für jeden Kauf wird also von den Käufern dem Fabrikanten zu viel gezahlt. Und selbst der Fabrikant hat wenig Genuss davon. Er muss ja a zahlen um Dasselbe zu erzeugen, was sein entfernterer ausländischer Concurrent für $a - b$ bereiten kann; die Summe b also wird wahrscheinlich improductiv verbraucht zur Ueberwindung natürlicher oder andrer Hindernisse welche diesem Producte, in diesem Lande, mehr als in dem benachbarten entgegenstehen.

195. „Protection" ist denn auch höchstens dem Fabrikanten (Producenten) zu seinem (noch obendrein falsch verstandnem) Interesse förderlich. Sie ist immer gegen das Interesse des Verbrauchers oder Consumenten, d. h. des Gesammtpublicums mit einziger Ausnahme Desjenigen der diesen Einen Artikel zu theuer[2] producirt.

[1] Für den Augenblick bringt der „Beschützte" sein schlechteres Product theurer als Andre zu Markte. Der Einfluss davon auf eigne Schlaffheit und fremde Thätigkeit ist aber so gross, dass sehr oft das ausländische (genauer überhaupt das „unbeschützte") Product sich an Qualität und Preis so verbesserte, dass es nach wenigen Jahren, trotz der Protection, das beschützte Product dennoch verdrängte. Dann aber ist solche Fabrication meistens endgültig verloren.

[2] S. No. 175 zweite Anm. 1, 194. — Oder zu schlecht: dieselbe Waare für zuviel Geld oder Waare zu schlechter Qualität für dasselbe Geld: es sind nur zwei verschiedene Namen derselben Sache. Vgl. Ad. Smith (*Book* IV *ch.* v S. 224) bei Travers Twiss 60.

196. Das Interesse des Producenten als Solchen[1] ist dem Gesammtinteresse immer entgegengesetzt. Letzteres und das des Consumenten sind identisch. Dasselbe ist zugleich in soweit des Producenten Interesse als auch er Consument jener zahllosen Handelsartikel ist welche er nicht selbst erzeugt.

Producent und Consument tauschen, d. h. Jener giebt seine Waare (gewisse Gütermenge) gegen ein gewisses Quantum der Güter des Consumenten (des Publicums). Also ist das (augenblickliche) Interesse des Producenten soviel als möglich einzukaufen (d. h. so theuer als möglich zu verkaufen), das des Publicums aber oder der Consumenten dagegen so wenig als möglich dafür hinzugeben, d. h. so wohlfeil als möglich zu kaufen.

Wollte man alle Producenten schützen, also den Erzeuger z. B. baumwollener Güter mit z. B. 100 für dies Eine Product, so müsste er dem Bäcker, Fleischer, Schneider, Zimmermann, Schmied, Maurer u. s. w. für deren Theil Jedem z. B. 2 oder 3 zahlen: der Schutz aber würde, nach vielen Umständen, Kosten und Zeitverlust, sehr wenig bedeuten. Rott. u. W. a. a. O. S. 392. Man will also wohl den „Schutz“, aber nur für sich, z. B. für grosse Industrieanstalten oder einige ihrer Classen.

Dieser Schutz also begünstigt nur jene Wenigen, welche diesen Einen Artikel, und dann noch zu schlecht (s. No. 78, 175 zweite Anm. 1, 195 Anm. 2), selbst erzeugen, schadet jedoch all den Tausenden, innerhalb und ausser Landes, welche die Waare brauchen, und ausserdem allen Denjenigen welchen eben der Schutz den Gebrauch verkümmert.

[1]Producent als Solcher. Für die grossen Fabrikanten (Industrielle) wird dies ziemlich allgemein anerkannt. Diese sind denn auch regelmässig Protectionisten, z. B. in Belgien und Frankreich, manche selbst in Holland.

Weniger allgemein wird beachtet, dass von grossen Unternehmern überhaupt (Eisenbahn- und Postunternehmern u. s. w.), namentlich auch von grossen Kaufherrn dasselbe gilt, wohlverstanden soweit Letztgenannte sich als Unternehmer, als Producenten benehmen. Daher z. B. der 1861er Nordamericanische „Morrill“-Tarif, der, bis er noch weiter erhöht wurde, als Ausbund des Protectionismus und Exclusivismus galt.

Doch ist das stets wachsende Entstehen grosser Unternehmungen ein ökonomischer und politischer Segen. Was aber auf Erden ist unvermischt gut?

Meistens übersieht man aber, dass auch das Arbeiterinteresse (das der Bauern und vorzüglich der Fabrikarbeiter) in mancher Hinsicht ein Producenteninteresse ist. Und zwar doppelt. Dem Publicum gegenüber ist die ganze Fabrik Producent und Lieferant. Obendrein ist aber jeder Arbeiter Lieferant (von Arbeitskräften) dem Unternehmer gegenüber. Der Arbeiter also als Producent wünscht theuere Arbeit (hohen Lohn) und theueres Product, gleichviel ob die Gesammtheit dabei gewinne oder nicht. Wir sahen (No. 122 Anm. 1), dass selbst eine sehr schlechte Aernte eben dadurch den Bauern (Kornerzeugern) sehr vortheilhaft sein kann: die „Herzöge“, die grossen englischen Grundeigenthümer, welche gegen Cobdens Anti-corn-law-league die Korngesetze vertheidigten, wussten sehr wohl was sie thaten.

Danach beurtheile man auch den Einfluss der Maschinen auf den Arbeiterzustand. Wir können hier nur einzelne Sätze geben.

1. Die erste oder neue Einführung von Maschinen, Capitalkraft statt Arbeitskraft, macht für die schon vorhandene Menge der Beschäftigung eine Concurrenz gegen welche die Arbeiter nur sehr selten aufkommen können.

2. Dadurch wird das Product wohlfeiler, die Beschäftigungsmenge nimmt stark zu, und bald wird der Bedarf an Arbeitern gleich gross, oft grösser als zuvor.

3. Von wohlfeilerem Fabricat kommt auf das Stück meistens weniger Gewinn und Lohn.

4. Das Wachsen der erzeugten Menge pflegt jedoch den Totalgewinn zu heben.

5. Unter diesen Umständen können die Löhne (sowohl „wages in kind", die wahren Löhne, als auch der bezahlte Geldesbetrag) sowohl steigen wie fallen. Die genannten Umstände können darauf sowohl günstig als ungünstig einwirken. Der wirkliche Betrag der Löhne hängt aber von nichts anderm ab als von unserm alten Verhältnisse (No. 106):

$$\frac{\text{Für den Lohn disponibles Capital („wages-fund")}}{\text{Anzahl der Arbeit suchenden Bevölkerung}}$$

oder genauer

$$\frac{\text{Lohncapital}}{\text{Zahl der Arbeitseinheiten}} = \text{dem wahren Durchschnittslohne eines Jeden,}$$

(womit wir nämlich meinen, dass jeder Arbeiter mit skilled [genauer „qualified"] labour gleich soviel Einheiten grober Arbeit gerechnet wird als der Unterschied der Löhne beträgt). — Ricardo, *Princ.* I. 1 S. 10, 14; Roscher § 107 Anm. 2 S. 200 f., § 128 S. 249 ff.; Lassalle *Bastiat-Schulze* S. 147; Mill II. xi § 1 S. 207 f., § 3 S. 211 ff.

6. Die Einführung von Maschinen macht das Lohncapital anfänglich geringer, später jedoch weit grösser. Die Arbeitseinheiten bleiben anfänglich gleich oder nehmen ein wenig ab, später nehmen sie stark zu. Auf die Dauer also wachsen stark sowohl Zähler als Nenner. Wer entscheidet was mit dem Quotiente der Fall ist, mit eines Jeden durchschnittlichem (wahren) Lohne? Meine persönliche Vermuthung ist, dass es jetzt im Allgemeinen bei allen wohlhabenden Staaten ziemlich stark zunimmt. Vgl. auch No. 210 Anm. 2.

197. Nun das Schutzsystem, in der Wissenschaft[1] und grossentheils auch in der Praxis[2], sich als verkehrt gezeigt hat, suchen Interessirte es so lange wie möglich zu schützen unter dem Scheine und dem Namen der „Reciprocität": Unser Staat wird aufhören einige seiner Producte oder Fabrikate gegen die unsres Nachbars zu „schützen", vorausgesetzt, dass er bis zu einem correspondirenden Betrage die Protection seiner Erzeugnisse gegen die Unsern aufgebe[3].

[1] Nur zwei neuere Staatsoekonomen von Ruf vertheidigen den Protectionismus: List, ein Deutscher, im Widerspruch gegen das lange Zeit von ihm selbst Gelehrte, und der Nordamericaner Carey. Die Union begeht die Thorheit sich protectionistisch zu benehmen, und Carey, den man auch wohl überschätzt, scheint einfach mehr die americanische Gewohnheit als dasjenige zu beachten, was in Europa seit lange bewiesen und auch in America wahr ist.

Friedr. List (1789—30 Nov. 1846), erst Professor in Tübingen, 1825 bis 31 in America, *Outlines of a new System of pol. econ.*, Philad. 1827, *Nationales System der politischen Oekonomie*, 1. Ausg. Stuttg. u. Tüb. 1841 (das Werk *der Internat. Handel, die Handelspolitik und der deutsche Zollverein* ist Letztgenanntes in zweiter Ausgabe); die Zeitschrift *Zollvereinsblatt*, Augsb. seit 1842. Vgl. auch Travers Twiss S. 247 ff., *Dict. de l'Econ. pol.*, art. List. — Gegen „the specious plea of employing our own countrymen and our national industry . . ., it is sufficient to say, what has usually been said by the advocates of free trade, that the alternative is not between employing our own people and foreigners, but between employing one class and another of our own people." Mill V. x § 1 S. 554.

Henry C. Carey (geb. 1793). *Principles of Pol. Ec.*, 1837—40, Philad. Carey, 3 Thle., der letzte Theil auch Lond., John Miller; *The Past, Present and Future*, Philad. 1848; *Princ. of Social Science*, 1858—9, Philad., 3 Thle. — Vgl. *Henry Carey und seine Social-Oekonomie*, in *Unsere Zeit* 1866, S. 106 ff., worin jedoch eben „weder die sociale noch die protectionistische Haltung Carey's" recht berücksichtigt ist, die Schriften über ihn von F. A. Lange und A. Held, Mill S. 656 ff., *Dict. de l'Econ. pol.* art. Carey. — Die vielen Lobpreisungen auf ihn von einem Dr. Dühring lege man einfach zur Seite.

[2] Seine erste entscheidende Niederlage erlitt das Schutzsystem in England (Errichtung der Anti-corn-law-league unter Rich. Cobden (und John Bright) zuerst in 1831, bedeutende Ausdehnung erst seit (Cobdens) Petition der Manchester Handelskammer an das Parlament um Abänderung der Korngesetze 13 Dec. 1838; Sir Rob. Peel's Korngesetze, entscheidende Parlamentsabstimmung 27 März 1846, Unterhaus). Von da an hat das Freihandelsystem in ganz Westeuropa, zu allererst bei seinem alten Vorkämpfer Holland, ferner im Zollverein, Portugal, Italien, unlängst selbst in Frankreich und Oesterreich stetige und aller Wahrscheinlichkeit nach dauerhafte Vortheile errungen. Zu den hartnäckigsten Schutzstaaten gehören Belgien und vor Kurzem noch Frankreich; die Americanische Union aber ist, wenn nicht etwa die neuesten Nachrichten (Mai 1869) einen gänzlichen Umschwung andeuten (??) der einzige mächtige Staat, wo die Protection sich noch immer, und zwar grossartig, ausbreitet. — Protection liegt im Mehrbetrage der Taxen für jede importirte Waare, der Steuer auf gleichartige einheimische Waare gegenüber: die Sätze Jener finden sich in eigens dazu gesetzlich festgestellten Listen, sogenannten Tarifen. Von deren Einrichtung möge Folgendes wenigstens eine anfängliche Vorstellung geben. Es sind besteuert u. A., in Gulden und Hunderttheilen:

in	Essig mit	Korn (ausser dem Mehl) mit	Kaffee (pr. 100 Kilogramm) mit
England	83.23⅓ per Hektoliter[1]	0.30 die 2 Centner (= 101.6 Kilogr.[2])	83.06 (gebrannt 44.08)
Niederland	3 per Hektoliter bis 2° Stärke, sonst 20.	1.50 per 30 Hektoliter	Frei
Zollverein	14 per 100 Kilogr. (in Flaschen oder Kruken)	Frei	17.50 (gebrannt 19.25)
America	24 pCt. des Werthes.	15 pCt. des Werthes	?
(1857; seitdem noch mehrere Male erhöht!)			
Belgien	?	0.30 per 100 Kilogr. (genau 60 *centimes*)	6.60 (gebrannt 8.75)
Frankreich	2 fr. (beinahe 1 Gld.) per Hektoliter	0.25 per 100 Kg. }[3] 0.50 " " " }[4] (genau ½ u. 1 fr.)	Algierischer 6 mal zwei fr.[5] 7.50[3] " " " }[6] 8.25[4] " " " Andrer franz. Colonien 18.00[6] mal zwei fr. „Indischer" 25.20[3] mal zwei fr. Von den Antillen u. Réunion[7] 18.00[4] mal zwei fr. Sonstiger aussereuropäischer 25.20[3] mal zwei fr. 27.70[4] " " " Aus den Entrepôts 27.70 mal zwei fr.

[3] Auf französischen Schiffen.
[4] " fremden "
[5] Aus französischen Entrepôts.
[6] Nicht aus französischen Entrepôts.
[7] Aus den übrigen Colonieen ist Ausfuhr mit fremden Schiffen verboten.

[1] Hierbei kommt es auf die leichte Vergleichung an. Desshalb sind zwei englische Centner (*hundredweights*, cwt.) à 50.8 Kilogramm neben den 100 Kilogramm angegeben, nicht Einer, ebenso zwei Franc statt Eines berechnet, neben dem Gulden (= 212 *centimes*, von denen 200 die zwei Franc betragen). Der Gulden ist hundert-

theilig eingetheilt: es ist der niederländische, dem süddeutschen Gulden gleiche (Unterschied nur etwa 1½ Hundertel). Die Sätze in Kreuzern (c. 60 auf den niederl. Gulden) und Thalern findet man leicht durch Reduction oder in den officiellen Tarifen.

[2] Alle diese Sätze gelten für die ersten Monate 1869. Im April hat England die Korneinfuhr gänzlich freigegeben.

[3] Der sogenannte Schutz ist immer ein Nachtheil, zuerst für den Staat welcher ihn ausübt. Es ist also widersinnig, einem andern Staate zu sagen: benachtheilige dich selbst (und mich) nicht länger, sonst werde ich mich selbst noch viel mehr und fortwährend (und dich auch) benachtheiligen. Der Nachtheil nämlich, den die Staaten einander zufügen, ist weit geringer, als den sie sich selbst anthun. Wenn z. B. Deutschland aus protectionistischen Gründen ein französisches Product mit z. B. 6 pCt. vom Werth belastete, so hiesse das soviel, als ob Deutsche jenes Product nicht unter z. B. 102 pCt. liefern könnten,

so behielte der deutsche Producent seine alten Kunden von 102,

welche je 2 pCt. verlieren, denn ohne den Schutzzoll hätten sie für 100 einkaufen können,

alle Deutschen, die nicht über 100 kaufen können oder wollen, können überhaupt nicht kaufen,

während der Franzose nichts als die mögliche Ausdehnung seines Marktes verliert, indem er ja nicht unter 106 abliefert (bei gleicher Menge und Güte, wie natürlich vorausgesetzt ist).

„Reciprocität“ (Gegenseitigkeit) ist also nur Aufschub der Abschaffung protectionistischer Massregeln, m. a. W. nur eine neue Form des Schutzsystems (s. No. 175, Rott. u. W. S. 395).

198. Das Schutzsystem ist nicht nur theoretisch falsch. Selbst wenn Schutzzölle an und für sich zweckmässig gewesen wären, würde ihre Wirkung von den frühern Handelsverträgen, hauptsächlich von der Clausel der am meisten begünstigten Nation, getrübt und durchkreuzt sein. Diese Bestimmungen pflegten überdies einander entgegen zu wirken, und stifteten eine gränzenlose Verwirrung und Handelsunsicherheit.

Der Hauptinhalt der Handelsverträge (ausser denen der letzten 10 Jahre) ist gemeiniglich folgender. Durch Gewalt oder Ueberredung bringt der Eine Staat den Andern, mit oder ohne Aequivalent seinerseits, dazu, dass Dieser seinem Mitcontractanten einige Handelsvortheile zugestehe, hauptsächliche oder theilweise Freilassung von Prohibitivmassregeln oder Eingangszöllen.

Als aber viele solcher Handelsverträge entstanden, ward darin oft (schon bei dem Utrechter Frieden 1713) eine Bestimmung oder Clausel festgesetzt, dass künftig auch ohne nähere Bestimmung der Eine Contractant bei dem Andern sogleich alle diejenigen Vorrechte erlangen solle, welche man je der meist begünstigten Nation zugestehn würde. Ein Handelstractat z. B. Englands mit Frankreich ward in seiner Wirkung in dem Augenblick abgeändert, in dem z. B. Dänemark von Frankreich, oder Portugal von England, etwas höhere Vorrechte erhielt: dieses ging dann sogleich auch auf England und Frankreich über. So hatten die Kaufleute für ihre Unternehmungen, die Finanzminister für ihre Voranschläge, niemals feste Berechnungsgründe.

199. Handelsverträge sind principiell und in der Regel nicht

zu wünschen. Das Beste ist, wenn jeder Staat durch seine *inländische* Gesetzgebung (also ohne sich an das Einholen auswärtiger Zustimmung zu binden) den Handel, d. h. den Tausch, soviel als möglich befördere, m. a. W. von Hemmnissen befreie.

200. Die Handelsverträge der *neuesten* Zeit[1] machen davon eine Ausnahme, allein nur desshalb, weil sie bis jetzt das meist praktische *politische* Mittel zur Einführung und Begründung des Freihandelsystems auf dem europäischen Festlande zu sein scheinen.

[1] *„System der westeuropäischen Handelsverträge."* Zuerst der englisch-französische vom 23 Jan. 1860, auf Napoleons III. Initiative von Rich. *Cobden* († 2 April 1865) und Michel Chevalier, also von Volkswirthen statt Diplomaten, zu Stande gebracht. Ferner:

Handelsvertrag mit Preussen (nach langen Verhandlungen in den ganzen Zollverein durchgedrungen) 29 März 1862.

Zuckerconvention zwischen Belgien, England, Frankreich, Niederland, 8 Nov. 1864.

Münzconvention („lateinische" Münzc.) zwischen Belgien, Frankreich, Italien, Schweiz, vom 23 Dec. 1865. Beigetreten sind später (bis Sept. 1869) Griechenland, Luxemburg, der Kirchenstaat, und nach der 1868er Revolution Spanien.

201. *Alle* Eingangszölle (Steuern auf Ein-, Aus- und Durchfuhr), nicht nur die protectionistischen, erfordern eine Menge Förmlichkeiten, Kosten und Zeitverlust um der Herkunft und andern Eigenschaften der Waaren sicher zu sein. Diese Umstände sind dem Verkehre sehr hinderlich und verursachen daneben einen oft sehr ausgedehnten Schleichhandel. Jetzt verschwinden sie je länger je mehr unter dem Einfluss der verbesserten Verkehrsmittel, hauptsächlich derer für *Reisende und Waaren* — mehr als derer für Nachrichten.

202. Das beste Princip bei Tausch und Handel ist dieses: Jeder sei völlig frei seine Waare oder Arbeitskraft zu verwerthen (d. h. zu vertauschen) wo und wie er will, für denjenigen Preis (Aequivalent, Gegenleistung) den er sich ausbedingen kann.

Wenn aber irgend Jemand (oder irgend ein Land) Gewerbe ausübt welche keinen Vortheil bringen, so thut er besser, *sobald die Umstände das erlauben*, es zu verlassen und etwas Andres zu beginnen. Wenn Europa sich Kaffee und Baumwolle selbst baute, seine Butter und Leinwand dagegen aus tropischen Ländern erwartete, so wäre das ein zwiefacher Verlust. Eine Beschäftigung, selbst die einer Stadt oder Gegend, muss verlassen werden wenn sie auf die Dauer nicht rentirt, selbst ungeachtet der sehr grossen Hindernisse, welche meistens jeder Erwerbsveränderung entgegenstehen.

Für den eigentlichen Handel wird Obiges von den *Free-traders* wohl anerkannt, d. h. von beinahe allen Staatsoekonomen, sehr vielen Kaufleuten auch ausser England und Holland, einem sehr grossen Theile des gebildeten Publicums wenigstens in diesen beiden Staaten, und anderwärts, vorzüglich in Norddeutschland und Italien, von einer gebildeten, mächtigen, stets wachsenden Partei. Allein bei dem Handwerk, bei Handwerkern und Fabrikarbeitern? Dort sind wenigstens die mächtigen Trades' Unions entschieden protectionistisch, und auch die „Cooperation" beruht bis jetzt auf protectionistischen Grundsätzen. S. No. 196 Anm. 1, und unten No. 214 f.

IV. Andere gemeinschaftliche Gegenstände ökonomischer Natur.

I. Bevölkerungslehre.

Vgl. fortdauernd Roscher, 5tes *Buch*, Bevölkerung, S. 454 ff.

203. S. ja No. 80. Dem dort Gesagten zufolge können wir als feststehend annehmen: die Bevölkerungszunahme kann auch durch andre Hindernisse erschwert werden, dies geschieht aber gewiss in dem Falle, wenn eine vermehrte Bevölkerung die nothwendigen Existenzmittel entbehren müsste.

Vgl. No. 106, 196 das über das Lohncapital gesagte. Hier noch strenger:

$$\frac{\text{nothwendige Unterhaltsmittel}}{\text{Gesammtzahl der Bevölkerung der betreffenden Gegend}} = \text{dem Antheil}$$

eines Jeden.

Sind nun die Unterhaltsmittel geradezu die nothwendigen, zur Existenz unentbehrlichen, ist wirklich der „standard of comfort" (No. 106 Schluss, 149 S. 96, und 97 [vgl. No. 105], Mill III.xxvi § 1 S. 417) bis zu dem niedrigst möglichen Puncte gefallen, so dass eines Jeden Antheil nicht noch mehr abnehmen kann ohne zur Existenz ungenügend zu werden, so kann die Menschenzahl unbedingt nicht mehr wachsen.

Der „standard of comfort" ist selten ganz so niedrig als möglich: würde er dann wirklich noch tiefer sinken, so entstände factische Verminderung der Bevölkerung durch Hungersnoth. In Irland sank dieser *standard* fortwährend, also ward eines Jeden Antheil fortwährend geringer: die Nahrung z. B. bestand zuletzt allein aus den wohlfeilen aber wenig nährenden Kartoffeln, die Bevölkerungszahl aber war, wie folgt:

Um 1695	1754[1]	1805	1823	1841	1851[2].	1861[3]
1034 Tausend.	2372	5395	6802	8175	6515	5799

[1] „Wo der Kartoffelbau allgemeiner wurde." Roscher § 240 S. 488.

[2] „Nach der furchtbaren Verbreitung der Kartoffelseuche," ibid. 489, und der Hungersnoth 1846—47. Als es auch nicht Kartoffeln genug mehr gab, folgte Hungertod.

[3] Voriges nach Roscher a. a. O. Dieses nach dem *Gothaischen Hofkalender*, der die Bevölkerung 1851 auf 6552 Tausend, also etwas höher, angiebt, Jahrg. 1862, 65, 68; der letzte sagt, dass im Mai 1866 Irlands Bevölkerung auf 5572 Tausend geschätzt wurde (der von 1869 — auch Kolb's *Handbuch* — giebt als letzte Schätzung 5557 Tausend für Mitte 1867, und so der officielle *Statistical Abstract* XV S. 114). Also noch stets Abnahme. Die $2^1/_2$ Millionen sind grösstentheils, nicht nur nach America, sondern sehr viele auch nach der industriellen Westküste Englands, ausgewandert, es bleibt aber wahr, dass trotz der eifrigsten und ausgedehntesten Hülfe von Staats- und Privatseiten der Hunger geradezu Tausende und durch seine Folgen, Elend, Hungertyphus, andre Krankheiten, Hunderttausende getödtet hat.

Wo es Unterhaltsmittel giebt kann die Bevölkerung durch Geburten, Einwanderung u. s. w. gewaltig wachsen, und zwar nicht bloss auf neuem Boden wie in Nordamerica (s. No. 64, 80). Das schon früher verhältnissmässig sehr dicht bevölkerte Lancashire zählte an Einwohnern:

1760[4]	1801	1831	1841	1851[5]	1861
297 Tausend	672	1336	1667	2064	2429

[4] Also kurz vor der Einführung der grossen Maschinenindustrie. Roscher, § 240 S. 490, Anm. 6.

[5] Der *Gothaische Hofkalender* (1862) hat 2031 Tausend für 1851. — Also in den 30 Jahren 1831—61 beinahe verdoppelt, unter diesen Umständen weit beachtungswerther als in America. — Roscher § 238 *a* ff. S. 484 ff.

204. Aber schon umgestellt ist es falsch: dass es nämlich überall soviel Bevölkerung gäbe als die Unterhaltsmittel zulassen.

Eine Familie bildet sich „partout où une famille peut vivre à l'aise." Montesquieu. „Die Regel, dass sich die Bevölkerung überall so weit auszudehnen strebe, wie der Spielraum der Unterhaltsmittel irgend verstattet." Roscher § 242 S. 496 Anm. 10.

„Ich habe grossen Widerwillen gegen die grundlegenden Sätze von Malthus' System, aber selbst seine Gegner haben die von ihm zur Stütze derselben angeführten Thatsachen über das Verhältniss in der Zunahme der Bevölkerung und der Production bisher für unbestreitbar gehalten; hier hat mir nun Niebuhr eine Reihe authentischer Data gegeben, um zu zeigen, wie wenig sie stimmen. Z. B. sind weder Deutschland noch Schweden und Dänemark, noch Italien, noch Frankreich heute annähernd so volkreich wie im Mittelalter; in einigen Theilen Deutschlands nicht einmal so, wie sie es vor dem dreissigjährigen Kriege waren." Bunsen, 1 Nov. 1819 aus Rom. *Chr. C. J. Frhr. v. Bunsen, von seiner Witwe*, Brockhaus 1868, 1. Th. S. 168. Schon in Caesar's Zeit war die damalige ziemlich genau bekannte Bevölkerung Frankreichs nicht viel geringer als die jetzige, gewiss nicht als die von 1789. Borneo und Sumatra, unter beinahe genau denselben klimatischen u. s. w. Verhältnissen als Java, und Jedes um 4 Mal so gross, sind selbst zusammen nur (absolut) halb so bevölkert. China[1] und die Gangesniederung gehören zu den am dichtesten bevölkerten Ländern der Welt, Hinterindien ist sehr dünn bevölkert. Ebenso Polen und die Russischen Schwarzemeerprovinzen, wo doch wenigstens Korn im Ueberfluss ist, Südamerica, darunter das herrliche Stromgebiet des Amazonas, u. s. w. — Sumatra's Bevölkerung ist nicht dichter als die .... Norwegens!

[1] Nicht das „Chinesische Reich". S. *Gothaischer Hofkalender* 1869 nach Behm's *Geogr. Jahrb.* 1866 S. 64 f.

205. Soviel aber ist wahr, dass in verschiednen, hauptsächlich stationären gesellschaftlichen Kreisen, z. B. unter Landwirthen, Handwerkern u. s. w. sehr oft die eine Familie nicht begründet wird ehe der Tod oder Rücktritt einer andern der Erstern einen Platz, z. B. eine Bauernstelle, einen Kaufladen u. s. w. öffnet.

S. Beispiele bei Roscher, § 239 mit Anm. 3 S. 486 f., § 247 mit Anm. 4 S. 514 ff.

206. Sogenannte „Uebervölkerung" (und überhaupt Bevölkerungsdichtigkeit) darf übrigens nicht nach der blossen Ausdehnung eines Landes beurtheilt werden: man muss dessen ganze Naturbeschaffenheit in Rechnung ziehen (s. No. 64, 80, 203 Anm. 3).

[1] M. a. W. nicht bloss nach der Einwohnerzahl auf die □ Meile. Java z. B. ist etwa 4 Mal so gross als Niederland, und hat etwa 4 Mal soviel Einwohner. Also ist Java zwar verhältnissmässig gleich dicht, aber für ein tropisches Land verhältnissmässig weit spärlicher bevölkert.

[2] Auch bei mehr entwickelter Industrie u. s. w. wird eine grössere Menschenzahl auf derselben Oberfläche eben so gut existiren können. Dies gehört aber kaum hierher. S. No. 64 Schluss, 105, 106 Schluss, 149.

207. Kriege haben auf die Bevölkerungszahl weniger Einfluss als man leicht meinen würde: selbst in den tödlichsten fällt nur ein

verhältnissmässig kleiner, bald ersetzter Theil. Der erlittene Verlust lastet aber schwer auf dem Wohlstande der Bevölkerung (und dadurch indirect auch auf der Anzahl): die Umgekommenen und überhaupt die Waffentragenden haben gerade die Kraft, die Lebensjahre u. s. w., womit sie sonst die productivsten Arbeiter gewesen wären.

Roscher § 241 S. 490 ff. — Hier ist nur von dem directen Menschenverlust der Heere selbst die Rede. Elend, Verwüstung, improductive Ausgaben (also Wertherstörung), Seuchen, Verkehrshemmung u. s. w., geschweige der moralischen Folgen, sind hier ausser Rechnung gelassen.

208. Die Lebensart[1] hat sehr grossen Einfluss: schlechte Lebensweise tödtet hauptsächlich die Schwächsten, also Arme, Kinder, Alte u. s. w. — In Zahlen ausgedrückt, sagt man, dass dadurch die „mittlere[2] Lebensdauer" niedriger als sonst steht.

In Paris z. B. war 1822—26 die verhältnissmässige Sterblichkeit in allen 12 *arrondissements* grösser oder kleiner je nach der Armuth oder dem Reichthum: das reichste, 2te, hatte Einen Todesfall auf 71 Einwohner, das ärmste, 12te, Einen auf 44, mit beinahe regelmässiger Abstufung. Eine gleichartige Eintheilung Manchesters in 9 Classen ergab Abstufung von 1/51 bis 1/25. Roscher § 242 mit Anm. 5 S. 495 ff.

[1] Also schlechte Wohnung (Mangel reiner Luft), Kleidung, Kinderaufsicht, Unreinlichkeit, Excesse, schlechtes Trinkwasser u. s. w.

[2] „*Vie moyenne*," d. h. die Verstorbenen haben im Durchschnitt so lange gelebt. „*Vie probable*," d. h. zu jener Zeit ist von einer gegebenen Anzahl Geborener noch die Hälfte am Leben. Roscher § 246 Anm. 1 S. 510.

209. Bei gleicher Bevölkerungszahl ist die Arbeitskraft[1] einer menschlichen Gesellschaft dann am grössten, wenn das Verhältniss der kräftigen Erwachsenen den Jüngern und Aeltern gegenüber am Grössten ist.

Roscher § 248 S. 517 ff. Kinder und Greise sind in der Regel ökonomisch improductiv.

[1] Und die Volkskraft in andrer Hinsicht. Dass Napoleon 1814 so wenig von der Bevölkerung unterstützt wurde, lag zwar an dem Widerwillen gegen seine Regierungsart, dem Waffenmangel u. s. w., aber sehr bestimmt auch daran, dass durch seine Kriege zwar nicht die totale, aber doch die wehrhafte Bevölkerung gewaltig verringert war.

„Es gehört zu den unzweideutigsten Fortschritten der europäischen Nationen in den letzten Jahrhunderten, der mittlern" (s. No. 208 Anm. 2) „Lebensdauer eine beträchtliche Zeit hinzugefügt zu haben .... Nun wird zwar kein Vernünftiger das blosse Leben als „der Güter höchstes"" (Schluss von Schillers *Braut von Messina*) „betrachten, aber eine durchschnittliche Verlängerung desselben lässt doch mit grosser Wahrscheinlichkeit auf eine Verbesserung des Unterhaltes, der Gesundheitspflege u. s. w. selbst für die niedern Stände schliessen, welche doch allenthalben die grosse Mehrzahl der Bevölkerung bilden. Aisance est vitalité." So fand man in Frankreich:

in den Jahren 1781, 1801, 34/5, 44, 53, 55 bis 57 Einen Todesfall auf 30, 35.6, 38, 39.9, 45, 41.1; in „England and Wales", in den Jahren:

1700, 10, 20, 30, 40, 50, 60, 70, 80, 90, 1800, 1821 = 1831 Einen auf 39, 36, 35, 31, 35, 40, 41, 41, 41, 45, 47, 58. Roscher § 246 S. 509 ff., mit Anm. 3, 4, 12; vgl. zu der Letztgenannten unten No. 216 Schluss.

210. Nach dem Obigen und nächstens No. 209 beachtend, dürfen wir also sagen:

1. Die Bevölkerungszahl, m. a. W. die grössere Bevölkerungsdichtigkeit, mehr Einwohner auf demselben Flächenraume, ist an und für sich kein entscheidender Beweis des Wohlstandes[1].

2. Bei lang bestehenden Culturstaaten ist schnelle Zunahme der Bevölkerung ebenso wenig ein solcher Beweis.

3. Letzteres ist nur dann der Fall, wenn die Unterhaltsmittel (Vermögen, Capital) mindestens ebenso schnell (also in der Regel schneller) als die Bevölkerung zunehmen.

[1] Allzu spärliche Bevölkerung ist übrigens ein Zeichen von Schwäche. Russlands natürliche Zustände erlauben keine dichte Bevölkerung und halten dieses Reich also in verhältnissmässiger Schwäche.

Grosse Städte sind noch immer, wie im Alterthum und Mittelalter, „die Träger der Cultur". Wie würde sie, ohne grosse Städte, sich entwickeln oder selbst behaupten? Zwar ist oder scheint vielmehr das Elend, der vielgenannte Pauperismus, dort grösser. Erstens nämlich sieht man ihn dort in grösserem Maasstabe vereinigt und mit Wohlstand und Luxus in grellem Contraste; die Hauptsache aber ist Diese: eine Grossstadt macht das Leben, die Existenz, noch unter Armuths- und Elends-bedingungen möglich, unter welchen an kleinen Orten oder auf dem Lande die Existenz nicht möglich bleibt. Was also sonst umkommen würde bleibt in der Weltstadt am Leben — freilich das Leben ist danach. Man vergleiche aber die Bedeutung, oder selbst den Wohlstand der 3 Millionen Londons mit denen z. B. der etwas zahlreichern Bevölkerung der verhältnissmässig nicht ungünstig gestellten russischen Gouvernements Kiew und Czernigow — ja überhaupt ist trotz allem verrufenen „hauptstädtischen" Elend vielleicht an keinem Orte der Welt der Ueberschuss der Geburten über die Sterbefälle bei weitem so gross als eben in London. Und was würde, ohne die grossen Städte, aus allen feinern Culturbestandtheilen, selbst aus der Wissenschaft?

[2] Mögen wir also ruhig voraussetzen, dass England, Frankreich, Belgien, die Rheinlande, Holland, Nordamerica vor der *great rebellion* in Wohlstand zugenommen sind, so besagen wir damit zugleich, dass das Gesammtvermögen daselbst schneller als die Bevölkerung gewachsen ist. Das ist aber auch so. Es „hat sich z. B. die englische Volkszahl von 1815—49 um 47 pCt. vergrössert, gleichzeitig aber der declarirte Werth der Ausfuhr um 63, die Tonnenzahl der Handelsmarine um 55, der Ertrag der Legatensteuer, also das bewegliche Vermögen, um 03, der Werth des unbeweglichen Vermögens um 78 pCt." — „In den Vereinigten Staaten wuchs binnen 10 Jahren die Bevölkerung um 33—34 pCt., die Einfuhr um 47, die Ausfuhr um 51, der Verbrauch des Thees um 61, des Kaffee's um 81, des Weins um 46, die Masse des baaren Geldes um 82 pCt. Hiernach hätte sich im mittleren Durchschnitte die Reichthumsvermehrung zu jener der Volkszahl wie 61 zu 33 verhalten." Roscher § 251 mit Anm. 4 S. 558 ff. Zwischen 1842 bis 53 nahm der Reichthum der englischen Nation mit jedesmal 12 pCt. zu, in 1859 aber betrug die jährliche Zunahme 16⅓ pCt. Gladstone nach der holländischen Monatschrift *de Gids* Jan. 1869. In „England and Wales" stieg die Bevölkerung in den vollen zehn Jahren 1841 bis 51 nur mit 13, von 1851 bis 61 nur mit 12 pCt. im Ganzen (die des Vereinigten Königreiches, wegen Irlands, gar nur mit etwas über resp. 2½ und 3½ pCt.). — Vgl. ferner G. F. Kolb, *Handb. der vergleichenden Statistik*, 5. Aufl. 1868, S. 230 f.

211. Bekämpfung des „Pauperismus", und Sorge dass das „Proletariat" einen möglichst kleinen Theil der Bevölkerung ausmache, bleibt Staats- und Obrigkeitspflicht[1]. Man stelle sich aber nicht vor, dass selbst bei der besten Fürsorge das Proletariat der Fabrikorte (und in mancher Gegend das Bauernproletariat) je verschwinden, d. h. zu besserm Zustande gelangen werde.

Pauper (engl.) bedeutet Alimentirter, neben *poor*, arm (beide von *pauper* lat., vgl. *pauvre*). Das schlecht gebildete Wort Pauperismus soll nun den Zustand[2] des Proletariats bedeuten, d. h. jener unglücklichsten Armenclasse, die selbst des gewöhnlichen Lebensunterhaltes nie sicher ist. Speciell meint man mit Pauperismus das Alimentiren jener Armen mit einer stets wachsenden Summe, das Rechnen der Armen darauf, und den Druck dieses Umstandes auf die Mehrbegüterten. — Jeder weiss, wie furchtbar hoch z. B. die englischen poor rates angewachsen sind (um 11½ und 12½ Millionen Sterling = 80 und 86 Millionen Thaler in den Normaljahren 1866 und 67). In Holland steht es wenigstens auf dem Lande nicht besser: die verkehrte Gesetzesbestimmung, der Geburtsort als „Unterstützungsdomicil," wird jetzt (Sept. 1869) wohl abgeändert werden.

[1] Daraus folgere man aber nicht, dass das „*droit au travail*", die „*ateliers nationaux*", Lassalle's Staatshülfe u. s. w., nicht unbedingt verwerflich sein sollten. Vgl. ferner Roscher § 84 S. 155 f., E. D. Friedländer in Rotteck und Welckers *Staats-Lexikon* 3. Aufl. I (1856) Art. *Armenpflege* S. 711.

[2] „Den dauernd gewordnen Zustand, in welchem sich die unvermögende, vorzugsweise auf die gemeine Handarbeit angewiesene Bevölkerung eines Landes befindet, wenn es sich nicht in genügendem Maasse ausreichend lohnende Arbeit zu verschaffen vermag." H. Runge im *Staats-Lex.* 3. Aufl. XI (1864) Art. *Pauperismus*. „La misère qui réduit des catégories d'individus à l'état d'indigents assistés." *Dict. de l'Écon. polit.* art. *Paupérisme*.

II. Vereine, auch Arbeitervereine.

212. Die Einem Menschen erlaubten Handlungen dürfen auch von Mehreren gemeinschaftlich begangen werden.

Ob diese Regel wohl wirklich, im Interesse der „öffentlichen Ordnung", beschränkt werden müsse, ist Gegenstand der Politik. Abstract aber ist sie gewiss wahr, und weshalb nicht in der Praxis?

213. Dies ist jedoch, mancher Gründe wegen, ein Gegenstand der Gesetzgebung. Die jetzige deutsche Gesetzgebung unterscheidet

I. 1. Die (Civil-)„Societät" (franz. *société civile*).

2. Die „Vereinigung zu einzelnen Handelsgeschäften für gemeinschaftliche Rechnung"[1].

II. Handelsgesellschaften, und zwar:

1. Die „offene Handelsgesellschaft" (Firma)[2].

2. Die *société en commandite*[3] (franz. *Code de Commerce* Art. 18, 23 u. s. w.), und zwar:

a. Die „Commandit-Gesellschaft" (Allg. deutsches Handelsgesetzbuch Art. 150 f.);

b. Die „Action-Commandit-Gesellschaft" (Art. 173 f.), eine grosse Verbesserung;

c. Die „stille Gesellschaft" (Art. 250 f.), von *a* kaum verschieden.

3. Die „anonyme Actiengesellschaft"[4] [5] (*société anonyme, Code de Comm.* 19, 29).

[1] Franz. *association commerciale en participation.*

[2] Franz. *société civile en nom collectif* (das Wort „Firma" = *raison sociale*), Code de Commerce artt. 19, 20, 21, engl. *ordinary partnership, a firm.*

[3] „In England still unrecognised and illegal." Mill V. IX § 6 S. 842, nachdem er die *Limited Liability Act* (*Act* = Gesetz) von 1856 angeführt hat.

[4] Engl. *partnership under limited liability.* Beide letzten Worte sollten aber auch die *société en commandite* einschliessen. Vor 1855 *chartered company.*

[5] Darunter auch der Rhedereivertrag nach dem *Allg. d. Handelsgb.*: „Die Mitglieder als solche haften Dritten, wenn ihre persönliche Haftung eintritt, nur nach Verhältniss der Grösse ihrer" (See-)„Schiffsparten" (Art. 474).

Von den sonstigen juristischen Unterscheidungen hat ökonomisch wohl nur Eine Bedeutung, das stillschweigende Mandat bei der Handelsgesellschaft. Nämlich wer in solche Vereinigung tritt, sagt durch diesen Schritt selbst einem andern Socius: handle darin für mich — zwar nach festzustellenden Regeln, aber ohne nähere Willenserklärung meinerseits. Bei der bürgerlichen Gesellschaft muss das Mandat (die Vollmacht) jedesmal ausdrücklich gegeben werden damit die Gesellschaft verpflichtet, d. h. an diejenigen Verpflichtungen gehalten sei welche aus der Handlung folgen: sonst muss ja der Handelnde dafür einstehen.

Die hauptsächliche, juristische und dadurch auch ökonomische Unterscheidung betrifft die Haftbarkeit *(liability)* gegen „Dritte", d. h. Auswärtige die mit der Gesellschaft Geschäfte gemacht haben. Diese Haftbarkeit ist

1. Bei der Firma unbedingt, solidarisch *(unlimited)*, es werde selbst das ganze Vermögen eines Theilhabers durch die Schuld der ganzen Firma zu nichte.

2. Bei der *société en commandite* übrigens ebenso. Wer aber selbst Commanditist (stiller Socius)[1] ist, trägt nicht mehr von dem Verlust als bis zum Betrage der von ihm eingelegten Gelder. Dafür darf er aber auch unter keinen Umständen an den Geschäften der Gesellschaft thätigen Antheil nehmen. Wie gross sein Antheil am Gewinne ist, hängt völlig von dem Uebereinkommen der Gesellschafter ab. Allein hier wie bei jeder Gesellschaft muss Jeder einigen Antheil, klein oder gross, am Gewinne haben. — S. auch oben No. 114 B S. 57 f.

3. Bei der („anonymen") Actiengesellschaft ist sie beschränkt *(limited)*: darin besteht das Wesen dieser Art Gesellschaft. Jemand hat eine Actie (Antheil, engl. *share*, diese waren jedoch in England bis 1855 nicht „limited"): d. h. er ist, für soviel, Miteigenthümer,

erhält seinen verhältnissmässigen Theil am Gewinne, denn er hat für soviel eingeschrieben, und trägt also auch im Verlustfall soviel am Schaden. Nicht mehr. Durch die Höhe seines Antheils wird seine Haftbarkeit beschränkt, limited.

[1]Der *„sleeping partner“* ist zwar nicht in der Firma thätig, allein er „is liable for the debts, to as plenary an extent as the managing partner.“ Mill V. IX § 7 S. 645.

Die Bedeutung der Association für Handel und Verkehr der ganzen Menschheit kann kaum überschätzt werden. Man denke nur an die zahllosen Firmen mit und ohne Commanditisten. Was die Actiengesellschaften betrifft, nennen wir nur die früheren Englischen und Holländischen Ostindischen Compagnien und die Hudson's Bay Company, die Tausende von Quadratmeilen und Millionen Unterthanen gehabt haben, ferner unter den jetzigen die vielen Eisenbahngesellschaften, die Peninsular and Oriental (England und Britisches Indien), die Messageries impériales, seit einigen Jahren auch bis Indien ausgedehnt, den Oesterreichischen Lloyd und die vielen andern Dampfschiffgesellschaften, die Bank of England, Banque de France, Nederlandsche Bank u. s. w., die vielen *„joint stock banks“* unter denen die London and Westminster Bank eine der ersten Stellen einnimmt, die Nederlandsche Handelmaatschappij, die Gesellschaft „Cockerill“ zu Seraing bei Lüttich und zahlreiche andre Fabriken, z. B. Bierbrauereien, jetzt auch z. B. Gasthöfe, auf Actien.

214. Ohne das Gesetz, oft selbst gegen dasselbe, haben sich in dem letzten halben Jahrhundert zwei Arten von Arbeitervereinen zu einer, noch immer stark anwachsenden, socialen Macht gebildet.

I. Die **Trades' Unions** (fr. *coalitions*, etwa Gewerkvereine; Arbeitervereine ist hier viel zu unbestimmt; *trade* bedeutet diesmal nicht bloss Handel, sondern jeden Erwerb).

In der Form und um der englischen Gesetzgebung zu entgehen, sind sie meistens Unterstützungsvereine (*friendly* oder *benefit societies*). S. diese No. am Schluss, S. 137.

Dies sind, dem Wesen der Sache nach, Arbeiterbündnisse um den Arbeitslohn so hoch wie möglich zu stellen oder zu behaupten. Ihr letztes Mittel dazu ist die Arbeitseinstellung (**strike**, grève).

Die beste Vorstellung von den Trades' Unions erhält man wohl durch einen statistischen Ueberblick ihres Zustandes in England, demjenigen Lande wo sie entstanden sind und von Anfang an gekämpft haben, wo sie bei weitem am Meisten entwickelt und am Besten bekannt sind.

1. Amalgamated (d. h. aus ältern Vereinen — am 1 Januar 1851, A.[1] LJ.[2] T.[3] — ineinanderverschmolzene) Society of Engineers (Maschinenbauer), Machinists, Millwrights and Patternmakers.“

„Branches“ (Abtheilungen).		Mitglieder.		„Accumulated fund“.
308 nach A. LJ. E.[4] (1865). und zwar		31,509 A. (65) α.		140,000 A. T. (65). „Fund in hand“. 138,113 E. (Ende 66).
Engl. u. Wales	238	27,856	A. (65).	„Reine Balance“. 115,758 LJ. (66).
Schottl.	33	3,218		
Irel.	11	1,371		
Colonieen [a]	14	626		
United S. of Am. [b]	11	458		
Frankr. [β]	1	80		α 80,984 in 65. 33,007 - 66. 31,345 - 67. Minor.-rapp. S. 33.

Neue Mitglieder.		
Jahresdurchschnitt 2 bis	3000	A.
1865	3000	
66	3300	

Ausgaben.		Einnahmen.
	In den 15 Jahren.	
49,172 l. A. E. (65)	484,717 LJ.	66,886 l. Sterl.[5] im normalen Jahre 1865. A. T. (Einlagen und Eintrittsgelder. A). 75,072 LJ. (66)

Specificirt. A.

	1865.	Durchschn. der 15 J.	
Kranke	13,785	7675	Die niedrigere Durchschnittszahl liegt an dem Steigen der Mitgliederzahl.
Alte [c]	5,184	1795	
Begräbn. [d]	4,887	2906	
„accident“ [e]	1,800	826	
„benevolent fund“ [f]	820	533 (erst seit 12 J.)	
„branch officers“ [g]	4337		
„assistance to other trades.“		(13 J.) 724	
strike („out of employment“) [h]	14,076	18,656	

h. Applegarth, Antw. 6527. — Allan (615 bis 617) schätzt für den Fall der Engin. die Kosten für *strikes* auf nur etwa $^1/_{10}$ dieser Position.

Total 15 J. 116,127 l. Sterl. für Kranke u. s. w. LJ.
" " " 279,840 " " " strikes " " " "

a. Darunter Malta und Neuseeland.

b. Von Auswandern errichtet. β. Zu Croix, 1 Meile NO. Lille.

c. Superannuation. „To superannuated members, that is to say, members who were too old to gain the ordinary rate of wages at the trade.“ A. 603, d. h. ([5]) Allan, Secretär der Amalgamated Engineers, vor der Trades' Unions (Haupt-)Commission, Antwort 603 (durchlaufende Nummer aller Commissionsfragen). Er selbst hatte den *report* der *Am. Eng.* über 1866 noch nicht. Antw. 600.

d. „In funerals in members' deaths or their wives' deaths.“ A. 603.

e. „That is, where members got disabled from following their employment in consequence of some accident occurring to them, for instance, under the loss of an arm or anything of that kind.“ A. 604. „We had 18 claimants and they received 100 l. each“. A. 606. Also ([5]) 685 Thl., 1200 süddeutsche Gulden ein Jeder, weil 1 Pfund sterling = 12 Gld. = $6^2/_3$ Thl.

f. „To relieve cases of extraordinary distress that may exist in consequence of men being long out of employment or in sickness.“ A. 606.

g. „*Officers*“ bedeutet die im *office* sind, Angestellte.

2. Amalgamated Society of Carpenters and Joiners (Tischler), ausführlich bei (⁶) Prof. E. S. Beesly, *Fortnightly Review* 1 März 67, S. 319 ff. — Errichtet Juni 1860. B⁶.

Abtheilungen.	Mitglieder.	Neue in 1865.	„Accumulated fund".
190 a.⁷ B.⁶ T.⁹ (1865). 187 LJ.³ (66).	8261 a T. (1866; 8256 B., 8002 LJ.) ¹⁰	2500 a T. ¹⁰ 8022 in 1867 Minor.-rapp. S. 33.	18,052 (Dec. 66) E. LJ.

Einnahmen.	Ausgaben.	Boni („*Balance*").	⁴ Darunter: Kranke.
10,488 *l.* (65) a. T.	6,733 *l.* (65)⁴ a. T. 11,808 LJ.	8320 *l.* (65) a. T.	1370 *l.*—B. „Trade purposes" (d. h. *strikes*) 1941 *l.* a. B.

⁷ a. ist Applegarth, allgemeiner Secretär der Amalg. Carpenters, s. oben Anm. 1 unter c bei Allan. Auch¹ ihm, um so mehr noch dem Prof. B., fehlte noch der *report* der Am. Carp. über 1866, Antw. 10.

Namen.	Bestehende „Lodges" (Abtheilungen).	Bestehende Mitglieder.	Neue (in 1866) Abth.	Neue (in 1866) Mitgl.	Einnahmen.	„Accumulated fund."
3. „General Union," gewiss dieselbe als „Operative House Carpenters' and Joiners' Society" (errichtet 1827).	140 B. Aug. 66. 150 LJ. 9 Apr. 67	9490 B. 10000 LJ. T.	40 B.	2504 LJ. T, B.	Etwa 15000 *l.* jährl. T.	
4. „Associated Carpenters and Joiners of Scotland."		6000 LJ.				
5. „Friendly Society of Operative Masons."	278 T. LJ. November 66.	17702 T. 17762 LJ.		4760 T.	18640 T. (1866). 17746 LJ. (1865-66)	12,834 LJ. 10,000 T.
6. „London Bricklayers", gewiss = „Operative Bricklayers' Society."	96 LJ.	5700 LJ. (Dec. 66).		um 700 LJ.	2760 LJ. (1865-66)	um 3200 LJ. (Dec. 66).
7. (Sheffield („Friendly Society of Operative Bricklayers."		5242 T. 5254 LJ.			5984 LJ. (66)	8650 LJ. (Dec. 66)
8. „National Association of Plasterers."		8000 LJ. (66)			1200 LJ. (jährl.)	um 2000 LJ.
9. „Painters⁸."	58	3960 (3960)	14	1209	nach ³ Thornton.	
10 „Engine Drivers' and Firemans' United Society."	64	um 15000		über 1800 (jährl.)	alles nach ³ Ludlow u. Jones.	
11. „Iron Founders' Union" (schon 58 Jahre alt), gewiss = „Friendly Society of Ironfounders of Engl., Irel. and Wales.⁹"		10604 (65) 11121 (66) 10889 (67) [illegible] 11150 T. 10669 LJ.				

⁸ „Manchester Operative House Painters' Alliance."

⁹ Schottland nicht.

	Namen.	Mitgliederzahl.	
12.	„Boilers and Iron Ship-Makers."	9000 T. LJ.	
13.	„Amalg. Iron Workers."	6000 LJ.	
14.	„Amalg. Tailors of England" (Hauptort Manchester).	11,060 „	
15.	„Tailors' Protective Association" (in London).	7000 „; 1868 1000.	
16.	„East Lancashire Power Loom Weavers."	6000 „	
17.	„Power Loom Weavers" in Blackburn.	6000 „	
18.	„Northern Association of Cotton Spinners."	6000 „	
19.	„Miners' National Ass.", oder „Nat. Ass. of Coal-Mine and Ironstone Miners of Great-Britain." Weit über	54,000 T. 36,000 LJ.	zahlreichste bekannte Union.
20.	„Progressive Carpenters", unter ihnen George Potter, ein bekannter Führer der Bewegung und Redacteur ihrer Zeitschrift *the Beehive*.	130 T.	eine der kleinsten bekannten.

In Sheffield allein gab es 1867 um die 60 Unions, s. gleich unten.

[2] J. M. Ludlow und Lloyd Jones, *die arbeitenden Classen Englands*, übersetzt von J. von Holtzendorff, 1868, S. 138 ff.

[3] W. T. Thornton, *Fortnightly Review* 1 Dec. 67, starker Vertheidiger der Unions, wiewohl nicht so weit gehend als Beesly. Wiewohl er einen spätern Jahrrapport haben konnte, sind seine Zahlen für Amalg. Engineers und Carpenters keine eigne Quelle, sondern nur die abgerundeten Zahlen Allans und Applegarths.

[4] *Edinburgh Review*, Oct. 67 S. 432. Wider die Unions.

Es scheinen mehr als 2000 Unions zu existiren, und bloss in den „Building Trades" über 90,000 Mitglieder, mehr als 1/10 der Arbeiter in diesen Gewerben. Mault, der Secretär der Meistergesellschaft, vor der grossen Londoner „Trades' Unions (Haupt-)Commission", Antwort 2968); nach dem einer der geachtetsten Arbeiterunions, Applegarth von den Amalg. Carpenters, gar fünfmal so viel! Antw. 7234. „Not less than a tenth, perhaps, of all the skilled labourers in Great Britain", Thornton S. 699. Schon die Obengenannten zählen weit über 200,000. Vgl. ferner Beesly, S. 392 f., 321, *Quart. Rev.* Oct. 67, S. 351 f., *Saturd. Rev.* 22 und 29 Juli 67, S. 776 ff. 809 f. (die beiden letzten gegnerisch). Beesly in der *Westm. R.*, Oct. 61, S. 510 ff., Fred. Harrison in der *Fortnightly R.* 15 Nov. 65, S. 33 ff.

Bloss in Sheffield gab es 1867, ausser den oben genannten Bricklayers: die Saw Grinders' (Broadhead's) Union, die Sickle and Reaping Hook G. U., die Fender G. U. (diese drei und 9 andre Unions unbedingt schuldig— „Overend" Report über die „Sheffield Outrages Inquiry [Subcommission für Sh.], S. X, XI, XIII, XVI, auch aufgeführt *Edinb. R.* S. 439 ff.), die File G. U., S. X f., Fork G., U., XI f., Pen and Pocket Blade G. U., Scissor Forgers U., XIII, Scissor G. U., XIII f., Edge Tool Forgers' U., Edge Tool G. U., XIV, Scythe G. U., XIV f., Nail Makers' U., Ironworkers' U., XV, im Ganzen „about 60", XVI.

Die gewaltige Macht der Unions zeigt sich hauptsächlich bei vielen strikes.

1810. Spinner in Lancashire, 30000 Mann 4 Monate lang.

1836. „ „ Preston, Oct. bis Ende Dec.

Die Arbeiter verloren gegen 400,000 Thl.,
die Fabrikanten „ über 250,000 „

1844. Kohlenarbeiter in Durham und Northumberland, 40,000 Mann, 1 April bis Ende Sept. (auch 1831, sehr gross, dann nur 1832).

1853. Preston, 6200 Männer, 11,800 Frauen: 36 Wochen.

Die Arbeiter verloren um 2,424,000 Thl.,
die Fabrikanten „ 1,200,000 „
Roscher I § 176 S. 356 ff.

1859 bis 60. Grosser „Builders' Strike", vorzüglich gegen die Unternehmer des Ausstellungsgebäudes für 1862. Ueber diesen ausführlich Beesly, *Westm. R.* a. a. O.

1864. Steinkohlengrubenarbeiter (*colliers*) in Staffordshire, Anfang Juli bis etwa 20 Nov., viele Tausende, Hauptcomm. 10432 bis 45.

1867. Londoner Schneider, erster bekannter Internationaler strike.

Die Arbeitseinstellungen sind bei Weitem nicht immer zum Vortheile der Fabrikherren ausgefallen[1]. Und schon die Macht zur Arbeitseinstellung ist eine gewaltige und in der That gefürchtete Waffe.

[1] Z. B. bloss in Glasgow, und dort bloss die Zimmerleute (Folgendes nach F. Harrison, *Fortn. R.* 15 Nov. 65, S. 38 ff., man beachte übrigens, dass dies in einer für Glasgow und das Zimmerhandwerk sehr günstigen Zeit geschah, was Harrison ganz übergeht):

1852. Die Arbeiter verdienten 22 shilling der Mann die Woche, forderten 24 sh. (etwa 38 und 41 Groschen täglich), stellten die Arbeit ein um Das zu erzwingen, und siegten bald.

54. Sie arbeiteten 60 Stunden die Woche, forderten nur 57 (10 täglich, ohne oder mit 3 wöchentlichen Freistunden). Die Meister boten freiwillig an die 3 Stunden besonders zu bezahlen, die Arbeiter schlugen das ab, und siegten nach kurzem strike.

56. Januar: 8 Wochen Arbeitseinstellung gegen das Wiedereinführen der 60 Stunden. Die Arbeiter siegen.
Mai. Die Schiffszimmerleute allein, 9 Monat lang, wegen ihrer Forderung von 27 statt 24 shilling die 60 Stunden (1 Thl. 16 und 1 Thl. 11 Ngr.). Sie siegen.

57. März. Um Erhöhung von 24 auf 26 sh. Gelingt nach wenigen Tagen.
October. Gegen Herabsetzung von 26 auf 23¾ sh. Misslingt nach 14 Tagen.

58. Um Erhöhung von 23¾ auf 26 sh. Gelingt nach wenigen Tagen.

Die Färber zu Glasgow hatten 1843 3½ Pence, 1847 4 (gewiss ist Stundenlohn gemeint). In 1850 brachte ein strike den Lohn auf 4½, in 1855 ein zweiter auf 5 Pence (4 Groschen), und so war es noch 1865.

„The present writer has in his possession a list of the successful strikes for one single trade in one year. This list contains more than 70 instances in which one Union in that period had by actual or threatened strikes obtained increased wages, or, what is the same thing, shorter hours."

„In 1860 a special report upon Unions and Strikes was made by a committee of gentlemen for the Social Science Association" (die englische, nicht die festländische: dieses mit Recht vielgelobte Rapport ist ganz von Privatpersonen, und muss scharf von den obengenannten, officiellen und Jahre spätern unterschieden werden). Dieses Committee rapportirt: „„The committee have not found that the constant assertion that strikes are scarcely ever successful, is at all borne out by facts.""

„A careful comparison", sagt Harrison ferner, „will show the following results:

1. Strikes to obtain a rise of wages or a reduction of hours usually succeed.
2. Strikes to resist a reduction of wages usually fail.
3. „ „ enforce trade rules or to suppress objectionable practices" (der Meister nämlich) „usually fail in appearance and succeed in reality.
4. Lock-outs[1] to crush Unions invariably fail."

Diesen wichtigen und glaubwürdigen Mittheilungen fügt er freilich dieses bei: „the machine-breaking and vitriol-throwing of 1826 has as little bearing on the subject as the insurrection of Wat Tyler,[2] or the Jacquerie

in France*"] Das hat denn doch 1867, sei es denn nur für Sheffield, Manchester, Staffordshire und London, ganz anders gezeigt. — [1]Schliessen der Werkstätten durch die Meister. — [2]1381. — [3]1358.

In 1866 kam man einer Reihe Verbrechen auf die Spur, welche schon seit Jahren systematisch im Interesse der Unions begangen werden. Die Untersuchung ergab, dass viele Unions durch ein vollständig abgestuftes System von Zwangsmassregeln, einzelne selbst durch Verbrechen [1], die unten angegebenen Puncte durchsetzen und erzwingen. Es ward wahrscheinlich, dass ohne jenen Zwang viele Unions nicht existiren würden, und bewiesen, dass manche der Missethäter, Führer ihrer Union, das grösste Vertrauen der Leute besassen und auch nach dem völligen Bekanntwerden ihrer Verbrechen behielten.

Also wird durch Zwang:

1. Ein Lohn*minimum* auferlegt, und der Fabrikherr (Meister) gezwungen nicht weniger zu geben. Hauptcommissionsrapport XI S. 24.

2. Eine *Minimal*zahl Arbeitsstunden auferlegt, und zwar um den frühern Tagelohn von mehr Stunden.

3. Stücklohn verhindert. Ibid.

4. In manchen Fällen Maschinerie oder sonstige Weisen um Leute zu ersparen verhindert.

5. Das Beschäftigen irgend eines Arbeiters mit irgend einer andern Arbeit, wie wenig auch unterschieden, als nach der er heisst (z. B. dass der Maurer den man eben an der Arbeit hat einige Nägel in eine Thür einschlägt), und der Gebrauch, innerhalb irgend eines (nur von den Arbeitern selbst eben zu diesen Zwecken geschaffenen und abgetheilten) Districtes, anderer Materialien als die innerhalb des „Districtes" selbst verfertigt werden, verhindert.

6. Rüstiges Arbeiten verhindert, z. B. das andere als langsam zur Arbeit gehen — diese Zeit wird mitbezahlt —, mehr als eine kleine Anzahl Backsteine zugleich zu tragen (mit Verbot von Schubkarren) u. s. w.

7. Das Beschäftigen einer nur kleinen Anzahl Gesellen *(apprentices)* und Lehrburschen erzwungen. Ibid.

8. Das Beschäftigen von Nicht-Mitgliedern („Non-union-men", üblichstes Schimpfwort *knobsticks*, „Knotenstöcke", wobei der beleidigende Sinn uns nicht deutlich ist) sehr erschwert [2]. Ibid.

[1]Broadheads Verbrechen sind kurz summirt *Saturd. Rev.* 29 Juni 67 S. 809 f., einzelne von ihm und zwei andern Unions, alle in Sheffield, nach dem officiellen („Overend Report", nach dem Vorsitzenden) Rapport der Subcommission für Sheffield, in der *Edinb. Rev.* Oct. 67 S. 438 ff. Die Reihe der Zwangsmittel, „picketing" (S. 136), „sending to Coventry" (abbrechen jedes gesellschaftlichen Verkehrs), „rattening," (entwenden des Arbeitergeräths bis der Mann sich dem Zwange beugt), endlich verwunden oder selbst tödten, geht aus demselben Rapport hervor.

[2]Die Verbrechen, wiewohl Tausenden bekannt, wurden so geheim ge-

halten, dass die englische Regierung sich hat entschliessen müssen, diesen Missethätern, unter Bedingung eines vollständigen Geständnisses, Verzeihung zu geloben! Selbst mit so verzweifeltem Mittel bedurfte es aller Urtheilskraft und Entschiedenheit der Sheffielder Commissäre, das Ziel nicht zu verfehlen. Sowie aber endlich Einer zum Bekenntniss gebracht war, folgten die Uebrigen. Broadhead (Andre auch), der Secretär oder Führer der Sheffielder *Saw grinders' Union*, gestand nun ganz kaltblütig, selbst mit einigem Stolze, und ist seitdem bei dem Sheffielder Arbeiterstande in Achtung eher gestiegen als das Gegentheil.

Picketing, das Verbieten seitens der Arbeitseinstellenden, selbst mit Gewalt, den Andern, dass sie an ihre Arbeit gehen, war 1867 zu London bei dem grossen Schneider*strike* die Regel: als gerichtliche Verurtheilung dies hinderte, fiel zugleich der ganze Strike mit völliger Niederlage der Arbeiter zu Boden. Hauptrapport 18104, seitens der Arbeiter nicht widersprochen.

Die einzige Vertheidigung der Unions welche ich fand, die ihres wärmsten Anhängers Prof. E. S. Beesly (*Fortnightly Rev.* 1 Juli 67 S. 1 ff.), ist schwach. — Leider hat in dem, Frühjahr 1869 erschienenen, Rapport der Hauptcommission eine Minderheit von zwei sonst verdienten Männern, das Parlamentsmitglied Hughes und der oben oft genannte Fred. Harrison, es über sich bringen können, in einem Minoritätsrapport natürlich nicht die groben Verbrechen, aber doch sehr bedeutende Arbeiterexcesse namentlich beim *picketing* gegen gesetzliche Dazwischenkunft in Schutz zu nehmen, eigentlich auf keinen andern Grund hin, als weil auch Classen ausser dem Arbeiterstande sich oft exclusiv benehmen!

Alles Obengenannte, und zwar in sehr weiter Ausdehnung, ist bewiesen in dem Rapport der (Haupt-)Commission. Wir nennen die Fragen 2971, 2979 zweimal, 2991, 3007, 3373, 3201, 3204, 927, 3216, 3217, 3218, 3228, 3436, 6349, 4368, 4369, 4370, 4371, 4064, 3464, 3122, 3123, 1145, 1146, 1147, 8363, 2827, 2920, 2921, auch weil man diese wörtlich in der *Edinb. Rev.* findet, Oct. 67, S. 427 ff. Es waren 23,539 Fragen bei der Sheffielder Subcommission allein, 19,979 bei der Hauptcommission.

Ein Hauptvertheidigungsgrund der Unions ist dieser: der Arbeiter kann seine Waare, d. h. seine Zeit, nicht aufheben: er ist also gegen den Meister oder Fabrikanten wehrlos, und Dieser kann ihn zwingen mit niedrigem Lohne vorlieb zu nehmen. Nur wenn der Arbeitsmann warten kann, steht er beim Accordiren dem „Arbeitgeber" gleich: warten aber, also die Arbeit abschlagen, kann er nur wenn er Geld hat um unterdessen leben zu können, und dieses kann er wieder nur durch gesammte, d. h. systematische, organisirte Handlungsart erhalten.

Freilich hat diese Behauptung Vieles für sich, es ist aber auch Vieles dagegen. Jedenfalls wenn die Unions mit ihrer Macht Missbrauch treiben zum Zwange, nicht nur wider Fabrikanten sondern wider ihre eignen Mitarbeiter, wie steht es da mit jener Freiheit des Contractes, unter gleichen Bedingungen, wofür einzustehn sie vorgeben? Der Zwang der Zünfte, den eine — meistens verhältnissmässig kleine — Anzahl Meister übte, wird mit Recht als mittelalterlich und der Verkehrs- und Gewerbefreiheit schädlich verurtheilt: diesen stellt man, weit schroffer, im Interesse einer andern Classe wieder her, und zwar eben der Classe welche, und eben hier, über Unrecht klagt.

Unlängst ist bewiesen, dass die Unions financiell unhaltbar sind und Bankrott machen müssen wenn sie so lange existirt haben, dass ihre Verpflichtungen wegen Lebensversicherung u. s. w. fällig werden.

Die Unions sind zugleich „Provident and Benefit" oder „Friendly" *Societies*, für Lebensversicherung, also Krankencassen, Begräbnissfonds u. s. w., ja erst seit Kurzem (jedoch schon in 1868) ist die bestehende und seit Neujahr 1866 auch juristisch eingeworfne gesetzliche Bestimmung aufgehoben, dass sie den Schutz der englischen Gesetze verloren, sobald man erweisen konnte, dass in ihren Reglements Etwas über *strikes* vorkomme (Entscheidung der „Queens Bench" in Sachen Hornby gegen Close, Beesly in der *Fortn. Rev.* 1 März 67, S. 828, 834. aber noch 9 März 1869 nicht endgültig).[1] Nun ward durch Notare berechnet und erklärt, dass sie, als Krankencassen u. s. w., unmöglich auf die Dauer ihren Verbindlichkeiten genügen können, *Quart. Rev.* Oct. 67 S. 366 f., *the Econ.* 30. Mai S. 617 ff. Die (Haupt-)Commission befragte darauf „Mr. Finlaison of the National Debt Office, perhaps the most competent living witness on the subject", und dieser erklärte hinsichtlich der allgemein geachteten „Amalgamated Carpenters", ja selbst der „model Union", der „Amalgamated Engineers" Folgendes:

die Amalg. Eng., als gewöhnliche „benefit society"
kommen zu kurz 893,567 *l.* sterl.
aber selbst nach einer viel zu günstigen
Berechnung mindestens 453,930 *l.*
für „donations to members out of
employment" (*on strike*) muss man rechnen 547,042 „
Gesammtdeficit mindestens 1,000,972 *l.*

und derartige Ziffern für die Amalgamated Carpenters. *Econ.* a. a. O., Mault vor der grossen Trades' Unions Commission, Frage 3691, mit Auszügen aus ihrem „Circular", *Edinb. Rev.* Oct. 67 S. 420 f. Finlaison selbst vor der Commission, VI S. 102 f. Ein andrer Sachverständiger (R. Tucker, Rapport IV S. 100) berechnete für die Commission, dass

die Carp. nach ihrer 6jährigen Existenz einen Fond von 18,058 *l.* besassen, aber 65,000 bedurften, und dass
die Eng. nach ihrer 16jährigen Existenz einen Fond von 138,113 *l.* besassen, aber 472,761 bedurften,

um ihren Verpflichtungen zu genügen, *Edinb. Rev.* Oct. 67 S. 424, Tucker a. a. O.

[1] Vergleiche noch die neue *bill*, in *the Econ.*, July 17, 69, S. 837.

Dennoch ist dies ziemlich gleichgültig, und nicht allein weil viele grosse Körperschaften, selbst Staaten, z. B. Oesterreich, Russland, Frankreich, die Stadt Paris u. s. w., die verschiednen Umstände in Rechnung gebracht, sich nicht besser stehen. Nämlich auch hier wird der morgende Tag wohl für das Seinige sorgen. Haben die Arbeiter einmal Macht, so werden dieselben Unions mit erhöhtem Einsatz, oder nach deren Fall andre auf besser berechneten Grundlagen, den Kampf wohl fortsetzen. Was die Arbeiter jetzt suchten, war eine Geldmacht als augenblickliche Hülfe in ihrem Kampf wider die Unternehmer; die aber haben sie, in kolossalem Maasstabe wenn auch auf gefährliche Bedingungen, gefunden.

Ausserhalb Englands sind die *strikes*, und wahrscheinlich auch die Unions (z. B. die bekannte „*Internationale*") ziemlich zahlreich, allgemeine Aufnahmen mir aber nicht bekannt: auch wohl noch nicht zu bekommen. In Frankreich ist die *loi sur les coalitions* erst 1864 so abgeändert, dass das Gesetz etwas der Art zulässt: in England sind wenigstens die *combination laws* schon 1824 aufgehoben. Uebrigens sind die Unions auch ausserhalb Englands ziemlich alt: schon 1791 errichteten die Pariser Zimmerleute eine

„association du devoir", der „Pflicht" nämlich, bei gewissen Anlässen die Arbeit einzustellen. V. Sybel *Geschichte der Revol.-zeit*, 2. Ausg. I S. 243.

215. II. Selbst die Feinde der Trades' Unions haben oft mit Gunst, selbst mit Begeisterung, das Entstehen und anfängliche Gelingen der andern Art Arbeitervereine begrüsst, der **Cooperativen** Vereine.

Man kann ihr Entstehen von dem in der That wunderbaren Gelingen einer derselben ab rechnen, der jetzt allentwegen genannten und gelobten *Rochdale Society of equitable Pioneers* (R. ist eine Fabrikstadt $2\frac{1}{4}$ geogr. Meile nordlich von Manchester, die in 1861 38 Tausend, 1851 wahrscheinlich 26 Tausend Einwohner hatte). Die Resultate der *R. Pioneers* waren:

Jahr.	Mitglieder.	Capital.	„Cash received for sale of goods."	„Net profits."
1844	28	28 *l.*	Errichtungsjahr	
1845	74	181	710 *l.*	83 *l.*
1850	600	2300	13.180	889
1855	1400	11,032	44,902	3106
1860	3450	37,710	152,063	15,906
1865[1]	5326	78,754	um 220,000	um 30,000
1866[4]	6246	99,989	249,122	33,931

[1] Diese Zahlen ausser denen der beiden letzten Jahre aus Mill IV. VII § 6 S. 473 nach dem Vereins-*Almanack*. Die vorletzten aus dem *Co-operator* (s. No. 111 S. 63) für 16 Februar 1866 S. 213 nach dem gedruckten *Report* „for the quarter ending Dec. 19, 1865." Dort findet man Spalte 4 und 5, für das Quartal, auf 55.174 und 7538 *l.* angegeben. In der Nummer für 1 Juli 1866. S. 40, stehn zwei andre Angaben, alle drei abweichend von einander: die erste giebt 71,940 und 196,234 für Spalte 3 und 4, die Andre weicht wenig von der hier gefolgten ab.

„The Equitable Pioneers' Society is divided into 7 departments: Grocery.[2] Drapery,[2] Butchering,[2] Shoemaking,[3] Clogging,[3] Tailoring,[3] Wholesale.[2]" Mill 471 nach Holyoake, *Self-help by the People — History of Cooperation in R.* (bis 1857).

[2] „Consumvereine", nach Schulze's Eintheilung. S. unten S. 141. „Wholesale" ist wohl Spezereihandel u. s. w. *en gros*.

[3] „Productivgenossenschaften" (*to clog*, das Verfertigen einer Art Holzschuhe).

Wie 28 arme Arbeiter, bei allmähligem Einsatze von 2 Pence wöchentlich (5/6 von zwei Groschen) es in 1844 dahin brachten, einen ärmlichen Laden zu eröffnen, der Samstag Abends verkaufte und mit nur 4 Artikeln anfing die auf Einem Schubkarren Platz hatten, wie sie ferner jetzt ein Capital von 700,000 Thlr. besitzen und jährlich 233,000 Thl., sage 84 pCt. Gewinn erzielen, ist jetzt allgemein bekannt. Hier noch einige Angaben.[4]

Neujahr 1865. Anzahl Consumvereine (651—52 =) 599, Berichte erhalten von 417.

Letztgenannte hatten zusammen:

148,586 Mitglieder, 761,313 L. Actiencapital, darauf geliehen 112,735 *l.* (zusammen 874,000),

letztes Jahr Einkäufe 3,063,088, Verkäufe 3,373,837 *l.*,

balance 136,923, *assets* (Activa) 1,105,608, *liabilities* (Passiva) 273,840 *l.*

Die *North. of Engl. Wholesale Co-op. Soc. Limited* (diese Gesellschaft umfasst jetzt auch die *Rochdale Pioneers*) „macht, wie uns ihre Anzeigen in dem *Co-operator* sagen, nach zweijährigem Bestehen, jetzt ein Geschäft von $\frac{1}{4}$ Mill. *l.*" — Diese Angaben aus ([4]) J. M. Ludlow und Lloyd Jones, *Die arbeitenden Classen Englands*, übersetzt von J. von Holtzendorff, Berl. 68 S. 101 ff.

Es gab nach Hrn. Greening (*Köln. Zeitung* Sonnt. 18 Oct. 68, 1. Bl.):

	Existirende Consumvereine.	Mit öffentl. Rapporten.	Capital der Letztgenannt.	Rente im Durchschn.	Verfügbare „*profits*."
1864		417	874,000 *l.*	5 pCt.	35 à 40 pCt.
66	675	441	1,164,333		
67	915	577	1,611,933		

nach Abtragung der 5 pCt. Rente, und das „in dem bekanntlich ausser„ordentlich schlechten Geschäftsjahre" 1868. „Trotzdem sind diese Vereine selbst in England noch auf ein verhältnissmässig kleines Terrain beschränkt. Ihr Hauptsitz ist noch immer Lancashire mit den anstossenden Grafschaften. Ein Fünftel der ganzen Mitgliederzahl und ein Drittel des gesammten Vereinscapitals von England und Wales befinden sich in den 5 Städten Manchester, Rochdale, Oldham, Halifax und Bury. Weniger aufmunternd ist das bisherige Schicksal der Productivgenossenschaften. Denn während viele von diesen ausgezeichnete Erfolge erzielten, sind beinahe eben so viele andere elendiglich zu Grunde gegangen." Vgl. hierüber S. 140, 141.

Der Co-operative store (Consumverein, *association de consommation*) beruht auf dem Verkauf von Ladenwaaren *en détail*, an die Mitglieder[1], und gegen Baarzahlung. Diese Waaren können *en gros* und auf Credit[2] eingekauft werden: dies geschieht und das Geschäft gewinnt den Preisunterschied. Aber ausserdem, so lange der Verein an sich selbst verkauft, sind seine Theilhaber so guter und unverfälschter Waare sicher als der reichste Käufer.

„Buyer and seller meet as friends; there is no overreaching on one side, and no suspicion on the other . . . These crowds of humble working men, who never knew before when they put good food into their mouths . . . now buy in the markets like millionaires, and, as far as pureness of food goes, live like lords . . . They buy the purest sugar and the best tea" (wenn hier Thee bestimmt gemeint und mehr als eine Redensart ist, wäre das freilich stark: wenige Waaren werden ärger verfälscht). „The finest beasts of the land [serve] for the consumption of flannel-weavers and cobblers (Schuhflicker). When did competition give poor men these advantages?" (S. über diesen letzten Punct No. 196 und unten S. 143 f.) Holyoake bei Mill S. 472 ff. Anm.* „Die entlegenen Strassen der Fabrikstädte wimmelten" vor den Cooperativvereinen „von kleinen Läden, in welchen das Schlechteste von jedem Artikel verkauft wurde mit nicht widersprochenen Maassen und ungeprüften Gewichten" (Ludl. u. L. Jones S. 98), und von welchen der Arbeiter, der einmal dort in Schulden gerathen, sich nicht wieder losmachen konnte.

[1] S. z. B. E. Pfeiffer, *die Consumvereine*, Stuttg. 1865 S. 133. Freilich wird nicht bloss den eigentlich sogenannten Mitgliedern verkauft. Jeder Kunde erhält aber am Rechnungsschluss, nach Verhältniss seiner Einkaufssumme, seinen Antheil am Gewinne, ist also im vollen Sinne des Worts Theilhaber am Geschäft, etwa dem stillen Socius vergleichbar. Und wäre dem nicht so, wo bliebe die oft und auch oben gerühmte Einheit der Interessen des Käufers und Verkäufers, und damit jede Garantie eben eines Hauptvorzuges dieser Vereine, der Güte der Waaren?

[2] Zuweilen unterscheidet man, und gewiss mit Nutzen, gesunden Productionscredit und ungesunden Consumtionscredit. Hier aber ist dies entweder nicht passend oder die Linie muss schärfer gezogen werden: der Credit, den der Engrosverkäufer dem Vereine schenkt, ist sowohl Productionscredit, insofern der Verein verkauft, als Consumtionscredit insofern seine Theilhaber, und er selbst, die Waaren ja verbrauchen. — Vielmehr

werden die Kosten der zweiten Hand u. s. w. gespart und dem Betrug gesteuert, und das wird wohl der grösste — immerhin segensreiche — Vorzug solcher Vereine bleiben.

Schon in England zeigte sich, dass auf die financielle Leitung und hauptsächlich den Leiter sehr viel ankommt. Als solcher (auch juristisch) erwarb sich in Deutschland Schulze-Delitzsch unschätzbare Verdienste.

Weder als Politiker noch als Staatsökonomen haben wir S. hier zu beurtheilen. Als Führer der Genossenschaften kann man ihn und sein Werk nicht genug hochschätzen (H. Schulze, geboren in dem Städtchen Delitzsch in Preussen, 8 Meilen nördlich von Leipzig). Es gab in Deutschland:

		Ende 1865.	Ende 1868.	
Vorschuss- und Creditvereine (Volksbanken)		961	1558	und 22 Werksgenossenschaften.
„Genossenschaften in einzelnen Gewerbszweigen"		199	236	
und zwar: Rohstoffgenossenschaften	135 (od. 140)	Ende 1864: 183	131	
Magazinvereine	20 („ 15)		37	
Productivgenossenschaften	28		47	
Consumvereine		157	535	

So viele waren nämlich „bei der Anwaltschaft" (d. h. bei Schulze) namentlich bekannt. Alle sind „auf Selbsthülfe gegründet," gerade wie in England, und darin liegt ihr Kennzeichen als Unterschied von den Träumereien, welche, von Lassalle (s. No. 62, 68, 69 Schluss) erdacht oder wenigstens in Deutschland eingeführt, jetzt durch Leute ohne seinen Geist und seine Kenntnisse fortgepredigt werden und den Arbeiter immerzu lehren, dass der „*bourgeois*"-Unternehmer oder das Capital ihn aussaugt und dass nicht er selbst, sondern der Staat, ihm aufhelfen soll.

„Im Jahre 1866" (dem Kriegsjahre) „hat eine Classe der" (deutschen) „Genossenschaften, 532 Vorschussvereine, die Hälfte der bestehenden, von denen ich die geprüften Rechnungsabschlüsse habe, einen Vorschuss gegeben von 85,010,148 Thlr.
(hört, hört! Bewegung), und sie haben gespart einen eigenen Fonds von 6,329,804 „
(hört, hört!), und das Publicum hat im Vertrauen und auf ihre Redlichkeit und auf die Tüchtigkeit ihrer Organisation ihnen ein vereinsliches Deposit gegeben von 19,895,529 „
(grosse Bewegung, hört, hört!); im Durchschnitt betrug die Gesammtsumme der gemachten Vorschussgeschäfte im Jahre 1859 bei 80 Vereinen die Summe von 4,131,486 „
sie hat sich dann fortwährend gesteigert, und das Verhältniss des eignen zum fremden Capital — die Herren von der Börse, die unter uns sind und das gründlich verstehen, werden mir zugeben, dass das sehr solide ist — man hat es gebracht auf 31,8 pCt." (6,3 Mill.: 19,9 Mill. = 31,5 : 98,5). Schulze-D. im Norddeutschen Reichstag, 14 Oct. 67, *Köln. Zeit.* 15 Oct. 67, 2. Blatt.[1]

V. A. Huber, kein Anhänger Schulze's, bezeugt ihm in der *Allg. Zeit.* grosse Anerkennung und nennt die folgenden Zahlen: es seien in Deutschland in 20 Jahren:

1900 Vereine entstanden, mit
650,000 Mitgliedern,
16 Millionen Thl. Betriebscapital,
über 155 „ „ Geschäftsbetrieb,
800 „ „ Umsatz, mit einer

„musterhaft tüchtigen Organisation, einem blühenden Bankgeschäfte, und einer eignen und auf ihre praktischen Angelegenheiten beschränkten tüch-

[1] 8. Jahresbericht 1868, S. 6.

tigen Zeitung" (gewiss Schulze's *Innung der Zukunft*, jetzt *Blätter für Genossenschafts-Wesen*, Jahresbericht 1868 S. 3). *Köln. Z.* 307, 2. Blatt, Mittwoch 4 Nov. 1868.

Die Vorschuss- und Creditvereine (Volksbanken) geben unter den nöthigen Vorsichtsmassregeln Vorschüsse gegen Schuldschein oder Wechsel an ihre Mitglieder, meistens unter fernerer Sicherstellung durch Pfand oder Bürgen. So weit sie selbst Geld borgen oder Kosten machen, sind ihre Mitglieder unbeschränkt („solidarisch") haftbar *(unlimited)*. Das eigne Capital wird hauptsächlich durch kleine Wochen- oder Monatseinlagen gebildet, welche als Antheile der Mitglieder in dem Geschäfte bleiben. Vgl. ferner Schulze's *Jahresbericht*, z. B. 1864 S. 5f.

Die Rohstoffgenossenschaften stimmen sonst mit den englischen *stores* überein. Allein, wie schon ihr Name besagt, kauft man Rohstoffe; dies kann auch auf Credit geschehen, aber jedenfalls unter unbeschränkter Haftbarkeit; man verkauft zu 5 bis 6 pCt. über dem Einkaufspreise, und bezahlt den Ladenhalter, Cassirer u. s. w. nach Procenten („tantième") des (Brutto)-ertrages, wozu man gewöhnlich 2 bis 3 pCt. bedarf. S. ferner Schulze a. a. O. S. 8 f.

Die Magazinvereine verschaffen nur einen gemeinschaftlichen Laden oder Verkaufsort: meistens bestehen sie aus Tischlern oder Schneidern. Schulze 9.

Die Productivgenossenschaften (dazu gehören natürlich auch die „Leeds Flour Mill" und die Co-op. Corn-Mill Society der R. Pioneers, Mill IV. vii § 6 S. 471, 474, Ludlow and Lloyd Jones S. 100 f.), diese schwierigste Branche der Association" (Schulze 1863 S. 17), sind einfach Handwerks- oder selbst Fabrikunternehmungen[1] auf Actien, welche Actien den Arbeitern selbst, die zugleich Unternehmer sind, gehören.

[1] Z. B. die „deutsche Maschinenbauarbeiter-Compagnie" zu Chemnitz im Königreich Sachsen. Die Consumvereine sind Einrichtungen wie die englischen *stores*, also bei den R. Pioneers wenigstens die 3 wichtigsten ihrer 7 Abtheilungen: „Grocery, Butchering and Wholesale" (Specerei-, Fleischer- und Engrosgeschäft). Alle suchen den Vortheil ihrer Mitglieder bei dem Einkaufe der ersten Lebensbedürfnisse. In Deutschland wird aber oft kein eigner Laden (*store*) eröffnet, sondern man schliesst einfach Uebereinkommen mit existirenden Geschäften, von denen man, der grossen Kundenzahl wegen die man ihnen zuführt, Rabatt bedingt (Markensystem). Die Mitgliederzahlen mit Bons, Marken, die der Ladenhalter wöchentlich bei dem Vereine gegen Geld umsetzt; so giebt es noch mehrere Unterschiede. Pfeiffer S. 60, 73 ff.

In beiden Ländern beruhen diese Vereine völlig auf Selbsthülfe, wie Schulze mit Recht und jedesmal hervorhebt. Weder die Obrigkeit (z. B. der Staat) noch die Barmherzigkeit sollen daran Theil nehmen: auch das Beschaffen des Capitals, wie Alles, soll unbedingt geschäftsmässig geschehen.

Auch in Italien und Nordamerica breiten solche Vereine sich aus. In Paris wurden 1867 schon 18 Volksbanken mit Namen genannt, viele in den grossen Städten; es gab etwa 20 Consumvereine und einzelne Productivgenossenschaften. Französische *Société d'Econ. pol.* 5 Sept. 67, *Journ. des Economistes*, Sept. 67, S. 449 ff., vorzüglich 451 f. Auf Holland hat sich die cooperative Bewegung bis jetzt kaum erstreckt, Anfänge von Trades' Unions zeigten sich dagegen hier und dort ziemlich stark: Meistervereine giebt es auch. Sie sind bis jetzt noch nicht untersucht, man hofft aber, dass in dem *Jaarboekje voor Staathuishoudkunde en Statistiek* welches Prof. de Bosch Kemper leitet, der schon für den Jahrgang 1869 stark angeregte Plan eines gründlich untersuchenden Aufsatzes über die niederländischen Gewerkvereine baldigst verwirklicht werden möge.

In Frankreich dagegen hat die Regierung, meistens störend, einzelne Male helfend, sich sehr viel mit diesen Vereinen eingelassen.

Genaue *détails* über Frankreich sind weit schwieriger zu erreichen als hinsichtlich Englands und Deutschlands. Die ersten cooperativen Vereine scheinen 1831 und 1834 errichtet zu sein. Die „Assemblée constituante" der kurzlebigen Republik von 1848 gab 3 Millionen Franc, wovon 32 Pariser und 29 andre Vereine unterstützt werden sollten. Eine der beiden grössten Subsidien, von je 80,000 Franc, erhielt der bekannte Buchdruckerverein „Remquet (et Co.)" — das alte Haus Renouard, welches damals fallirte, aber von den Arbeitern unter Leitung eines tüchtigen Gesellen, Remquet, fortgesetzt wurde. Nach dem coup d'état wurden sie unterdrückt, oft einfach durch die Willkür und Uebermacht der Regierung; es gab damals 210 in und 89 ausser Paris. In Paris selbst blieben nur 14 übrig. Diese Zahlen, zuerst von Jules Duval im *Econ. franç.* (Oct. 1865) mitgetheilt, und diese Daten, werden von sehr glaubwürdiger Seite andern Angaben gegenüber als die wahren bezeichnet. Achille Mercier in der *Revue Moderne (Germanique)* 1 Juli 67 S. 69 ff., vorzüglich Anm. 1 S. 72. — Uebrigens waren nach Louis Reybaud's Liste bei E. Véron, *Les associations ouvrières*, Paris, Hachette, wahrscheinlich 1865 erschienen, der also wohl noch vor Duval und gewiss vor Mercier schrieb, die drei grössten Subsidien von resp. 1200, 80 und 75 Tausend Franc, und zwar für die Shawlfabrikanten Bonfils u. s. w. et Co., für Remquet et Co., und für die Tischler Cordonnier et Co.

Allmählig erholte man sich. Von einem Grundstückchen, allein bei der gewaltthätigen Unterdrückung der blühenden *Société des travailleurs unis de Vienne* gerettet, brachte man es allmählig zu der *Société agricole et industrielle de Beauregard* (so hiess das Gütchen), einem grossen in 7 Zweige getheilten Productionsvereine, „la plus complète, la plus savamment organisée des associations françaises," Mercier S. 79. Aber „nous avons fixé leur chiffre dans le passé, nous ne pourrions le faire exactement pour le temps présent; un dénombrement est momentanément impossible." Mercier kurz vor 1 Juli 1867, a. a. O. S. 85 f. „Je n'ai que des renseignements insuffisants sur les associations subventionnées" (von der „Constituante" von 1848) „des départements". E. Véron a. a. O.

Ueber die französischen Genossenschaften vor 1864 stehen viele interessante *détails* bei Mill IV. VII § 6 S. 466 ff. Es scheint jedoch, dass nicht alle die *self-help* als Hauptprincip festhalten. „La coopération, à Lyon aussi bien que dans les autres villes du Midi" (nur über den Süden handelt der Aufsatz) . . . „persiste à croire, en sa grande majorité, que le *self-help* est le principe fondamental, la condition vitale de l'association ouvrière." J. E. Horn im *Journ. des Écon.*, Sept. 67 S. 478.

Das Gesetz von 1864 *sur les coalitions*, welches man hauptsächlich Emil Ollivier zu verdanken hat (neue Redaction der Artikel 414, 415 und 416 des *Code Pénal*), betrifft zwar zunächst die *grèves*, welche sie frei lässt ausser in Fällen von Gewalt und Arglist; doch ist seitdem die Errichtung auch cooperativer Vereine weit minder erschwert. Das neueste Gesetz von 1867 gilt für unbedeutend.

Die Cooperativvereine sind augenblicklich, und in der Praxis, sicherlich eine Wohlthat für die Arbeiter.

Vgl. E. About, *l'ABC du travailleur*, 1868. — Nur ein Beispiel: die Vorzüge werden übrigens, da nun einmal die Cooperation in vielfachen Gunsten steht, oft übertrieben. „Kurz vor Errichtung des Delitzscher Vorschussvereins brauchte ein dasiger Handwerker, der ein lebhaftes Geschäft hat, 50 Thl. für den Augenblick zu nothwendigen Einkäufen von Rohmaterial in der Leipziger Ostermesse, nur auf einige Tage, da mehrere Rechnungen für von ihm gelieferte Arbeiten nicht eingegangen waren, die Zahlung jedoch sicher in kürzester Zeit erwartet werden konnte. Er musste pro Tag einen Thl. Zinsen geben, was auf das Jahr 730 Procent ausmacht! Mag nun dies auch als ein Ausnahmefall dastehen, insbesondere die einfallende Messe mit in Anschlag kommen, so gelten dagegen Sätze wie 1 Thl. Zins für ein Darlehn von 20 Thlr. auf einen Monat für höchst billig, was immer noch 60 pCt. auf ein Jahr austrägt." Schulze *Vorschuss- und Creditvereine* S. 107 (4. Aufl. 164). Und das zwar unter dem Regime von Wuchergesetzen, Schulze S. 107 (4. A. 164). Mit den holländischen *pandjeshuizen* steht es nicht besser.

Doch giebt es noch schwere, seien es denn theoretische Bedenken. Die *stores* oder Consumvereine beruhen auf dem Princip: Baarzahlung und kein Verkauf an Nicht-mitglieder. Das sind Beschränkungen des freien Verkehrs: ökonomisch werden sie nicht leicht zu vertheidigen sein. Kann man sie motiviren, so ist das kaum anders als aus dem thatsächlichen Zustände der Arbeiter möglich.

Erzwungene Baarzahlung ist Ausschliessung des Credites — sei es denn des Consumcredites, aber merkwürdig genug eben den Creditgebern gegenüber, nämlich allen Theilhabern und am deutlichsten den eigentlichen Mitgliedern, den Beitrageinlegern. Verkauf nur an Theilhaber schliesst den Verkehr mit Nichtmitgliedern aus. Vielleicht jedoch sind diese Massregeln nothwendig. — Viele wo nicht alle diese Genossenschaften hängen ganz von der financiellen und Handwerks-kenntniss ihrer Vorsteher ab: so nicht blos die bekanntesten französischen, nach Jenen benannten *associations* Remquet und Antoine[1], sondern selbst das ganze Heer der deutschen Volksbanken. Hätten diese, ohne Schulze,[2] die jetzige oder irgend eine vergleichbare Höhe erreicht? Werden sie diese behaupten, wenn Er ihnen nicht mehr zur Seite steht?

Die grossen Zahlen beachte man nicht all zu viel. Die welche den Umsatz (gemachte Geschäfte) anzeigen sind natürlich gross, denn das sind sie in jedem Geschäft, und auch die Anzahl von Genossenschaften jeder Art, nicht bloss dieser, ist gross. Die schnelle Zunahme dieser Vereine, und für Deutschland der Umstand, dass die Volksbanken die freilich kurze aber heftige Krise des Kriegsjahres 1866 sehr gut überstanden haben, gehören zu ihrer stärksten Seite.

Selbst ein Schulze hochschätzender Anhänger stellt folgenden für die Bedeutung der Sache verzweifelten Satz auf: „Die Schulzeschen Vorschuss- und Rohstoffvereine eignen sich nur für selbständige für eigne Rechnung schaffende Geschäftsleute und Arbeiter" (also Meister, wenn auch ganz kleine und ohne Gesellen), „wenn man sie so nennen will, und es befinden sich unter all den 1500 Genossenschaften Deutschlands eigentliche Arbeiter nicht. Es sind deren nur in den Consumvereinen." Max Wirth, *ein Wort zur Lösung der sog. Arbeiterfrage*, in seinem *Deutschen Gewerbskalender* für 1869, S. 15. — Damit fällt aber der Nutzen dieser Vereine, wahrlich nicht überhaupt, aber doch grossentheils für den Handwerksmann und ganz für den Fabrikarbeiter.

[1]Später „il s'est enfui on ne sait où, avec des circonstances peu édifiantes." Darauf fiel der Verein „dans une sorte d'anarchie." Véron a. a. O. S. 196 f., wohl Anfang 1865 erschienen.

[2]„On doit à la sollicitude du directeur-général" (Schulze), „que presque toutes les associations ont adopté une *comptabilité uniforme*." Victor Bonnet im *Journ. d. Écon.*, Apr. 67 S. 79. Ein Beispiel aus vielen.

Ein andres, sehr ernstliches Hinderniss, den Umstand, dass diese Genossenschaften als solche ausserhalb des Gesetzes stehen, wird hoffentlich durch den guten Willen der Gesetzgeber auch ausser

Deutschlands baldigst angegriffen werden und ihre Kräfte nicht übersteigen.

Nicht nur in Frankreich, sondern auch in England, Holland und noch nach dem *Allgemeinen Deutschen Handelsgesetzbuch*. Die Schwierigkeit ist, dass man die Haftbarkeit, das verantwortlich sein für eingegangne Verpflichtungen, auf Genossenschaften mit stets wechselnden Mitgliedern und jedesmal veränderlichem Capitale (Antheil, „Guthaben") juristisch kaum begründen kann. Also müssen Einzelne haften, was grosse Schwierigkeiten hat: den deutschen Volksbanken z. B. wäre dies selbst im günstigsten Falle tödtlich, nämlich selbst wenn sie sich als *Actien-Commandit-Gesellschaften* einrichteten, d. h. ein oder mehrere solidarisch (unbeschränkt) für das Ganze haftender Gesellschafter mit einer vielleicht grossen Zahl Actieninhaber. In England wäre selbst das „illegal".

Ein Zustand jedoch, der existirt und an sich erlaubt ist, muss von der Gesetzgebung unter den nöthigen Vorsorgen zugelassen und als möglich anerkannt werden. Eben das ist Rechts- und vorzüglich Handelsrechtsentwicklung, dass es den bestehenden Zuständen folgt und die nöthigen Regeln zur Sicherstellung ihrer freien Wirkung und zur Abwehr von Gewalt und Betrug feststellt.

Die Genossenschaften bedürfen nach Schulze (*Vorschuss- u. Creditvereine,* vierte Aufl. 67 S. 28) eine gesetzliche Combination der Firma mit der Actiengesellschaft. Diese haben sie neulichst in Preussen durch das *Genossenschafts-* (nicht Vereins-) Gesetz vom 27 März 1867 erhalten (s. den Text bei Schulze a. a. O. S. 225 ff.). Vgl. auch das Gesetz für die Staaten des Nordd. Bundes über die privatrechtl. Stellung der Erwerbs- und Wirthschaftsgen. von 4 Juli 68, Text in Schulze's *Jahresbericht* 1867.

In Holland bestehen unter dem Namen Hülfsbanken derartige Vereine, die aber immer mit einem von Geschäftsleuten oder meistens von Philanthropen zusammengebrachten kleinen Capitale beginnen. Die erste ward in 1849 zu Middelburg errichtet und ihr Reglement ziemlich überall nachgeahmt. Vor ein Paar Jahren ward sie wegen allmähligen Aussterbens der ersten Theilnehmer an die gemeinnützige Gesellschaft *tot Nut van't Algemeen* übertragen, welcher fast die Hälfte jener *Hulpbanken* angehören, nämlich 18 in 1867 gegen die Totalzahl 42 in 1864. S. die holländische Zeitschrift *de Economist*, 1867 S. 38 ff., Juli und Aug. 68, S. 868 f., Nov. 68, S. 1086 ff.

Viele Arbeiter begehren einen bestimmten Antheil an industriellen Unternehmungen, sei es, dass sie diese selbst errichten[1] oder als Concession ihrer Fabrikherren. Einzelne[2] von diesen haben sich dazu verstanden, so dass hier und da Versuche in diesem Sinne existiren.

Dafür scheint der weit allgemeinere Ausdruck *industrial partnerships* üblich zu werden. Dies ist aber wesentlich eine *Actien-Commandit-Gesellschaft,* welche das deutsche Gesetz ausdrücklich anerkennt und die auch in Holland vollkommen gesetzlich aus der *société en commandite* abgeleitet werden kann. Vgl. S. 128.

[1] Also Productivgenossenschaften. S. oben S. 141, und vgl. Ludlow und Jones S. 103.

[2] In Frankreich Leclaire, ein Hausfärber, s. Mill IV.vii § 5 S. 462 ff. mit Anm. I, von vor 1842 bis mindestens 1865; Paul Dupont, ein Buchdrucker, seit 1847; Gisquet, gewesener Polizeipräfect, ein Oelfabrikant, 1848, ibid. S. 464. In England nach *the Econ.* June 13, 1868, S. 678 ff. bis Juni 1868 wohl nur die Firmen Briggs, Crossley und drei Andre. — Ludlow und Jones (jedenfalls vor 1868) führen jedoch S. 105 f. noch 4 andre grosse Firmen namentlich auf bei welchen es stattfindet; schon 8 bis 10,000 Personen, nach dem *Industrial Partnership's Record*, würden der Art an den Fabriken,

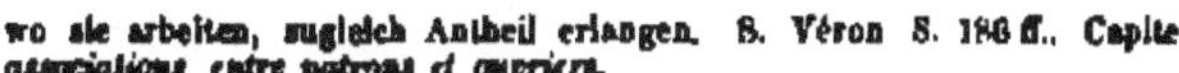

wo sie arbeiten, zugleich Antheil erlangen. S. Véron S. 186 ff., Capitel *associations entre patrons et ouvriers*.

So werden im günstigsten Falle gewisse Arbeiter zu kleinen Capitalisten und Unternehmern. Es kommt aber nicht darauf an, Einzelnen Gelegenheit zu geben sich, wie bei allen Ständen vorkommt, über ihren anfänglichen Stand hinaufzuschwingen. Das kann lobenswerth sein, hier aber ist die Frage den Arbeiterstand zu heben, diejenigen welche Arbeiter bleiben.

Noch mehr. Thun die Fabrikherren das Obengesagte, um ihre Arbeiter bei guter Laune zu erhalten, damit sie durch ihren Eifer mehr Güter erzeugen oder um Verluste wegen Unzufriedenheit zu vermeiden, so ist das Ganze nur eine versteckte Lohnerhöhung. Oder werden die Arbeiter wirklich Theilhaber, also am Gewinn und am Verluste, so wie jüngst (1865) bei Leclaire? Dann wird der mindeste Stoss ihre kleinen Actien zerstäuben — für die Arbeiter-actieninhaber ist natürlich die Haftbarkeit beschränkt — und man ist eben so weit als früher. Denn das hat ja zum Ueberflusse Michel Chevalier in seinen *Lettres sur l'organisation du travail* dargethan, dass dieser verhasste Lohn, dieses demüthigende *salariat* geradezu die Rettung des Arbeiters ist. Sein Vermögen ist viel zu schwach, die schlechten Chancen eines Unternehmens aushalten zu können; hat er aber einen Lohngeber, so steht Dieser mit starkem Capitale dafür ein dass seine Arbeiter, in schlechter wie in guter Zeit, ihren ausbedungenen Lohn erhalten. Vgl. auch Véron S. 186 ff.

So können jedoch höchstens einzelne Arbeiter emporkommen, dadurch dass sie Capital erhalten: dem Arbeiterstande wird damit nicht geholfen.

Eine sehr nützliche Richtung haben diese Einrichtungen, wenn auch von deren Kraft noch wenig bekannt ist: sie fördern das gute Verständniss zwischen Meistern und Leuten. Vielleicht noch mehr thun das jedoch die einzelnen bestehenden Einrichtungen, meistens aus Mitgliedern von beiden Seiten zusammengesetzt, um Streitigkeiten friedlich zu lösen.

The Nottingham Board of Conciliation (vielgenannt seit des Stifters Mundella Erklärungen vor der grossen Trades' Unions Commission, Antw. 19341—480; 19679—715), die *association of masters in the carpet manufactories of Scotland*, vgl. den 6. Theil der *Reports of the English Commissioners on the Paris Exhibition*, in *the Econ.* 13 Juni 1868 S. 678 f., Art. *the Association of Workmen and Capitalists*.

216. Unter den Associationen beachte man noch die Assecuranzgesellschaften.

Der Assecuranzcontract verpflichtet durch beiderseitige Zustimmung: der Versicherer steht ein für die Vergütung des Schadens welchen ein ungewisser Vorfall verursachen wird, und erhält dafür eine Prämie. Bei dem Assecurirten soll es ein Interesse geben, welches in Geld schätzbar und einer Gefahr ausgesetzt ist. In Letztgenanntem liegt das Wesen der Assecuranzlehre. Also drei Hauptpuncte: ein Gegenstand, eine Gefahr, ein möglicher Nachtheil.

Gesellschaften zur Lebensversicherung, gegen Feuergefahr, Seeschäden u. s. w. Vgl. auch No. 259 und Roscher § 246 Anm. 12 S. 513: „Soviel ist klar, dass sich heutige Lebensversicherungen u. s. w. nicht auf die Sterblichkeitsberechnungen früherer Culturstufen, wie z. B. die Süssmilch'schen, stützen können.“ Darin wird nämlich die Sterblichkeit, also auch der Geldgewinn der Gesellschaften, weit höher angegeben als sie jetzt ist.

217. Die alten aber noch nicht verschwundnen **Zünfte** (Innungen)[1] sind, ökonomisch gesprochen, Einrichtungen welche die Gewerbefreiheit einschränken, und zwar beim Handwerk, mehr als bei dem Verkehr in engerm Sinne. Sie verbieten die Niederlassungen als Meister[2], es sei denn nach einer Anzahl von Lehr- und Wanderjahren[3], einer bestandnen Prüfung vor Meistern und der Erfüllung andrer Bedingungen.

Als Vereine bestehen sie aus Meistern, zuweilen auch mit den Arbeitsleuten, um das Gewerbe gegen Concurrenz, oft auch die Handwerker und die Stadt selbst gegen auswärtige Gewalt zu schützen. In dieser Hinsicht, wie in den meisten, gehören sie dem Mittelalter an, und damals war auch ihre höchste Blüthe.

[1] Engl. *guilds*, daher *Guildhall*, wörtlich Zunfthaus, das Rathhaus der Londoner City, franz. *jurandes et maîtrises* als Vorrecht, als Körperschaften *corps de métiers*. Gesellen franz. *compagnons*, engl. *apprentices*; Lehrlinge franz. *apprentis*. In Deutschland waren die Zünfte am stärksten.

Schon die ägyptischen Casten erinnern daran: der Sohn musste (?) werden, was sein Vater gewesen war. — In Roms allerältesten Zeit gab es schon 8: Flötenspieler, Kupferschmiede, Goldschmiede, Zimmerleute, Walker, Weber, Topfer, Schuster, „womit für die älteste Zeit, wo man das Brotbacken und die gewerbmässige Arzneikunst noch nicht kannte und die Frauen des Hauses die Wolle zu den Kleidern selber spannen, der Kreis der auf Bestellung für fremde Rechnung arbeitenden Gewerke wohl im Wesentlichen erschöpft sein wird.“ Mommsen, *R. G.* I, 190, 8. Aufl.

[2] Doch ist die Zahl der Meister sehr gross (man liess sie zu u. a. nach Verfertigung eines „Meisterstückes“ und auf Vorzeigung ihrer „Kundschaft“ — *Wanderbuch* könnte man sie nennen, allein dieser Ausdruck bezeichnet das von der Polizei verlangte Buch). In Würtemberg z. B. mit Zünften gab es:

1839	115,000[1]	Meister,	33,000	Gesellen, also nur Ein G. auf fast	4 M.
52	73,527[2]	„	16,674	„ „ „ „ „ „ „	4 „
Schuster	13,013	„	2747	„ „ „ „ „ „	5 „
Schneider	7139	„	1409	„ „ „ „ „ „	5 „

[1] Freie und in Zünften. [2] Nur in Zünften, alles nach Schübler's *Statist. Nachrichten*.

Dagegen in Preussen ohne Zünfte (seit 1810):
1822 284,490, einer auf 41 Einw. *Mittheil. d. statist. Bureau in Preussen.*
46 409,508, „ „ 39 „ R. u. W. *Staats-Lex.* VII (1862) S. 420, Art. *Handwerk.*

Preussens Bevölkerung war 1822 11,6, 1846 16 Millionen, die Würtembergs 1852 1,7 Millionen: dort kommt also bloss in den Zünften Ein Meister auf 23 Einwohner.

[3] Unter den Einrichtungen der Zünfte hat eine, das Wandern der Handwerker, seine sehr gute Seite. Der „Berliner, Erlanger, Frankfurter“ u. s. w., wie sie einander nennen, der (meistens 3) Jahre lang Deutschland durchzieht und sich von jedem Meister in seine „Kundschaft“ ein Zeugniss einschreiben lässt, sieht andre Orte und andre Arbeit als die seiner Vaterstadt, und bleibt so von der dummen Unkenntniss, dem gedankenlosen Schlendrian und dem eingebildetem Hochmuth auf — wer weiss wie schlechte — heimische Arbeit und Gewohnheit frei, die man sonst so oft sieht. Hoffentlich wird dieser nützliche Brauch sich behaupten und ausdehnen, auch nach Wegfallen des Zwanges.

III. Ausländischer (Internationaler) Handel.

Mill III. XVII f. S. 347 ff. Vgl. H. von Mangoldt, *Grundriss der Volkswirthschaftslehre*, Stuttg. 1863 § 73 S. 70 f.

218. Der Tauschwerth der Güter und ihr Preis, sahen wir, hängt von ihrem Nutzen und der Schwierigkeit sie zu erlangen ab (No. 122 f.). M. a. W. es ist der Preis jeder Waare ihren nothwendigen Reproductionskosten gleich (No. 123 Anm. 1. 2). Dies gilt, bei freiem Handel, auf dem allgemeinen oder Weltmarkte. Es gilt auch für einen und denselben Markt. Wenn aber mehrere Märkte in Anschlag kommen, müssen überdies andere, eingreifende Umstände in Acht genommen werden.

Markt natürlich hier nicht in der Bedeutung des täglichen Lebens, sondern das ganze Gebiet, Handelsgebiet, einer Waare oder einer Handelstadt (franz. *place*). In der Schweiz gränzen die Handelsgebiete von Genua, Havre und Rotterdam an einander, Roscher § 110 Anm. 1 S. 205.
Mehrere Märkte giebt es da, wo es bedeutenden Unterschied giebt zwischen den Bestandtheilen der (Erzeugungs)-kosten (vgl. No. 126, 128 S. 14). Also z. B. Klima, Fruchtbarkeit, Mineralreichthum, Höhe der Industrie, Handelsentwicklung u. s. w., oder auch nur schwierigerer Transport, schwerere Steuern, weniger Wohlstand, nachtheiligere Gesetzgebung an dem einen Orte.

219. Tausch (Verkehr) verwischt diese Unterschiede und wirkt im Sinne der Vereinigung gesonderter Märkte. Bei geringen Unterschieden lässt sich auch die Production selbst über ihre Gränzen und bis zu neuen ausdehnen, wo nöthig mit einer Kostenvermehrung, welche dann an diesem „Markte" den „natürlichen" Preis um etwas erhöht.

220. Allein es kann sehr bedeutende Differenzen geben, so dass der eine Markt die Waaren des Andern nicht besser als durch Tausch gegen seine eignen Güter bekommen kann.

Z. B. das Klima u. s. w.: gute Baumwolle ist wohl nur aus Nordamerica zu beziehen, Guano, Llama's und vor Kurzem noch Chinarinde nur aus Perù; schwedisches Eisen, viele englische Fabricate, holländischer Häring, der *article Paris* u. s. w. können, mit allen Eigenschaften die man bei ihnen wünscht, sonst kaum oder gar nicht erzeugt werden.

221. Dies ist der Fall bei Märkten die von einander sehr entfernt sind, oder bei denen grosser Unterschied der einwirkenden Umstände vorwaltet, also sehr oft in verschiednen Staaten, m. a. W. im internationalen Verkehr.

Capitalien verlegen ihren Sitz schwer: man erschafft keine Handelsstädte. Ja die Arbeiterdeplacirung, selbst in so kolossalem Massstabe als Mitte dieses Jahrhunderts nach Nordamerica, ist für das Bedürfniss unzureichend, und ausserdem grossen Schwierigkeiten und Opfern ausgesetzt.

222. Also tauscht man, und zwar Waare um Waare, d. h. jede Menge ausländisches Product wird gegen eine gewisse Menge heimisches eingetauscht („damit bezahlt"). Wie gross ist Letztere?

Jedenfalls so gross, dass beide Theile, beide Länder (beide Tauscher), Vortheil dabei haben. Sonst würde man nicht tauschen (vgl. No. 14).

Der Betrag der Kosten für diesen einheimischen Artikel ist nicht derselbe als der der (nothwendigen Erzeugungs-)kosten der fremden Waare: er kann selbst bedeutend höher sein.

Gesetzt die Kosten wofür Schweden gewisse Quanta Kupfer und Baumwolle erhält seien für beide Waaren gleich, England aber erhalte sein Kupfer um ¹/₅ und seine Baumwolle um die Hälfte wohlfeiler, Beide in derselben Güte. Für dieselben Kosten hat also England 5 Kupfer und 6 Baumwolle, Schweden 4 Kupfer und 4 Baumwolle. Nähme nun Schweden seine Baumwolle (z. B. 24) für denselben (schwedischen) Preis von England, so könnte es dafür 24 Kupfer hingeben: England hätte Vortheil, denn so erhielte es 6 Kupfer für 6 Baumwolle, während dort bisher 6 Baumwolle nur mit 5 Kupfer gleich stand, denn England bekommt so (für 24 Baumwolle) 24 Kupfer, während es früher für 24 Baumwolle nur 20 Kupfer erstand.

Hierbei freilich hätte England den ganzen Vortheil: es zeigt sich aber, dass Schweden Antheil daran bekommt sobald es für denselben Preis (4 Kupfer) nicht genau 4 Baumwolle, sondern etwas mehr empfängt, z. B. 4¹/₂, und dann hat auch England noch Vortheil, denn es erhält nun für 1 Baumwolle zwar nicht 1 Kupfer aber doch ⁸/₉, d. i. mehr als ⁵/₆.

223. Jedes Land (jeder Markt, A z. B.) bietet jedem andern (B) die seiner Producte welche es wohlfeiler erzeugt als (früher) die Waaren welche es (jetzt) durch Tausch für die erstern bekommt.

Allein B nimmt jene erstern Waaren (a) dann, wenn sie dort (in B) mehr Erzeugungskosten erfordern würden als andre Waaren (b), und dann eben für b.

A kann sich a wohlfeiler als b verschaffen: es bietet also dem Lande B z. B. 100 a für 100 b. Allein B nimmt dies nur dann an, wenn in B 100 b wohlfeiler als 100 a zu bekommen sind. Deshalb liefert z. B. England Eisen und Manufacturwaaren an Nordamerica, dieses aber Korn und rohe Baumwolle an England.

224. 1. Dies wird nun so geschehen, dass beide gewinnen.

Gesetzt Erzeugung sowohl von Korn als von Holz wäre in Polen wohlfeiler als in England, aber die Unterschiede wären nicht gleich. Mill § 2 S. 348 f.

Man kann sich eine Masse Bauholz von solcher Grösse denken, dass sie an Fällen, Behauen, Flössen, Zins u. s. w. eben so viel Kosten erfordert als 100 Arbeitstagen eines Mannes (oder 10 oder 100 Männer) gleich stehen. Nun setze man, dass in England zur Erzeugung einer ganz gleichen Masse 150 gleiche Arbeitstage nothwendig sind.

Nun kann England sein Korn aus Polen beziehen und gewinnt, selbst wenn es in dem (in England gegen Polen) theureren Holz bezahlt. Mit jeder der genannten Mengen (Einheiten) Holz gäbe England das Product von 150 Tagen und somit deren Werth hin. Es erhielte aber den Werth von 200 Tagen, denn soviel bedürfte es um selbst die Masse Korn zu erzeugen welche es jetzt eintauscht.

Auch Polen verliert dabei nicht. Es giebt den Werth von 100 Arbeitstagen hin und erhält denselben Werth zurück, nur in andrem Gegenstande als dem ausgegebnen. Sobald es den Tauschwerth des erstern Gutes erhöht, d. h. mehr von dem letztern fordert, hier mehr Holz für eben so viel Korn, bekommt es auch einen Theil an den gewonnenen 50 Arbeitstagen.

Denn diese sind wirklich gewonnen. Bis jetzt arbeiteten Engländer 150 Tage für jede Einheit Holz und 200 für jede Einheit Korn, Summe 350 Tage, Polen ebenso 100 + 100 = 200 Tage. Jetzt, im Fall des Tausches, arbeiten Engländer 150 Tage für die Einheit Holz ihres eignen Verbrauches und eben so viel für die des polnischen: Summe 300 Tage oder 50 Gewinn, denn Polen arbeiten nach wie vor 200, nämlich 100 für die Einheit Korn ihres eignen Verbrauches und 100 für diejenige Einheit welche sie den Engländern gegen die Einheit Holz überlassen.

Forderten die Polen soviel Holz als in Polen z. B. 120 Arbeitstagen gleich ist, und nähmen die Engländer dieses an, so stände es:

Engländer 150 Tage für E. und 180 für P., Summe 320 statt 350, Gewinn 30.
Polen 100 - - P. - 100 - E. - 200 Tage wie früher,
Polen gewänne aber an Holzmenge 20 polnische = 30 englischen Arbeitstagen. Diese 30 mit obigen 20 ergeben 50 Arbeitstage, wie vorhin.

225. Der Vortheil des internationalen Handels ist der, dass mit weniger Opfern ebenso viel als früher, m. a. W. mit denselben Opfern mehr als früher erzeugt wird. Jedes Land erhält durch den internationalen Tausch mehr als ohne ihn, noch ganz abgesehen davon, dass sehr viele werthvolle Gegenstände ohne ihn, also im Lande selbst, so gut wie unmöglich zu erzeugen sind.

Z. B. Kaffee in Deutschland, Eisen in Holland, Baumwolle in Scandinavien, Wein in Russland, Quecksilber in Italien, Thee in England, Zucker in Frankreich.

Jedes Land (s. No. 223) bietet jedem Andern die Waaren welche ihm selbst bei eigner Erzeugung am wohlfeilsten kommen (mit Eintausch verglichen), m. a. W. es tauscht das ein was ihm bei eigner Erzeugung (Verfertigung u. s. w.) am theuersten käme.

226. 2. Wie verhalten sich aber die Werthe dieser Güter seitdem getauscht wird?

M. a. W. wie theuer wird nun z. B. Korn in England sein?

Ehe Ausfuhrhandel begann, war dieser Preis den Productionskosten gleich, wie wir sahen (No. 123, 127; ob das die Productionskosten der ganzen Masse oder die des theuersten Theiles sind macht hier keinen Unterschied).

Jetzt aber erhält England sein Korn für Holz.

Korn wird also jedenfalls so theuer sein müssen als die englischen Productionskosten von Holz.

D. h. der Preis des importirten Artikels ist den sämmtlichen (123 mit Anm. 1. 2) Productionskosten des dagegen exportirten Artikels gleich.

Weshalb aber wird gerade Eine Einheit jenes ausländischen Artikels gegen eine gewisse Anzahl Einheiten des inländischen umgetauscht, z. B. gegen [illegible], oder Eine, oder 1¼ Einheiten? (Mill XVIII § 1 S. 353 ff.).

Nehmen wir eben solche Ziffern als vorhin.

Wir setzen dass England 10 Einheiten Holz gegen dasselbe Opfer erzeugt als 15 Einheiten Korn, z. B. 10 mal soviel Klafter für ebenso viel Arbeit und Capital als 15 mal eine gewisse Anzahl Hektoliter.

In Polen geschieht ganz dasselbe, aber im Verhältniss 10 zu 20.

Nun hat England kein Interesse, seine 10 Holz für 15 oder weniger Korn den Polen abzulassen: das kann es zu Hause erreichen. Erst über 15 beginnt Englands Gewinn, und er wird grösser, je mehr der Preis des Holzes sich 20 Einheiten Korn nähert.

Denn diese Menge erreichen oder übersteigen wird er nicht. Die Polen, in unsrer Voraussetzung, brauchen der Engländer 10 Holz nicht, wenn sie dafür 20 Korn hingeben sollen; das finden sie im eignen Lande. Können sie für weniger als 20 Korn jene 10 Holz bekommen, dann haben sie Vortheil, sonst nicht.

Das Tauschverhältniss muss also bei 10 H. zwischen 15 und 20 K. betragen.

Man setze 17, und nehme an, dass P. zu diesem Preise 1000 × 10 H. aus E. bezieht, m. a. W. bedarf. Es giebt dafür den Engländern K., und zwar soviel sie bedürfen. Ist dies nun 1000 × 17 K., so bleibt das Preisverhältniss 10 H. = 17 K. unverändert. Allein Englands Bedarf an K. kann (erstens) geringer sein, z. B. nur 800 × 17 H. Dafür würde P. nur 800 × 10 K. absetzen, und müsste die andern 200 × 10 K. im Verhältniss 20 K. gegen 10 H. selbst erzeugen. Um dem zu entgehen, bietet es einen höhern Preis als 17, etwa 18 K., für 10 H. Wenn Englands Bedarf an K. nun zunimmt[1], man setze zu 900 × 10 bei dem günstigeren Preise, so wird Polens Nachfrage nach H. bei dem (für P.) ungünstigern neuen Preise sinken. Falls sie gerade auf 900 sinkt bleibt das Verhältniss 10 H. = 18 K. fortan unverändert; wo nicht, so wiederholt sich entweder derselbe Vorgang, oder genau der umgekehrte.

Denn wäre, um bei den ersten Ziffern zu bleiben, umgekehrt E.'s Bedarf an K. grösser als 1000, etwa 1200 × 17 K., so müsste E. höher bieten, d. h. mit weniger als 17 K. für seine 10 H. zufrieden sein, und das Preisverhältniss würde erst dann ein stetiges, etwa 10 H. = 16 K., wenn zu diesem Preise E.'s Bedarf an K., z. B. 1100 × 16, mit dem P.'s an H., also 1100 × 10, übereinstimmte.

[1] Weil z. B. Manche sich jetzt Brot statt Kartoffeln anschaffen können.

227. Die Menge[1] der exportirten[2] Waare steht zur Menge der importirten[3] im genauen umgekehrten Verhältniss ihrer Tauschwerthe.[4]

[1] D. h. die Anzahl *Einheiten* der Waare. Die Einheit der einen Waare kann willkürlich angenommen werden, am bequemsten also irgend eine metrische Einheit, vielleicht 1 oder 100 oder 1000 Kilogramm.

Ebenso die der andren Waare, etwa 1 oder 10 oder 100 Meter. Auch die Zeit ist beliebig. Man kann setzen: zu dieser Zeit gelten 100 Kilogramm der Waare a sovielmal 10 Meter der Waare b, etwa 16 oder 17 oder 18 oder $16\frac{1}{3}$ oder p mal.

Das wird denn: 100 Kg. a = 10 p Meter b.
oder 7000 - - = 700 - - -
oder 50 - - = 5 - - - m. a. W. = 5 Meter b mal p,
oder 2000 - - = 100 Meter b mal (nicht p, sondern) $2p$.
m. a. W. 100 Kg. a : 10 Meter b = p : 1.
also auch 100 q Kg. a : 10 Meter b = qp : 1.

m. a. W. führt man zweimal oder q mal soviel aus gegen dieselbe Einfuhr, so zahlt man doppelt oder q mal so theuer, was auch ganz natürlich ist, denn Ein- und Ausfuhr sind ja einfach Tausch.[5]

[2] Nämlich in so fern nur diese Waare, und nur nach jenem Einen Lande, exportirt wird.

[3] Ebenso in so fern nur diese Waare importirt wird, und nur aus jenem selbigen Lande.[6]

[4] D. h. eben: für 10 H. ist 17 K. zu bekommen, der Tauschwerth von H. ist $^{17}/_{10}$ K., also die Menge des hingegebnen Holzes $^{10}/_{17}$ derer des erhaltnen Kornes (wohlverstanden in den, einander oft sehr ungleichen, Einheiten jeder Waare besonders).

[5] Hier hüte man sich vor dem naheliegenden Missverständniss, dass also vermehrte Ausfuhr schädlich sei. Freilich, gegen dieselbe Einfuhr. Man führt aber beständig seine jedesmal wohlfeilste Waare aus. Wachsen der Ausfuhr kann also nur bedeuten dass entweder die Menge der ausgeführten Güter selbst, oder die derjenigen Waaren welche der Importeur dagegen in Tausch giebt, zugenommen hat.

[6] Sollte nun E. mit z. B. halb so viel Opfern als nöthig um aus P. 17 K. für H. zu beziehen, einen andern Gegenstand, z. B. Tuch, in solcher Menge hervorbringen dass es jene 17 Korn aus Polen dafür beziehen konnte, so wird es sein Korn nicht mehr gegen Holz eintauschen, sondern gegen Tuch. Ja mehr als dies: wenn auch in Polen Holz für Tuch in einem für England günstigen Verhältnisse zu bekommen ist, so wird England seine eigne Holzproduction (so gut als) aufgeben und sowohl Holz als Korn aus Polen für Tuch (oder z. B. für Kattuntücher) beziehen, und so geschieht es ja.

Bei No. 222 bis 227 ausser Anm. 6 ist angenommen: 1. dass die Schwierigkeiten von mancherlei Art, z. B. Transportkosten u. s. w., nicht in Anschlag gebracht oder genauer, dass sie in Geldbetrag reducirt und in der angegebenen Preishöhe schon mit inbegriffen seien, 2. dass nur zwei Nationen mit einander handeln, und, 3. in nur zwei Waaren. Sind die Schwierigkeiten noch nicht in Geldeswerth (Preisunterschied) reducirt oder den übrigen Kosten noch nicht beigezählt, oder will man dasselbe für mehrere Nationen (Märkte) und mehrere Waaren nachweisen, so bekommt man wohl eine viel mehr zusammengesetzte und schwierigere Auseinandersetzung, aber auf derselben Grundlage.

IV. Oekonomischer Wirkungskreis des Staates.

228. Wir haben soviel als möglich, theoretisch und im Princip, die Art und Weise betrachtet wie die Güter in der menschlichen Gesellschaft entstehen, vorkommen und untergehen. Dabei zeigten sich sehr viele gesellschaftliche Thatsachen. Welcher ist nun, unter diesen Umständen, der Wirkungskreis und Beruf des Staates, hauptsächlich auf ökonomischem Gebiete?

Staat nennen wir einen zu einem regelmässigen und abgeschlossenen Ganzen verbundnen Theil der Menschheit, und zwar zu einer die ganze bürgerliche Gesellschaft durchdringenden, innerhalb ihres Territoriums befehlenden, nach aussen selbständigen Macht.

Also muss der Staat verschaffen:

1. Schutz gegen vernichtende Naturgewalten,
auswärtige Gewaltthätigkeit,
einheimische Uebelthaten und Ruhestörung.

2. Rechtssicherheit für Personen und deren Güter, auch in Hinsicht des Civilrechtes.

3. Eine gute Regierung, also zuerst eine gute Gesetzgebung, d. h. das Erdenken und Befehlen vernünftiger allgemeingültiger Regeln,

und deren gute „Ausführung“ (Executive), d. h. Sicherstellung und Verwirklichung.

4. Hier beginnt der ökonomische, und überhaupt der fragliche Theil. Man muss eine grosse Anzahl Massregeln nehmen, oft rein politische, z. B. gegen plötzliche oder andre einstweilige Schwierigkeiten, und aus andern Gründen.

Eine Menge Hindernisse erschweren noch immer Handel und Gewerbe. Beinahe alle Oekonomen sind einig, dass das Wegräumen dieser Hindernisse zu dem Wirkungskreise des Staats gehört.

An manchen Puncten wird schon dies schwierig. Soll der Staat z. B. die volle Contractsfreiheit verleihen, in jeder Hinsicht? Die Fürsorge für Hülflose, für Kinder, Alte, Gemüths- oder Körperkranke, für Arme, für die Interessen der Nachkommenschaft, kurz für alle Die welche nicht im Stande sind jedesmal ihren (mehr oder weniger) vernünftigen Willen anzuzeigen, wie weit soll sie gehen?

Geradezu auf ökonomisches Gebiet tritt der Staat der Post- und Telegraphendienste erzeigt, überseeische Dampffahrten unterstützt, öffentliche Werke (auch Canäle, Eisenbahnen u. s. w.) anlegt, Garnisonsbäckereien oder Gefängnissarbeiten unterhält, die Stadt welche Gasfabriken ausbeutet u. s. w.

Das darf man nicht aus dem einzigen Grunde der ökonomischen Resultate loben oder tadeln.

Oft sagt man: der Staat soll dasjenige thun welches ohne ihn nicht, oder weit schlechter zu Stande käme. In diesem Satze ist viel Wahres, er reicht aber nicht aus.

Man kann sagen: der Staat (die Regierung), welcher seinem Volke voraus ist, nehme die Massregeln deren Nutzen Er zwar einsieht, das Volk aber noch nicht. Gut für solche Fälle wie z. B. Carls oder Peters des Grossen. Allein wer soll es beurtheilen? Sehr oft wird der gebildete Theil der Bürgerschaft den ministeriellen Bureaux lange und weit voraus sein, während jene Bureaux wenig Kenntniss ausser ihrer eignen werden gelten lassen.

Eine des Namens würdige Regierung wird oft nach den Umständen handeln müssen. Gewiss mit Aufrechthaltung ihrer Grundsätze hinsichtlich Redlichkeit, Vorsicht u. s. w., des Strebens nach z. B. politischer Neutralität, Freihandel u. s. w. Auf dem weiten Gebiete aber welches dann noch offen bleibt, soll da ganz nach Willkür verfahren werden? Und wo nicht, so müsste der Staat eine wahre Vorsehung sein, oder er schnitte sich beinahe jede Freiheit des Entschlusses ab.

Dies gilt grossentheils auch von dem Staate der Unterricht, Armenwesen, medicinische Polizei u. s. w. ganz oder theilweise auf sich nimmt, geschweige noch von seinem Verhältniss zu den Confessions-Vereinen.

In der Praxis wird jeder Staat sich an erster Stelle auf das positive Recht, d. h. die existirende Gesetzgebung, und auf das Talent seiner

Regierer (darunter die Volksvertretungen) stützen müssen. Aber eben darauf kommt es an, dass das existirende Recht sich entwickle und die Führer wissen nach welchen Grundsätzen zu handeln sei.

Diese Betrachtungen sind jedoch in engerm Sinne politisch. Als mehr eigentlich ökonomische Wahrheiten setzen wir, grösstentheils nach Mill (V. XI § 7 ff. S. 573 ff.), Folgendes:

Im Ganzen soll die Regierung (der Staat) den Verkehr völlig frei lassen.

Man bezeichnet dies oft mit dem französischen Ausdruck „laisser faire", geschmacklos und pleonastisch gedehnt zu dem allbekannten Spruche (Gournay's) *„laissez faire, laissez passer"*.

Es giebt aber grosse Ausnahmen.

Diese können jedoch, unsrer Meinung nach, fast alle auf den Fall reducirt werden, dass einerseits (oder beiderseits) der vernünftige freie Wille fehlt. S. oben S. 151.

Zu diesen bringt Mill (§ 8 S. 575 ff., vgl. *On Liberty*, People's ed. S. 62 ff.) den Fall des Unterrichtes, der Erziehung u. s. w. Was er sagt ist sehr beachtungswerth und enthält viel Wahrheit. Nur geht er zu weit, hier oder bei andern immateriellen Gegenständen, z. B. Rechtswesen, Administration u. s. w., das Publicum als Nachfrager gewissem Angebot des Staates u. s. w. entgegen zu setzen: wenn das Publicum als Nachfrager (Consument) vorkommt, so ist das vorzüglich bei den „material objects" des Bedürfnisses: nur hier, und nicht einmal immer, ist der Gebraucher der beste Beurtheiler.

Ferner gehört dazu der Fall von Contracten auf immerwährende oder sehr lange Dauer. Der Staat soll es verhindern, dass man sich oder Andre auf eine so lange Zukunft verpflichte, dass man sie so gut als überhaupt nicht beurtheilen kann. Dies gilt auch von der Unverbrüchlichkeit der (Civil)-Heirath, von testamentarisch oder sonst auf ewig errichteten milden Stiftungen u. s. w.

Ebenso darf der Staat (das Gesetz), im Interesse der Association selbst und ihrer Entwicklung, Regeln festsetzen, welche die Verantwortlichkeit bei Directoren[1] der Actiengesellschaften u. s. w. zu etwas mehr als blossem Schein machen.

[1] So in Holland, *managers* oder *managing directors* in England, unterschieden von den „Commissären" oder wie man sie nennen mag, wozu man gern Träger schallender Namen auserwählt. Die Generalversammlungen der Actionäre, mit welchen Befugnissen auch ausgestattet, sind selten, höchstens vierteljährig, ihre sachverständigen Mitglieder, wenn es deren giebt, anders beschäftigt, die Versammlung des Geschäfts und der Antecedentien so gut als unkundig, und also den *managers* gegenüber in hoffnungsloser Ohnmacht. — Dagegen ist nun in der deutschen Actien-Commandit-Gesellschaft das jedenfalls höchst wichtige Mittel gefunden, dass die gewöhnlichen Actionäre nur als Commanditisten, also nur bis zum (eingeschriebenen) Betrage ihrer Actien haftbar sind, jene Directoren aber, wie bei der Firma („offenen Handelsgesellschaft") mit ihrem ganzen Vermögen haften.

Ferner darf der Staat, im Interesse Aller, sowohl die Arbeit von Kindern in Fabriken beschränken als er andre Massregeln nimmt zum Schutze von Kindern, z. B. gegen Missverwaltung der Vormünder.

Wenn selbst der Staat, aus ökonomischen Gründen, sich mit dem Armenwesen nicht einzulassen wünschte, würde die allgemeine und Ortsobrigkeit doch bald aus Gründen der *Polizei* (in weitestem Sinne) zu Befassung mit diesem Gegenstande gezwungen werden.

Invaliden Armen soll auf die Dauer, und principiell, höchstens das jedesmalige *Minimum* von Unterstützung gewährt werden.

Hülflose (Kinder, Alte, Kranke, Blinde, Taubstumme, Geisteskranke u. s. w.) werden in vielen Fällen, vorzüglich gegen den Mangel oder die Gefahr des Augenblickes, obrigkeitliche Hülfe geniessen müssen.

Regeln, die gewiss als Grundsätze gelten mögen, sind z. B. folgende: „The consequences of *relying* on assistance (are), for the most part, injurious; so much so, in many cases, as greatly to outweigh the value of the benefit." Z. B. bei den regelmässigen Almosen. „The problem to be solved is therefore .... how to give the greatest amount of *needful* help, with the smallest encouragement to undue reliance on it." Das Beste was in dieser Hinsicht zu thun ist wird etwa dies sein: Wo Hülfe unvermeidlich ist, verleihe man sie dem Nothleidenden, aber immer so, dass *derjenige, der keiner Unterstützung bedarf, in merklich besserem Zustande verbleibe als der Unterstützte*, so dass Letztgenannter ein starkes Motiv behalte um sich ohne Unterstützung zu helfen (Mill § 13 S. 584 f.).

Indessen mache man sich keine Illusion über die gewaltigen, der Befolgung im Grossen dieser Regel entgegenstehenden Schwierigkeiten.

Ausgaben für rein wissenschaftliche Untersuchungen, z. B. astronomische, geographische, chemische, archäologische, können in gewissen Fällen, unter den sehr nöthigen Vorsorgen gegen Missbrauch, zugelassen werden.

„It is necessary to add, that the intervention of government cannot always practically stop short at the limit which defines the cases intrinsically suitable for it. In the particular circumstances of a given age or nation, there is scarcely anything, really important to the general interest, which it may not be desirable, or even necessary, that the government should take upon itself, not because private individuals cannot effectually perform it, but because" (meistens aus Unkenntniss oder Geldohnmacht) „they will not. At some times and places there will be no roads, docks, harbours, canals, works of irrigation, hospitals, schools, colleges, printing presses, unless the government establishes them (Mill § 16 S. 590).

Recapitulirende Sätze.

Zugleich als Inhaltsangabe.

I. Einleitung.

1. Volkswirthschaft ist die Lehre von den „Werthen". No. 1.

2. Werth ist alles was Nutzen hat und nicht ohne Opfer zu bekommen ist. 3, 21. 2, 29, 30, 122.

3. Unter „Nutzen" versteht die Volkswirthschaft jene Eigenschaft unser Begehren zu erfüllen. 22.

4. Die Nationaloekonomie betrachtet die „Werthe" oder „gesellschaftlichen Güter" von deren Entstehen an bis zu deren Untergang, also die Art wonach sie

   I. Producirt, erzeugt (wie sie entstehen) [I],
   II. von der Gesellschaft beeinflusst d. h.:
      1. vertheilt (nämlich zwischen Arbeitern, — [Unternehmern] — Capitalisten, Grundbesitzern) [II],
      2. umgetauscht (in Umlauf gebracht) [III], und
   III. Verbraucht (consumirt) werden (wie sie untergehn) [IV]. 2.

II. Die Güter selbst.

I. Production (Gütererzeugung).

1. Ueberhaupt. S. 10 ff.

5. Unter „Erzeugen" versteht die Volkswirthschaft das zur Entstehung bringen, nicht von Stoffen, sondern von Werthen. No. 7, 34 u. Anm.

6. Die dazu nöthigen Stoffe entstehen durch die Natur. 4, 7, 37.

7. Zu den Naturproducten gehört auch das menschliche Arbeitsvermögen. 35.

8. Aufbewahrtes Arbeitsproduct kann Capital werden. 8, 9, 50 55.

9. Die drei genannten wirken, als Productionsfactoren, zur Gütererzeugung zusammen, obgleich sie selbst auf der hier bildlich vorgetragenen Weise entstanden sind. 6, 34.

Natur

Arbeit

Capital

10. Die Natur wird als selbständiger wissenschaftlicher Gegenstand behandelt. Oekonomisch zeigt sich ihr Einfluss am deutlichsten bei der Grundrente. 36, s. 82, 115, 127.

2. Arbeit. S. 11 ff.

11. Arbeit ist Stoffbewegung. No. 7, 37.

12. Die vereinigten Begriffe Landwirthschaft, Handel, (Fabrik-) Industrie geben keine genaue Vorstellung des Begriffes Arbeit, 38, 39.

13. auch dann nicht, wenn man zu künstlichen Ausdrücken wie „industries extractives" seine Zuflucht nehmend damit ferner classificirt. 39 Anm.

14. Arbeit aber kann entweder jetzt stattfinden, 40. I.

15. oder erst nach ihrem Ablauf betrachtet werden, als vorhergegangene Arbeit. Auch diese wirkt zu der heutigen Aufgabe mit, aber indirect (mittelbar), 40. II.

16. nämlich durch ihre Erzeugnisse, welche dann freilich schon Capital geworden sind. 54.

17. Die physiokratische Vorstellung von der „improductiven" Arbeit ist falsch. 41.

18. Der Ausdruck improductiv passt höchstens auf die (schliessliche) Consumtion, und auch dort nicht genau. 47, 161.

19. Productiv ist alles was Werth erzeugt. Das liegt schon im 5. Satze. 43, 44.

20. Was Arbeit erzeugt, ist nicht Stoff, sondern Werth (vgl. 5). 42.

21. Werth kann vorkommen als Eigenschaft des Stoffes (von Gegenständen, auch von Menschen) oder allein (Dienst). 42.

3. Capital. S. 17 ff.

22. Verfügbarer Ueberschuss von Arbeitsproducten, wohlverstanden falls er zu neuer Gütererzeugung dient, ist Capital im engsten oder ökonomischen Sinne (Productionscapitalien bei Roscher). No. 52, 55.

23. Ueberschuss muss aufbewahrt sein. Arbeit selbst ist daher niemals Capital. 214 gegen Ende.

24. Capital ohne Gelegenheit zur Production ist als Capital „todt" („schlafend"). 58, 66.

25. Es kann nicht mehr Betrieb existiren als das Capital zulässt. 61.

26. Selbst existirt nie soviel Betrieb als das Capital zulassen würde. 64.

27. Gesetze, noch Regierungen, noch überhaupt Jemand, können Betrieb schaffen ohne das Capital zu vermehren. 63.

28. Sehr viele unvernünftige, selbst sehr viele noch existirende gesetzliche Bestimmungen hemmen den Betrieb. Diese wegzunehmen oder zu verbessern ist Aufgabe der Regierungen, und dadurch kann auch die Industrie sehr gehoben werden, freilich nicht höher als das Capital zulässt, aber doch über den sehr niedrigen Standpunct den sie thatsächlich noch oft einnimmt. 228. 4 Anfang.

29. Das Aufbewahren von Werthen (Arbeitserzeugnissen) nennt man bei Mangel eines bessern Ausdruckes „sparen"; man meint: mehr Production als (Schluss-)verbrauch verursachen. Mill I. v § 4 S. 44. 65 mit Anm. 1.

30. Capital ist entweder sogenannt umlaufendes („schnell vergängliches" bei Ricardo), d. h. sein ganzer Betrag (Werth) ändert jedesmal die Form durch Uebergang in andre Formen (Stoffe): z. B. Geld, Rohstoff, Halbfabricat, vollendetes Fabricat, Geld, 72.

31. oder sogenannt stehendes („langsam vergängliches", Ricardo), d. h. ein Theil des Werthes, im Betrag der Capitalrente vergleichbar, verschwindet andauernd durch (Schluss-)verbrauch und muss also im Werth des Productes wiedergefunden werden so lange es keinen Verlust giebt. 72.

4. Gesammtwirkung der drei Productionsfactoren. S. 24 ff.

32. Gütererzeugung ist nach Zeit und Ort verschieden. Sie ist grösser je nach den mehreren Naturvorzügen, der mehrern angebornen Arbeitskraft (Wille und Kraft zur Arbeit), und der mehrern erworbnen Kenntnisse, die als durch Arbeit erzeugte nützliche menschliche Eigenschaft dem Capital vergleichbar ist. No. 73.

33. Gütererzeugung wird erhöht durch Zusammenwirkung von Arbeitern zu derselben gemeinschaftlichen Aufgabe, und zwar 1. einfach, d. h. jedem Arbeiter gleichartige Arbeit, und 74.

34. 2. „zusammengesetzt" (Arbeitsvertheilung), jedem Arbeiter eine eigenthümliche, von der andern Arbeitern aufgetragenen qualitativ verschiedne besondre Arbeit (die aber zum Gesammtzwecke mitwirkt). 75.

35. Die gesellschaftliche Erscheinung der vereinigten Verrichtung

vieler mechanischer Thätigkeiten zugleich, durch ein und dasselbe Werkzeug, verdient sehr eine ökonomische Untersuchung. Bis jetzt ist das noch bei weitem nicht genug geschehen. 75 Schluss, 121.

5. Productionszunahme. S. 29 ff.

36. In welchen Fällen nimmt Gütererzeugung zu? Doch wohl wenn einer oder zwei der drei Factoren zunehmen ohne aufwiegende Abnahme der Andern. No. 79.

37. Arbeit nimmt zu bei zunehmender Bevölkerung.

38. Die Bevölkerungslehre nach Malthus ist mindestens sehr unvollständig. 80, 204, 209.

39. Die Bevölkerung der Culturstaaten nimmt schon seit lange zu, und wird hoffentlich noch zunehmen. 80, 203, 210 Anm. 2.

40. Capital nimmt jetzt stark zu. 81.

41. Wir kennen 5 welthistorische Zunahmen des Weltvermögens (Weltcapitals), nl. das Entstehen der Hirtenstämme, das der grossen Städte, die Entdeckung America's und vortheilhafter Welthandelswege, die grosse Entwicklung der heutigen Industrie überhaupt, die des Schnellverkehrs. 81, vgl. auch 210 Anm. 2.

42. Boden (Grundstücke) kann zunehmen, allein nicht unbedingt, 82.

43. weder in Ausdehnung noch in Fruchtbarkeit. 82.

44. Bei Bodenzunahme kommt es zumeist auf das Verhältniss (der Menge und Fruchtbarkeit) des nutzbaren Bodens zu seiner Bevölkerungszahl an. 82.

45. Die Landwirthschaft erreicht bald einen Punct nach dem die Erzeugnisse langsamer als die erforderliche Arbeit zunehmen. 82.

46. Dies gilt von Bodenproducten und überhaupt von allen Naturproducten (vgl. engl. natural agents) beschränkter Quantität (Ergiebigkeit). 82.

II. Die Güter in der menschlichen Gesellschaft.

A. Güterverthellung [II]. S. 35 ff.

47. Alle Werthe entstehen und gehn wieder unter, auch ausser der menschlichen Gesellschaft. Vgl. No. 150.

48. Die Werthe (Güter) empfinden auch den Einfluss dieser Gesellschaft.

49. Giebt es nämlich eine Gesellschaft und also gemeinschaftliche Gütererzeugung, so giebt es auch Ansprüche Mehrerer (mehrerer Erzeuger) auf dasselbe Product. Vgl. 96.

1. Herrschaft des Menschen über die Güter. S. 35 ff.

50. Man kann sich vorstellen, dass alle Erzeuger alle Producte unvertheilt behalten wollen (Communismus). No. 87.

51. Man kann auch zwar nicht alle, aber doch viele Producte im Gesammtbesitz behalten, und zwar nach mancherlei (sogenannt socialistischen) Systemen. 89

52. Man kann aber auch den ausschliesslichen Besitz, und das daraus entstehende Eigenthum Jedem lassen so weit das Seinige betrifft, und dann ungestört. 90.

53. Geschähe das nicht, so hörte jede Production bald auf. 90.

54. Eines Jeden ausschliessliches Verfügungsrecht über das Product seiner Arbeit heisst jetzt Eigenthumsrecht. 90.

55. Daraus folgt Veräusserungs- und Erbrecht, ferner Verjährung, 90, 92, 93.

56. auch Grundeigenthum, wiewohl das noch bestritten wird, 94.

57. nicht aber Eigenthumsrecht au Menschen (Sclaven), wenigstens nicht in Theorie und als Endzweck. Der Mensch selbst ist, wie die Juristen sagen, nicht Object sondern Subject des Rechtes.

2. Einkommen entsteht aus drei Quellen (Erwerbszweigen). S. 41 ff.

58. Jedes Eigenthum (oder jedes Einkommen) entsteht aus Arbeit, oder aus Capital, oder aus Naturgegenständen (dem Boden), also als Arbeitslohn, Capitalprofit oder (eigentlicher) Grundrente, s. Satz 95. No. 96.

59. M. a. W. jeder Eigenthümer ist, aus der Natur der Sache, ganz oder theilweise Arbeiter, Capitalist oder Grundeigenthümer. 96.

60. Man kann aber sein Eigenthum aus allen drei diesen Quellen ableiten, so dass die drei Zweige in einer und derselben Hand sind (Sclavenhalter und Bauerneigenthümer), 97, 102 f.

61. oder aus zweien (die Erwerbsquellen in zwei Händen), z. B. Boden und Capital, oder Arbeit und Capital (Theilbau, *métayage*, das Capital zum Theile bei dem Boden, zum Theile bei der Arbeit, und Cottiersystem — das ganze, aber nothwendigerweise äusserst kleine — angewandte Capital bei der Arbeit). 98, 100, 104 f.

3. Die drei Einkommenszweige gesondert. S. 45 ff.

62. oder aus Einer, also aus (1) Löhnen. No. 106 ff.

63. Der durchschnittliche Lohn des Arbeiters ist gleich dem verfügbaren „Lohncapitale“. dividirt durch die Anzahl der Arbeit suchenden Bevölkerung, 106 Schluss.

64. oder, genauer, durch die Anzahl der „Arbeitseinheiten", jeder skilled oder qualified Arbeiter einer grösseren Zahl grober (roher, gewöhnlicher, engl. unskilled gegenüber erlernter) Arbeit liefernden gleich gesetzt. 196.

Lohn ist hier in der wissenschaftlichen Bedeutung gebraucht, und zwar als der gesammte Gebrauchswerth, welchen der Arbeiter als Vergütung für Arbeit erhält. Im täglichen Leben nimmt man es oft für die blosse ausgezahlte Geldsumme, und auch wissenschaftlich kann das Wort in andrer Bedeutung aufgefasst werden. 106, 149, 196.

65. Löhne sind verschieden je nach den verschiedenen Gewerben. 108 ff.

66. In jedem Gewerbe selbst sind sie unterschieden, je nachdem die Arbeit mehr oder weniger „skilled" ist. 109.

67. Der Lohn des eigentlichen Arbeiters wird ausbedungen. Einmal ausbedungen wird er gewiss erworben, so lange nämlich der „Arbeitgeber" solide ist. 114.

68. Nicht ausbedungnen Lohn findet man bei dem sogenannten Unternehmer. Dieser wagt die Chancen, ob er selbst seine eigne Arbeit wird vergüten können oder nicht. 114.

69. Im Falle des Gelingens ist dann auch alles Uebrige für ihn. 114, vorzügl. S. 56 Mitte.

70. Er kann ohne Capital (verfügbaren Ueberschuss an Producten früherer Arbeit) nicht arbeiten. Allein dieses Capital kann ihm selbst gehören (was bei dem Arbeiter als solchem natürlich nicht der Fall ist). Und gleich wem es gehöre, Alles Dasjenige was er über die gewöhnliche Capitalrente hinaus erwirbt ist sein, als Vergütung seiner ungünstigen Chancen. 114 S. 56, 2. 3 u. s. w.

71. Jeder Speculant, ja jeder Kaufmann, ist also Unternehmer. Denn das ist Jeder der Risico läuft, und Risico laufen alle Diese. 113 Anm. 1, 114, vorzügl. S. 55 f.

72. Der Capitalbesitzer erhält Zins für sein ausgeliehenes (2) **Capital.** Theilweise ist dieser Zins Assecuranzprämie gegen die übeln Chancen, und in so weit ist auch der Capitalist ein Unternehmer. 113.

73. Soweit er das nicht ist empfängt er Rente, Capitalrente (Capitalmiethe). 113.

74. Der von dem Capitalisten ausgeliehene Werth kann auch aus Landbaucapitalien bestehen. 115.

75. Besteht er aber aus dem (3) **Boden** selbst, so gelten andre Regeln. 115.

76. Bei dem Verwerther oder Ausleiher von Bodenbesitz kommt es auf die Naturvorzüge seines Bodens an, nämlich vor dem unvortheil-

haftesten Boden, dessen Producte ihrem Markt noch unentbehrlich sind. 115, 127, 128. 7.

77. Dasselbe gilt für alle in beschränkter Menge vorhandnen (nicht für die sogenannten freien Güter) natural agents (zum grössten Theile von der Natur hervorgebrachten Güter). 115, 127, 128.

78. Der Werth dieser natürlichen Vortheile bleibt in Händen des Besitzers (des Bodeneigenthümers als Solchem, nicht des Bauers — von *bauen*, vgl. *cultivateur*, *laboureur* — als Solchem) oder kommt darin. 115.

79. Diesen Werth nennt man Boden- oder **Grund-rente** (engl. rent, franz. rente du sol). Sie erhöht die Preise nicht (s. 127 S. 75), sondern ist selbst eine Folge der existirenden Preisunterschiede. Sobald es Grundstücke giebt, welche für gleiche Opfer an Capital und Arbeit ungleichen Ertrag abwerfen, giebt es eine Grundrente zum Vortheile der Eigenthümer, je nachdem ihr Reinertrag grösser ist: so lehrt Ricardo in seinen *Principles*. 115, 127.

B. Güterumlauf, Tausch [III].

1. Werth. S. 62 ff.

80. Eigenthum wird vertauscht. No. 14, 96, 116.

81. Man tauscht gleiche Werthe. 14, 116.

82. Werth hat dasjenige was Nutzen hat und nicht ohne Opfer zu bekommen ist. 29 f., 122.

83. Die Schwierigkeit des Erwerbens (Grösse erforderlicher Opfer) ist von dreierlei Art: 31 ff. 122.

1. Die erreichbare Menge (des Angebots) kann nicht zunehmen. 122.
2. Sie kann es gegen verhältnissmässige Zunahme des Opfers. 123.
3. Sie kann es nur gegen mehr als verhältnissmässige Zunahme des Opfers. 124.

84. Daraus folgen ungleichartige Grundlagen des Werthes der verschiednen Güter. 81, 122. 1.

85. In der heutigen menschlichen Gesellschaft besteht das Opfer oft aus den Kosten, und wird der Werth in Geld berechnet, m. a. W. er wird Preis. 116.

86. Wir bedienen uns im Nächstfolgenden der Ausdrücke Kosten und Preis, wiewohl sie weniger genau sind als Opfer und Werth, der Deutlichkeit wegen. 121, 122.

87. Erster Fall. Der Preis seltner Artikel steigt so lange, bis die zu diesem Preise (noch immer) verlangte Menge stets abnehmend der erreichbaren (d. h. angebotenen) Menge von Werthen (gesellschaftlichen Gütern) gleich geworden ist. 122. 1, 127. 1.

88. 2. Der Preis gewöhnlicher couranter Handelsartikel wird zu jeder gegebnen Zeit und jedem gegebenen Ort (auf jedem Markte) zuletzt und abgepasst durch Nachfrage und Angebot bestimmt (prix débattu in den besondern Fällen — wohlverstanden geschieht dies im völlig freien Welthandel, sonst wird es durch die betreffenden Einschränkungen modificirt). In so weit ist dieser Fall dem ersten gleich. Den so bestimmten Preis nennt man Marktpreis. 123.

Er selbst ist aber, in diesem Falle, von einem bestimmten Betrage abhängig: auf die Dauer kann er nicht darunter noch weit darüber stehen. 123.

Dieser feste Betrag heisst natürlicher Preis (auch wohl weniger genau Productionspreis) oder nothwendiger (Minimal-)preis, „kostender" Preis. 123.

Dieser ist jedesmal dem Minimum desjenigen Opfers gleich, welches erfordert wird um am Augenblicke des Verkaufes ein ganz gleichartiges gesellschaftliches Gut zu liefern — wohlverstanden z. B. Leuchtkraft, gleichviel ob das Unschlitt, Wachs, Stearine, Gas oder Petroleum sei — also den nothwendigen Reproductionskosten (weniger genau Productionskosten), mit Inbegriff des üblichen Gewinnes. 123 Anfang, 127. 2.

89. Die Preise wenig vorkommender Handelsartikel werden bestimmt durch die Reproductionskosten desjenigen (unentbehrlichen) Theiles, wo ihr Minimum am höchsten steht. 127.

„Wenig vorkommend" bedeutet hier dies: wachsender Nachfrage genügen nur (mehrere d. h. theurere Mengen und also) mehr Opfer als verhältnissmässig (dem Mehrbetrag der Nachfrage). 31, 82, 122, 3.

90. Bei starkem Verhältniss der Nachfrage zum Angebot können alle Werthe von dem zweiten zu dem dritten, ja zu dem ersten der genannten Fälle übergehn. 128. 7.

91. Zum dritten Falle gehören aber vornehmlich die Naturproducte mit im Verhältniss zur Nachfrage beschränkter Quantität. 82 S. 34 f., 127. 3.

92. Also an erster Stelle der Boden selbst und Bodenproducte (aber auch Bergwerk- und Fischereiproducte, Dienste von Besitzern — nicht immer sehr erhabener jedoch — selten vorkommender Eigenschaften, z. B. Sänger, Theeschmecker u. s. w.) 127, 3.

93. Der Unterschied zwischen den Productionskosten der „theuersten" und übrigen Mengen macht also Letztere nicht wohlfeiler. Der Käufer erhält sie gleich theuer als die (zu produciren) „theuersten". 127 S. 73 ff.

94. Es kommt nämlich der Unterschied dem Eigenthümer der vortheilhaftesten Naturkräfte zu Gute. 115, 127. 3.

95. Dieser Unterschied (zwischen den geringern und höhern Kosten der Production bei mehr oder minder günstigen Naturkräften) oder Ueberschuss heisst Grundrente. Man verwechsle diese nicht mit Pacht (Miethe). Sie ist etwas ganz andres. 115.

96. Die Grundrente steigert den Preis nicht. Sie ist keine Ursache des Preises, sondern eine Folge der Verschiedenheit unter einander der (für die verschiednen Mengen respectiv erforderlichen) Reproductionskosten. 115 Schluss, 127. 3 Schluss.

2. Tauschmittel. A. Mit eignem Werthe, Geld. S. 77 ff.

97. Tausch zweier oder mehrerer Werthe findet oft leichter statt durch Dazwischenkunft eines dritten Werthes (als Maasstab für die übrigen). No. 18, 130.

98. Solcher dritter Werth heisst Gold. Werth in Geld ausgedrückt heisst Preis. 18, 20, 116, 130.

99. Das beste Geld ist (gemünztes) Metallgeld. 130.

100. Die besten Metalle (Münzmateriale) sind Gold, Silber, und (dieses nur für „Scheidemünze") Kupfer. 130.

101. Nach den besten Münzsystemen prägt man eigentliches oder vollhaltiges Geld aus nur einem Metalle, dieses sei denn Gold oder Silber. 136 ff.

102. Vollhaltig („Courant", „grobe" Münze, *standard money* engl., *standaardgeld* holl.) heisst dasjenige Geld, dessen wirklicher Werth dem gesetzlichen (m. a. W. dessen reeller Werth dem nominalen) — nach Abzug des Münzlohnes vom Letztern — so genau gleich ist als man es verfertigen kann. 138.

103. Bei der „Silberwährung" kommt Gold auch gemünzt nur als Waare vor (holl. *negotiepenning*, Handelsmünze, wie z. B. die holl. Ducaten), 137.

104. nämlich als solches Geld, bei dem zwar das Gewicht (auch das Feingewicht) genau bestimmt ist, dessen Werth aber, wie der jeder andern Waare, in dem andern Metall (also Silber) geschätzt oder besser ausgedrückt wird. 137.

105. Bei der „Goldwährung" kommt Silber, und in jedem Falle Kupfer, gemünzt nur als Scheidemünze vor. Vgl. 138.

106. Scheidemünze heisst dasjenige, also uneigentliche (nicht vollhaltige) Geld, dessen wirklicher Werth geringer ist als der gesetzliche (nominelle). 138.

107. „Doppelwährung", d. h. das Anwenden sowohl des Goldes als des Silbers zu Hauptmünzen, beruhet auf diesem unwahren Satze: gewisses Feingewicht Gold hat unabänderlich denselben Werth als ein gewisses andres Feingewicht Silber. 136.

B. Versprochene Geldzahlungen, Creditpapier und Credit.

108. Auch Versprechen künftiger Geldzahlungen können Tauschmittel sein. S. 64 ff., No. 139 f., 142 f.

109. Solche Versprechen, schriftlich abgegeben, heissen im Umlauf Creditpapier. 140, 2. 4. 5.

110. „Credit geben" bedeutet solchen Versprechen Credit d. h. Glauben schenken, m. a. W. dem Versprechenden den Gebrauch unseres Capitales zugestehen. 139 Mitte, 144 Anfang.

111. Creditpapier ist also kein Geld, auch Wechsel und Staatspapiere nicht. Sie haben ja keinen eignen Werth. 130 Auf., 143 Anf.

112. Sogenanntes „Papier-geld" ist noch weit mehr von Geld verschieden. Es ist ein derartiges Versprechen künftiger Zahlung, dass es kein Zutrauen (keinen Glauben, keinen Credit) verdient. 143.

113. Creditpapier, welches Zutrauen verdient, muss stets al pari einlösbar sein, also ohne Zwangscurs. Wo nicht, so wird es Papiergeld, und dann oft Maculatur. 143.

114. Bei Handel auf Contocurrent (durchlaufende Rechnung) wird zwar auch Credit gegeben, aber grösstentheils direct getauscht (ohne Dazwischenkunft eines Tauschmittels anders als zur Abschätzung und Vergleichung der jedesmaligen Lieferungen). 140. 1.

115. Der Erwerbszweig des Creditgebers wird durch Banken und Bankiers betrieben. 144 f.

116. Unter diesen verdient die Hypothekenbank Beachtung. Auch die Sparbank, deren Hauptthätigkeit jedoch das Nehmen, nicht das Geben von Credit ist. 144. 5. 7.

117. Hauptsächlich jedoch „die Bank", wie man sie nennt. Diese ist immer Circulationsbank, fast immer zugleich Depositenbank, sehr oft Disconto- und Leihbank (für Darlehen auf Waaren, ja nicht „Lombard", Leihhaus). 145.

118. Die Bank kann in einem Lande existiren als

1. Eine Bank mit Monopol;
2. oder mit Begünstigung vor andern,
3. oder als ganz freie Privatanstalten (schottisch-americanisches System). 145.

119. Die Güter-(Werth-)vertheilung ist dieselbe, als wenn es keinen Tausch (und kein Geld) gäbe. 149.

III. Güterverbrauch (Consumtion) [IV]. S. 98 ff.

120. Verbrauch (in eigentlichem Sinne) ist Vernichten des Werthes (nicht des Stoffes). No. 150.

121. Ausser dem eigentlichen oder schliesslichen Verbrauche giebt es einen umformenden Verbrauch. Diesen letzten meint man mit den ungenauen Ausdrücken productiver oder gar „unvollkommner" Verbrauch. 151.

122. Jede Production hat Verbrauch zum Zweck und zum nothwendigen Endresultat. 156.

123. Luxus heisst was man sich, über gewissem Verhältniss zu seinem Vermögen (oder Einkommen), an Verbrauch currenter Waaren erlaubt. 160.

124. Geschichtlich zeigt Luxus sich in drei Gestalten:

1. Rohe (mittelalterliche) Zeiten: roher Prunk.
2. Blüthe (Höhenpuncte) der Staaten: comfort.
3. Zerfall der Staaten (sogenannte „Uebercultur"!) 161.

125. Luxusgesetze *(lois somptuaires)* sind unvernünftig und fruchtlos, 162.

126. am meisten, wenn man Steuern dazu anwendet. 163.

III. Regierungseinfluss auf Gesellschaft und Volkswohl.

1. Auflagen, Steuern. S. 102 ff.

127. Einzelne Thätigkeiten, z. B. Schutz, kommen der Regierung (dem Staate, der Gesellschaft) jedenfalls zu, gleichviel ob dazu noch andre gehören oder nicht. Diese Thätigkeiten kosten Geld. No. 164.

128. Dieses Geld kommt aus den Auflagen, respective aus den Steuern. 165.

129. Zu den Haupterfordernissen eines guten Steuerwesens gehört, dass ein Jeder nach Verhältniss seiner Einkünfte (seines Reineinkommens) beitrage, 166.

130. d. h. nach Abzug einer gewissen Summe für die allerersten Lebensbedürfnisse. 166.

131. Steuern sind direct oder indirect. 167.

132. Eine sogenannte Einkommensteuer trifft Lohn, Capitalprofit und Grundrente, also alles Einkommen. 168.

133. Als directe Steuern fordern die meisten Staaten

Grundsteuer, oft auch der Baulichkeiten, am Besten nach einem sogenannten Kataster, und 169 bis 171.

Gewerbesteuer, von Industrie und Handel. 172.

134. Indirecte Steuern sind hauptsächlich (Ein- und Ausfuhr-) Zölle und Accise (engl. *customs* und *excise*). 174.

135. Die Tarife der Ein- und Ausfuhrzölle sollen sie nicht zu protectionistischen, sondern zu reinen Finanzzöllen machen. 175.

136. Accise soll möglichst allgemein (nicht örtlich) erhoben werden. Man belegt damit am Besten entbehrliche Gegenstände allgemeinen Verbrauches. 176.

137. Oertliche Steuern (Localsteuern) werden am Besten wie Staatssteuern eingerichtet, nur einfacher. 177.

2. Staatsschulden. S. 111 ff.

138. Anleihen enthalten in ihrem Wesen ein Versprechen künftiger Zahlung, jedoch Zinszahlung statt erhaltnen Capitales. No. 178.

139. Man unterscheidet z. B. Zwangs- und freiwillige Anleihen, „schwebende" und „consolidirte" Schuld. 180.

140. „Amortisiren" oder Tilgen von Schuld kann nur aus wirklichen Ueberschüssen geschehen. 181.

3. Freier Verkehr. S. 114 ff.

141. Freier Verkehr (Gournay's *laisser faire*, laisser passer) besteht darin, dass man die Werthe gegen einander umtauschen kann, welche man selbst als gleich betrachtet. No. 184.

142. Diese Freiheit hat man öfters beschränkt, auch im vermeinten Gesammtinteresse, und dieses zwar zuerst durch das sogenannte Mercantilsystem, 185, 186.

143. m. a. W. thaten das Diejenigen, welche behaupteten: je mehr Gold und Silber irgend ein Staat innerhalb seiner Gränzen hat, um so reicher ist er; also: je mehr Ausfuhr (von Waaren, nicht von Geld), um so reicher, 187.

144. oder wenigstens, je mehr Ueberschuss der Ausfuhr über die Einfuhr, je „günstigere Handelsbilanz", um so reicher, wiewohl diese Lehre die Staaten unter einander zu Feinden macht, 188—190.

145. zu ungereimten Folgerungen führt, 191.

146. und auf der ungereimten Grundlage beruht, dass es keinen andern Reichthum als Gold und Silber gäbe (Gleich falsch ist der Physiokraten Behauptung: „la terre est l'unique source des richesses"). 192.

147. Selbst baute man auf dieser Grundlage fort und kam zu der sogenannten Protection 193.

148. Einzelner (und der Mindest-verdienten) gegen alle Andre, 193.

149. auf Kosten jener Andern, 194.

150. im Scheininteresse des (schlechten) Producenten (z. B. als „Schutz der nationalen Production). 195.

151. gegen das Interesse Aller, d. h. der Consumenten, 196.

152. und zwar oft, wenn es sonst nicht mehr geht, unter dem Vorwande der sogenannten Reciprocität. 197.

153. Dieser Protectionismus (Schutzzollsystem) vereitelte seinen eignen Zweck durch die Handelsverträge überhaupt und speciell durch die sogenannte Clausel der „am meisten begünstigten Nation". 198.

154. Handelsverträge sind „principiell" verwerflich, Zölle auf Ein- und Ausfuhr und Transit sind immer Verkehrsbeschränkungen, der Verkehr soll aber so frei sein als möglich. 199—202.

IV. Andre gesellschaftliche Gegenstände ökonomischer Natur.

I. Bevölkerungslehre. S. 124 f.

155. Es giebt keine Bevölkerung ohne die nothwendigen Existenzmittel. Natürlich, daraus folgt aber noch nicht das Umgekehrte: dass es soviel Bevölkerung gäbe als die Existenzmittel zulassen. No. 80, 203, 204.

156. Kriege vermindern die Bevölkerung weit stärker mittelbar als direct. 207.

157. Die Lebensart hat weit grössern Einfluss. 208.

158. Die Arbeitskraft der Bevölkerung hängt nicht nur von ihrer Gesammtzahl ab, sondern hauptsächlich von der Zahl kräftiger Erwachsener. 209

159. Der Pauperismus muss bekämpft und für das Proletariat Fürsorge getragen werden. Verschwinden wird aber wohl Keines von Beiden.

II. Vereinswesen. S. 128 ff.

160. Was Einem erlaubt ist das ist auch Mehreren erlaubt, jedoch ist gesetzliche Controle unerlässlich. No. 212 f.

161. Die deutsche Gesetzgebung unterscheidet die (Civil-)Societät, die Vereinigung zu einzelnen Handelsgeschäften für gemeinschaftliche Rechnung, und drei Arten von Handelsgesellschaften, die „offene" (die Firma), die *société en commandite*, diese wieder dreitheilig, und die („anonyme") Actiengesellschaft. 213.

162. Nicht die lauter juristischen Unterscheidungen, sondern die auf Haftbarkeit (*liability*, financielle Verantwortlichkeit) der Genossenschaften gegen „Dritte" wegen ihrer eingegangenen Verpflich-

tungen bezüglichen bilden den Hauptunterschied zwischen diesen Arten (wenigstens denen der Handelsgesellschaft). 21[illegible]

163. Jeder Firmant (Mitglied einer „offenen“ Handelsgesellschaft) ist für den ganzen Geldbetrag der von der Firma überhaupt eingegangnen Verpflichtungen „solidarisch“ unbedingt haftbar, also wo nöthig mit seinem ganzen Vermögen (unlimited liability). 213. 1.

164. Der Commanditist und der Actieninhaber sind haftbar bis zu einem beschränkten Betrage („L. L.“ in England), nämlich bis zu dem (eingeschriebnen) Betrage ihrer Antheile. 213. 2. 3.

165. Ausserhalb der Gesetzgebung erhebt sich, in England und sonst, die gewaltige Macht der Arbeitergenossenschaften oder Gewerkvereine *(coalitions, Trades' Unions)*, Vereine der Arbeiter unter einander zur Lohnerhöhung durch Arbeitseinstellungen *(strikes, grèves)* oder deren Androhung, was ihnen möglich wird durch allmähliges Zusammenbringen grosser Summen aus fortwährenden kleinen Beiträgen Vieler, und oft durch Gewaltthätigkeiten. 214.

166. Gleichfalls ausserhalb der Gesetzgebung aber in ganz andrer Richtung entwickeln sich Anfangs mit Kraft die auf Selbsthülfe gegründeten Consumvereine (*co-operative stores*, von denen die „Rochdale Pioneers“ das erste glänzende Beispiel des Gelingens gegeben haben), auch in Frankreich und Italien. Die Volksbanken („Vorschuss- und Creditvereine“, annähernd die holländischen „Hülfsbanken“) sind in demselben Sinne thätig, in Deutschland mit noch grösserem Erfolge. Die Zukunft dieser cooperativen Einrichtungen scheint jedoch trotz diesen anfangs glänzenden Resultaten noch nicht gesichert zu sein. 215.

167. Unter den Vereinen nennen wir noch die Assecuranzcassen, während der mittelalterlichen Zünfte wenigstens gedacht werden kann. 216, 217.

III. Internationaler Handel. S. 147 ff.

168. Die Regeln des Verkehrs werden weit complicirter, sobald wir ihn nicht nur auf einem Markt (sei das selbst der Weltmarkt), sondern zwischen verschiednen (wenn auch kleinern) Märkten betrachten. Dies muss aber geschehen, denn thatsächlich sind noch lange nicht alle Märkte zu Einem grossen verschmolzen, gesetzt selbst dass dies jemals geschehen wird. No. 218 ff.

169. Tausch auch zwischen verschiednen Märkten soll so geschehen, dass beide Theile darin ihren Vortheil finden. 14. 222, 224.

170. Dazu bietet jedes Land (jeder Markt) diejenigen Waaren, welche er wohlfeiler (als andre Waaren) selbst erzeugt, 223

171. und die welche er wohlfeiler selbst erzeugt als er sie durch Eintausch erhalten kann. 225

172. Durch den internationalen Handel wird das Verhältniss der Erzeugungskosten zu den erzeugten Gebrauchswerthen stets günstiger. 225.

173. Die exportirte Waarenmenge steht zur importirten im umgekehrten Verhältniss ihrer Tauschwerthe. 227.

IV. Oekonomischer Wirkungskreis des Staates. S. 151 ff.

174. Vgl. Satz 127 ff. Jetzt kann der volkswirthschaftliche Wirkungskreis des Staates genauer umschrieben werden. Er verleiht Schutz in der allerweitesten Bedeutung des Wortes. No. 228.

175. Er kann aber auch zur Weiterentwicklung der menschlichen Gesellschaft sehr viel thun, 228.

176. dieses jedoch volkswirthschaftlich fast nur durch Beseitigung von Hindernissen. 228 S.

177. Sehr oft gilt der Satz, der Staat solle Dasjenige thun, was ohne ihn nicht oder weit schlechter geschähe. Z. B. Unterricht, Briefpost, Telegraphie, Uferschutz. 228 S.

178. Den Verkehr soll der Staat möglichst ganz frei lassen. 228 S.

179. Von Armenpflege gelte diese Regel: Wo Unterstützung unerlässlich ist, verleihe man sie dem Hülfsbedürftigen, jedoch immer so, dass der keiner Unterstützung Bedürftige in merklich besserm Zustande als der Unterstützte verbleibe, so dass Letztgenannter immer ein starkes Motiv behalte sich selbst ohne Unterstützung zu helfen. 228 S.

Berichtigungen.

S. 1 No. 2 sind die Sätze I. entstehen u. s. w. bis wie sie untergehn irrthümlich mit Anmerkungsschrift gedruckt. Sie gehören zur Hauptsache und hätten also die grössern Lettern haben sollen.

S. 11 No. 34 Anm. 1 *lies* Goldstaub *statt* Goldstoff.
- 16 - 47 Anm. 1 *lies* Anm. *statt* N.
- - - - - - - III. Verbrauch *statt* IV. Consumtion.
- 25 - 78 - 8 - étonnés *statt* étonnes.
- 27 - 76.1 *ist* besser *hinter* Arbeitstheilen *beizufügen.*
- 34 - 82 Zeile 31 *ist hinter* verliert *ein Komma zu setzen.*
- 35 - 83 Anm. Schluss *lies* juristischem *statt* juridischem.
- 36 - 88 Zeile 2 von unten *fehlt hinter* Lehre *das Wort* populär.
- 41 - 95.2 Zeile 7 lies *Semljá* statt *Selmjá.*
- 48 - 105 - 6 und 7 soll das Komma hinter 740 ff., das Semikolon aber hinter in *I.* stehen, was den Sinn wiederherstellt.
- 51 No. 108 unten *ist das Komma hinter* Capitel *zu streichen.*
- - - - - *lies* C.'s *statt* C's. s
- 77 - 103 Anfang *lies* Werthmasstab *statt* Werthmaasstab.
Die Orthographie hätte überall gleichmässig *Mass* sein sollen, So *allmählich, bloss;* einige Mal steht selbst *deshalb, weshalb.*
- 78 No. 130 1 *lies* Zierath *statt* Zierrath.
- 79 - - Anm. 2 Anf. *lies* 561 *statt* 591.
- 83 - 137 Zeile 6 *lies* 1867 *statt* 1866.
- 92 - 145 Zeile 10 *lies* Securities *statt* Securitiles.
- 97 - 149 - 13 von unten *lies* nicht schlechter *statt* nichts schlechter.
- 99 - 151 Zeile 3 *lies* improductive *statt* inproductive.
- 101 - 161 Anm. 1 Schluss *muss das Komma hinter* Miltiade's Sohn *wegfallen.*
- 110 - 175 Zeile 8 *lies* Passsystem *statt* Passystem.
- - - 176.2 Anm. Schluss *lies* Impopularität *statt* Inpopularität.
- 116 - 189 Zeile 1 *lies* Welckers *statt* Welckens.
- 127 - 210 - 1 *muss das Komma hinter* beachtend wegfallen.
- - - vorletzte Zeile *nach* ferner *beizufügen* No. 81 am Schluss.

www.ingramcontent.com/pod-product-compliance
Lightning Source LLC
Chambersburg PA
CBHW021805190326
41518CB00007B/451

* 9 7 8 3 7 4 1 1 5 8 1 5 5 *